자비선

4

명상 걷기를 논하다

1

자비선
4

지운 지음

명상 걷기를 논하다 1

연꽃호수

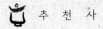

명상은 빛이다.
자기 마음 밝히는 빛이다.

순간순간 명상하므로
마음이 따뜻해지고 밝아진다.
밝아진 마음에 지혜와 자비가 나오기 마련이다.

한 세상 살면서 무명에 가려져 허둥지둥 사는 삶보다
밝은 마음 따뜻한 마음으로 살아간다면 최상의 삶일 것이다.
명상을 할 수 있는 인연 그 자체만으로 축복받은 삶이다.

경학에 눈 밝은 저자가 일찍이 미얀마 명상센터와 인도 다람살라에서 명상하여 체험하고 난 뒤 경전의 확실한 근거를 바탕으로 집필한 이 저서야말로 명상하는 이들에게는 참 좋은 경전이라 믿는다.

2022년 3월

無縫性愚[1]

---

1   대한불교조계종 단일계단 전 전계대화상. 현재 불교텔레비전 회장.

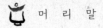

깨달음의 지도를 따라
걷기명상 하면서
깨어 있음 체험하기

바쁜 현대를 살아가는 요즘 사람들은 욕망을 쫓아 생각이 과거와 미래로 끊임없이 왔다 갔다 합니다. 게다가 가슴에는 해결되지 못한 감정들이 쌓여 화약고처럼 사소한 계기에도 필요 이상의 분노를 표출하며 자신과 타인에게 상처를 주는 삶을 살고 있습니다. 이런 때에 자비경선慈悲鏡禪 걷기 명상은 직장이나 가정에서 벌어지는 일상생활에서 생기는 다양한 스트레스를 해소합니다.

우리는 괴로움에 대한 근원적인 문제를 알 필요가 있습니다. 걷기명상은 단순히 스트레스를 해소하는 데 그치지 않고 스트레스를 받고 있는 자기 자신에 대한 탐구를 필요로 합니다. 우리 자신에게는 무한 잠재력과 가능성이 갖추어져 있고 문제를 해결할 수 있는 인식 수단도 갖추고 있습니다. 모든 장애로부터 벗어난 청정한 마음에는 삶과 죽음에 대한 해답도 갖추고 있으며 남을 도울 수 있는 사랑과 연민의 능력도 갖추고 있습니다. 그래서 범부가 깨달은 '눈 뜬 님'이 될 수 있습니다.

걷기명상을 통해 생기는 지혜로 삶과 죽음의 괴로움을 해결할 수 있습니다. 지혜로 생사生死를 해결한다는 것은 생사가 없는 '숨 쉬지 않고 땀 흘리지 않는 그 무엇'을 찾는 것이며 허공 같고 거울 같은 마음의 본성을 찾는 것입니다.

깨달은 '눈 뜬 님'은 본인이 체험한 지혜의 힘으로 생사의 괴로움에 고통받는 '지각 있는 존재들'이 생사生死에 머물지 않게 도와줍니다. 한발 더 나아가서 자비의 힘으로 '지각 있는 존재들'을 불사不死에도 머물지 않게 하고, 도리어 남들의 삶과 죽음의 괴로움을 해결하는 사랑과 연민의 해결사로 거듭나게 합니다. 명상의 궁극은 생사에도 불사에도 머물지 않는 깨달음인 무주처열반無住處涅槃이기 때문입니다.

이 책에서 다루고 있는 자비경선慈悲鏡禪 걷기명상은 경鏡-환幻-공空-화華 네 단계 가운데 경鏡과 환幻 단계이며, 그 결과로 견도見道의 깨달음까지 기술하였습니다. 여러분의 삶이 자비경선 걷기명상을 통해 더욱 평화롭고 행복하시길 기원합니다.

2022년 7월

변조당에서 지 운

제1부

자비경선의 사유와 이해
'숨 쉬지 않고 땀 흘리지 않는 그 무엇'을 깨닫기 위하여

제2부

알아차림의 경선정원

무지의 잠과 생사 꿈을 깨우는 '경鏡에서 환幻으로 가는 길'

♣ 명상의 출발[붐]

♣ 명상의 방향[集]

제3부

사유통찰의 경선정원

잠속의 꿈을 제거하는 '환幻에서 공空으로 가는 길'

제4부

번뇌 망상이라는 거친 꿈에서 깨어나는 깨달음[見道]

자비경선의
사유와 이해

- '숨 쉬지 않고 땀 흘리지 않는
  그 무엇'을 깨닫기 위하여

의식이 깨어나면 몸과 마음이 함께 쉬어진다.

마음이 쉴 때 비로소 몸도 진짜 쉬어지는 것이다.

자비경선은 앉을 때나 걸을 때

거울같이 자신을 비춰보면서 명상하므로

걷기선禪 명상이라고도 한다.

걷기명상은 자연과 함께 하는 것이므로 저절로 의식의 공간이 넓어집니다. 그리하여 나와 우주가 부분과 전체 인과와 평등으로 연결되어 있음을 알아차리게 되고 이 순간에 깨어있게 되는 영적 깨침을 얻을 수 있습니다.

1. 평등과 평화의 실현

명상이 어느 때보다 절실히 요구되는 시대가 되었습니다. 인간이 가장 참기 힘든 것 중 하나가 불평등입니다. 불평등은 이기심과 분노의 폭력과 연관이 있으며, 사람에게만 해당되는 것이 아닙니다. 코로나 대유행과 기후변화, 환경파괴와 테러, 전쟁 등 지금 전 세계에서 일어나는 현상들은 모두 인간들의 이기심과 분노로부터 출발합니다. 특히 엄청난 인명피해와 경제적 타격을 끼치고 있는 코로나 감염병은 미국과 유럽 등에서 아시아인에 대한 인종차별과 분열, 원망과 분노를 폭발시키고 있습니다. 하지만 역설적이게도 코로나는 세계는 연결되어 있고 우리는 한 공동체라고 말합니다. 왜냐하면 코로나 바이러스는 성별, 인종, 국가, 종교, 문화와 상관없이 전파되며 누구나 감염되는 면에서 예외가 없기 때문입니다.

기후변화, 인종차별 등의 파괴적인 현상을 해결하기 위해서는 세계가 상호의존으로 연결되어 있음을 인식하고 자비(사랑과 연민)의 마음으로 바꾸어가야 합니다. 그러나 이치가 분명하더라도 몸으로 체험하지 않는 이상 언제든지 이미 익힌 습관으로 되돌아갑니다. 또한 모든 것은 분리되어 있고 독립되어 있다고 잘못된 견해를 가지고 있으면 실천하기도 어렵습니다.

모든 것은 공동체로서 상호의존하고 연결되어 있음을 인식하고 세상을 바꿀 수 있는 방법은 많습니다. 음악, 그림 등 예술과 문화, 과학, 학문 등을 통해 세계는 하나로 연결되어 있음을 알고 사회 일각에서는 이미 이를 실천하고 있습니다.

명상도 그 중 하나입니다. 명상은 보다 근원적인 문제를 해결할 수 있는 중요한 방법입니다. 왜냐하면 불평등과 파괴적인 현상들은 모두 마음에서 비롯된 것이며 명상은 바로 그 마음을 대상으로 하기 때문입니다. 마음을 상호의존이라는 이치를 아는 지혜, 모든 생명을 평등하게 보는 자비심으로 바꾸는 방법이 바로 명상입니다. 왜냐하면 모든 존재의 궁극이 불사不死인 열반이며 열반은 공空이며 공은 평등이기 때문입니다. 이를 실현시킬 다양한 명상 가운데 자비경선 걷기명상이 있습니다.

자비경선 걷기명상은 걸으면서 발바닥 감각을 알아차리는 가장 기본적인 명상입니다. 발과 땅의 접촉은 첫째, 상호의존을 뜻하고 둘째, 접촉이 원인이 되어 갖가지 감각이 일어나므로 인과因果의 뜻이 있습니다. 상호의존은 분리되어 있지 않음을 뜻하며 생명의 활동을 뜻합니다. 독립되어 있는 생명체는 없기 때문입니다.

발과 땅의 접촉으로 물리적 현상만이 아니라 심리적 현상도 나타납니다. 즉, 의도가 그것입니다. 발바닥 감각 알아차리기는 의식을 발바닥에 두기 때문에 의식이 머리에 있을 때보다 번뇌망상이 줄어들거나 없어집니다. 그렇지만 알아차리기 힘든 미세한 의도는 여전히 일어납니다. 왜냐하면 의도가 일어난 후에 행위(움직임)가 일어나기 때문입니다. 이것은 매우 중요합니다.

의도가 원인이 되어 행위라는 결과가 생깁니다. 이 인因과 과果의 사이에는 사람이다, 동물이다, 남자다, 여자다, 자아다, 자성이다 등의 차별이 존재하지 않습니다. 오로지 원인과 결과만 있습니다. 그러므로 걷기명상을 한다는 것은 모든 존재가 관계성 속에서 살아가는 생명의 활동일 뿐 차별성이 사라집니다. 자비경선은 이와 같은 이치를 스스로 느끼고 알게 하므로 걷는 순간순간 지혜가 생기게 합니다. 따라서 자비경선은 성차별, 계층 간의 차별, 인종차별 등을 해결하는 평등과 평화의 실현방법입니다.

2. 공감과 소통의 지혜

걷기명상은 발바닥과 땅이 접촉하면서, 혹은 주변의 나무와 소리 등과 접촉하면서 반응하는 의도를 멈추게 하여 스트레스로 지친 몸과 마음을 쉬게 합니다. 반응하는 의도를 멈추는 것은 무상과 상호의존과 공을 알아차려서 고정, 독립, 분리, 실체가 있다는 잘못된 견해를 해체시킴으로써 우리를 괴롭히는 착각과 왜곡과 환영을 없애줍니다. 그래서 모든 것은 상호의존하여 분리되어 있지 않음을 알아차리게 하고, 사회와 자연과 대인관계에서 공감과 소통이 생기게 합니다.

걷는다는 것은 자연과 함께하는 것이므로 자연과 한 공간을 이루어 의식의 공간이 넓어집니다. 보이는 사물, 들리는 소리, 피부와 접촉하는 바람, 햇빛, 냄새 등과 관계 소통을 통하여 모든 존재가 상호의존하여 각각 분리되어 있지 않음의 이치를 알게 됩니다. 또한 과거와 미래가 없는 줄 알아 현재 이 순간에 깨어있게 되는 영적 깨침을 얻을 수 있습니다. 걷다가 쉴 곳이 있으면 그냥 보고 듣고 느끼고 알아차리기만 하고, 보려고 들으려고 느끼려고 하는 의도를 쉽니다. 생각과 감정이 올라오면 자연현상으로 알아차리면서 그냥 쉽니다. 이때 땅과 나무와 소리, 바람 등이 분리되어 있지 않고 상호의존하고 있음을 인식하면서, '나'와 '우주'도 부분과 전체, 인과와 평등으로 연결되어 있음을 알아차립니다. 그리하여 모든 것과 상호의존으로 연결되어 있는 이것으로 의식을 깨우고 공감하고 소통하는 지혜가 생깁니다.

문 상호의존으로 의식을 깨운다는 말은 어떤 뜻입니까?

답 걷는 순간순간 깨어있으려면 자연과 한 공간을 이루어야 하고 그렇게 될 때 의식이 깨어있게 됩니다. 깨어있을 때는 의식의 공간이 넓어진 상태이며 그 상태에서 보이고 들리는 것들이 상호의존하는 모습이 보입니다. 더 나아가서 상호의존의 둘 아님의 이치를 놓치지 않으면 과거와 미래가 없는 줄 알아 현재 이 순간에 깨어있게 됩니다. 즉, 상호의존의 이치에 의해 사물이 고정되고 분리되고 실체를 가지고 있다는 잘못된 생각이 깨어지고 그 결과 의식이 깨어나게 됩니다.

문 '대상을 알아차림으로써 깨어있다'는 깨어있음은 어떤 뜻입니까?

답 의식은 과거를 알아차릴 수 없고 미래를 알아차릴 수 없습니다. 과거는 지나갔기 때문이며 미래는 오지 않았기 때문입니다. 눈 앞에 있는 대상을 알아차릴 때, 의식이 과거와 미래로 가지 않아 현재에 깨어있게 됩니다. 한발 더 나아가서, 눈을 뜨나 감으나 의식이 깨어난 상태가 바뀌지 않으려면 현재도 머물지 않음을 알아 머물지 않음에 머무는 명상을 하게 되면 잡생각이 사라지고 이치가 분명해지면서 의식이 바뀌지 않는 경계가 나타납니다.

일상 속에서 많이 걷고 계십니까? 요즘 걷기운동이 많이 보급되어 신체건강을 챙기고 있는데, 한발 더 나아가 걸으면서 의식이 깨어난다면 몸과 마음이 함께 쉬어집니다. 마음이 쉴 때 비로소 몸도 진짜 쉬어지는 것입니다.

3. 궁극의 깨달음

또한 걸으면서 '현재 이 순간' 발바닥 감각을 알아차리고, 또 지나간 발걸음은 지나가서 없고 아직 걷지 않은 미래의 발걸음은 오지 않아서 없고, 지금 이 순간 걷고 있는 발걸음도 순간순간 변하고 흘러갈 뿐이라는 것을 알아차림으로써 과거나 미래에 집착하는 마음이 쉬게 되고 현재 이 순간 깨어 있게 되며 사물과 자기감정과 생각으로부터 자유로워질 수 있게 됩니다. 그 이유는 지혜가 생기기 때문입니다.

궁극적인 걷기명상의 목적은 '숨쉬지 않고 땀흘리지 않는 그 무엇'을 찾는 데 있습니다. '그 무엇'의 다른 이름으로 참마음, 본래면목, 주인공, 청정한 마음거울, 제일의공第一義空, 본각本覺, 일미一味, 주인공, 진여眞如, 원각圓覺, 법계法界, 일심一心, 불사不死 등이 있으며 모두 같은 내용을 가진 궁극적인 뜻입니다. 다만 '그 무엇'이라고 하여 어떠한 이름으로도 결정하지 않는 것은 참마음 등의 이름을 가지면 개념을 떠나야 하는데 도리어 개념에 매몰될 수 있기 때문입니다. 말 이전, 생각 이전의 주객이 없는 본성을 표현하는 화두라는 용어를 쓰는 것과 같습니다.

1장

생사生死와
불사不死에
머물지 않는
명상

생사生死에 머물지 않는 것이 지혜이며
지혜는 평등과 대자유의 삶을
자비로 펼치게 한다.

생사生死에 머물지 않는 것이 지혜이며 지혜는 평등과 대자유의 삶을 자비로 펼치게 합니다. 불사不死에 머물지 않는 것은 중생을 위한 자비입니다. 자비는 자신의 괴로움을 참고 일체 모든 유정有情들을 괴로움으로부터 해방시키는 것입니다.

1. 생사生死에 머물지 않는 지혜

걸음을 걷는 것을 살펴보면, 왼발을 앞으로 내밀면 왼발이 앞으로 나아가므로 생生이며 오른발을 앞으로 내밀면 생生이지만 왼발은 사라지므로 사死가 됩니다. 이와 같이 순간순간 생사를 반복하면서 흘러갈 뿐 머물지 않습니다. 재채기할 때 정신이 갔다가 다시 되돌아옵니다. 생사生死가 아닐 수 없습니다. 잠들 때도 깊은 잠에 들 때는 의식이 없다가 새벽에 의식이 돌아옵니다. 이 또한 생사입니다.

아이가 태어남은 생生이며, 성장하여 성인이 되고 노인이 되고 병들어 죽는 것은 사死입니다. 인생의 일생이 생사가 아닐 수 없습니다.

　모든 현상은 반드시 사라집니다. 생기고 사라지는 현상을 보기 전의 모든 수행현상은 생사해탈을 얻기 위한 기본 수행이라 생각해야 합니다. 아무리 대단한 수행현상이라도 반드시 사라지기 때문입니다. 생기고 사라지는 현상을 보게 되어야 비로소 수행의 시작이라 할 수 있습니다. 생사가 무엇인지 알게 됩니다. 한발 더 나아가 일어나도 일어난 자취가 없고, 사라져도 사라지는 흔적을 찾을 수 없음을 알게 되고, 현상의 자취 없는 자리에 머물기 시작하면 생사가 없는 자리로 들어갑니다.

　이로써 과거나 미래에 집착하는 마음이 쉬게 되고, 현재 이 순간 머물지 않음에 머물러 깨어있게 됩니다. 머물지 않음에 머무는 지혜는 존재의 근원이며 끝인 다르마[法]를 체험하게 합니다. 왜냐하면 다르마를 아는 것이 지혜이며, 지혜를 의지하여 다르마를 깨달아 사물과 자기감정과 생각으로부터 자유로워지게 되기 때문입니다.

　이때 깨어있는 지혜가 마음의 본성으로서 우리는 이 깨어있는 지혜에 의지하여 생사가 없는 불사不死인 열반을 체득할 수 있게 됩니다. 열반은 공성이고 공성은 마음을 평등하게 합니다. 평등하고 걸림없는 마음으로 자신의 삶을 일체의 유정有情을 위해 펼치게 됩니다.평등하고 걸림없는 마음으로 자신의 삶을 일체의 유정有情을 위해 펼치게 됩니다. 이것이 생사生死에 머물지 않는 지혜의 수행 목적입니다.

2. 불사不死에 머물지 않는 자비

생사에 머물지 않는 지혜는 불사不死인 열반에 머물게 합니다. 그러나 열반에만 머무는 것은 고통 받고 있는 절대 다수의 유정들에게 도움이 되지 않습니다. 열반에도 머물지 않아야 유정이 생사生死의 괴로움에서 벗어날 수 있게 도울 수 있습니다. 이것이 자비입니다.

모든 존재는 원인과 결과가 서로 의존하는 인과의존因果依存하며, 또한 상호의존하면서 생명 활동을 합니다. 독자적인 생명체는 없습니다. 왜냐하면 인과란 원인이 있으면 반드시 결과가 있다는 뜻이므로 다른 생명을 해치는 것은 인과의 이치에 어긋납니다. 상호의존과 인과의 뜻을 안다면 모든 생명을 자비심으로 대하게 될 것입니다.

마찬가지로 이와 같은 이치를 알고 걷는다면 걷는 순간순간 자비심이 생겨서 일상에서도 자비심을 실천하게 됩니다. 이렇게 걷기선 명상을 지속하는 것이 불사不死의 열반에 머물지 않아 자비심을 일으키는 수행입니다.

3. 지혜와 자비의 만남

자비의 사랑과 연민 가운데 사랑은 깨달음으로 인도하는 것이라면 연민은 깨달음을 이루는 수행의 뿌리입니다. 사랑과 연민이 수행을 앞뒤로 이끌어주는 것입니다.

특히 연민은 유정의 괴로움을 빼앗아 없애주려는 마음입니다. 그래서 연민의 마음을 일으킨 수행자들은 먼저 모든 유정有情을 생사生死가 반복하는 괴로움에서 건져내기 위해서 노력하겠다는 서원을 세웁니다. 서원을 세우는 것은 곧 보리심菩提心을 발하는 것입니다. 보리심은 '깨달아서 일체 모든 유정을 생사의 괴로움에서 벗어나도록 돕겠다'라는 것입니다. 그러므로 모든 유정이 유정이 아니라고 바르게 알고 연민으로 깨어있는 마음입니다.

견도의 깨달음을 이루고는 지혜의 완성[般若波羅蜜]을 위해 유정들을 돕는 연민의 행을 합니다. 그 다음 완전한 깨달음을 성취하고부터 오로지 유정을 위해 보리심을 행합니다. 궁극의 깨달음은 완성된 반야지혜에 의해 붓다를 이루고 유정 중생을 위해 길에서 길로 보리심을 행합니다. 이와 같이 연민은 수행의 처음과 중간과 구경의 깨달음을 관통하며 수행자로 하여금 보리심을 행하게 합니다.

4. 자비경선의 의미와 다른 이름

자비경선의 자비는 열반에 머물지 않고 중생이 고통에서 벗어나도록 도움을 주는 것입니다. 경선鏡禪의 경鏡은 거울로서 마음의 본성을 뜻하며, 선禪은 생사에 머물지 않게 하는 명상방법이자 깨달음의 경지를 이르는 말입니다. 경선鏡禪은 곧 거울명상입니다.

걸으면서 자기의 모든 행위를 거울로 비춰보듯이 자각하는 명상이라는 말입니다.

거울에 나타나는 현상들은 모두 환영과 같아 실체가 없듯이 자비경선을 통한 자각의 내용은 시간적으로 변하는 무상, 공간적으로 상호의존하는 연기緣起, 무상하고 상호의존함으로 곧 내재하는 실체가 없는 공空입니다. 이것은 고정되어 있고 독립되어 다른 것과 분리되어 있고 스스로 존재한다는 잘못된 생각을 해체시킵니다. 착각과 왜곡과 환영을 없애주는 모든 존재의 공통된 진실입니다. 즐거운 감각이나 기분 좋은 감정을 행복이라고 착각하고 끊임없이 무의미하게 추구하는 마음을 끊어주는 것입니다. 궁극에는 마음을 자비로 바뀌게 하고, 불사不死를 체험하고, 마음의 본성이 불사임을 깨닫게 합니다.

자비경선은 앉을 때나 걸을 때도 거울같이 자신을 비춰보면서 명상하므로 걷기선禪명상이라고도 합니다. 걷기선 명상에 선禪 자字가 붙은 것은 단순한 걷기명상과 구분하기 위해서입니다. 자비경선은 구체적인 걷기명상 방법을 제시하고 궁극에는 숨쉬지 않고 땀흘리지 않는 그것을 찾는 것을 목적으로 합니다.

우리가 평소에 받는 스트레스는 정신적 괴로움이 대부분이지만 그 스트레스는 신체 증상으로 나타나기 때문에 휴일만 되면 누워서 쉬는 것으로써 신체적 휴식을 취하는 사람들이 많습니다. 그렇지만 근본적으로 마음을 쉬어주는 명상이 병행될 때 가장 효과적이 휴식이 됩니다. 걸으면서 명상하는 것은 신체 순환을 통한 건강 유지뿐만 아니라 부정적인 생각을 반복하는 우울증이나 대상과 자기를 동일시하는 정신병적 심리상태를 호전시킬 수 있고 벗어나게 하는 최적의 방법입니다.

그래서 자비경선 걷기명상은 단순히 걷기운동만 하는 것이 아니라 걸으면서도 마음을 쉴 수 있는 명상법과 면역력 강화 등 일상 속에서 명상의 구체적인 효과를 얻을 수 있는 방법도 제시하고자 합니다.

2장

명상의
근원,
성정본각 性淨本覺

일체 모든 것이 마음 자체 성품인 줄 알면
지혜의 몸을 성취하여 깨달음을 얻게 된다.

명상의 근원은 마음 성품이 청정한 본래 깨달음[性淨本覺]인 4개
의 거울, 즉 비춤이 없는 텅 빈 거울[여실공경如實空鏡], 환영과 같음
을 아는 지혜거울[인훈습경因熏習鏡], 구경의 깨달음 거울[법출리경法
出離鏡], 스승의 코칭 거울[연훈습경緣熏習鏡]입니다.

명상의 근원에는 첫째, 명상의 수단, 둘째, 명상의 단계와 깨달
음, 셋째, 명상의 코칭, 넷째, 이를 알고 명상하는 정견正見이 있는
데 이는 고苦·집集·멸滅·도道의 출발, 방향, 목적지, 도달방법과
같습니다.

1-1. 명상의 인식수단
- 허공과 거울에 비유되는 본래 깨달음[本覺]

자비경선 명상의 핵심은 경선鏡禪의 경鏡인 마음거울에 있습니

다. 마음거울은 마음의 본성이지만 또한 명상의 인식수단이 되기도 합니다. 마음거울의 수단은 행경선과 좌경선에 따라 형식이 달라지지만 마음거울이 인식수단이 되는 것은 둘 다 같습니다.

마음의 청정한 본래 깨달음인 네 개의 거울 가운데 여실공경如實空鏡과 법출리경法出離鏡은 두루하지 않는 곳이 없는 허공에 비유하며, 인훈습경因熏習鏡과 연훈습경緣熏習鏡은 맑은 거울같이 온갖 현상을 나타내기 때문에 비추고 아는 거울에 비유합니다.[2]

이와 같이 허공과 같이 비어있으면서 사물을 비추면서 드러내며, 그 대상이 무엇인지 인식하여 아는 것이 마음의 본래 모습이라고 정의할 수 있습니다. 그러므로 사물을 인식할 때 사물을 비추듯이 봅니다. 우표 크기의 눈에 비치는 사물을 수천 억만 배 넓게 보고 명료하게 보기 때문입니다. 그래서 마음의 본성을 거울에 비유하는 것입니다. 또한 대상이 드러나도록 비추기만 하는 것이 아니라 무엇인지를 아는 것은 마음의 본성이 진실식지眞實識知이기 때문입니다. 바르든 삿되든 명료하든 희미하든 안다는 자체가 진실이기 때문입니다.

거울에 비친 대상의 본래 모습이 실체가 없는 환幻임을 바르게 아는 것입니다. 마음의 본성이 허공과 같이 비어있기 때문에 마음거울에 비친 다양한 현상들의 모습이 드러나는 것입니다. 그래서

---

2 『海東疏幷別記』卷三 p.四後-五前 "次明性淨本覺之相.於中有二.一者總標.二者別解.初中言 '與虛空等'者,無所不徧故.'猶如淨鏡'者,離垢現影故.四種義中,第一第三,依離垢義以況淨鏡.第二第四,依現像義亦有淨義也.

마음거울이 '현상의 환과 같아 실체 없음'을 드러내는 인식수단이 되는 것입니다. 인식수단은 마음의 눈인 심안心眼이며 '자세히 보다'는 뜻을 가진 관觀입니다. 관觀에는 집중명상인 사마타와 분석명상인 위빠사나가 있습니다.

관찰 대상은 신身(몸)·수受(감각)·심心(마음)·법法(마음의 현상)입니다. 이를 사념처四念處라고 합니다. 몸은 자아의 의지처로서 대상이고, 감각은 자아가 향수享受하는 대상이며, 마음은 자아 그 자체이면서 동시에 대상이고, 마음의 현상은 자아의 오염 혹은 청정이라는 대상입니다.

명상의 과정은 신身·수受·심心·법法입니다. 법은 몸과 감각과 마음에 나타납니다. 최종적으로 몸을 관찰하더라도 법을 보아야 합니다. 감각관찰, 마음관찰도 마찬가지입니다. 법은 일체 모든 것의 공통되는 현상이며 이치[理]이기 때문입니다. 이理를 통해서 깨달음이 일어납니다. 몸은 거칠지만 감각은 몸보다 미세합니다. 마음은 모양도 색깔이 없으므로 감각보다 더욱 미세합니다. 하지만 마음의 영역에서 마음의 본성인 열반을 얻을 수 있습니다. 열반은 불사不死로서 마음이자 법입니다. 그러므로 신·수·심·법은 깨침의 순서이기도 합니다.

비춤이 없는 텅 빈 거울(여실공경)에 숨어있는 마음거울을 드러내기 위한 방법이 텅 빔의 무분별 거울명상입니다. 몸보다 감각, 감각보다 마음의 영역에서 깨달음이 이루어지므로 마음을 알아야 합니다. 첫째, 마음거울을 알려면 마음의 공간을 확장해야 합니다.

마음의 공간이 넓어짐으로써 마음 의식이 무분별 상태를 이루고 깨어있게 되고 명료하고, 거울같이 비춤이 나타납니다. 둘째, 대상을 인식하여 아는 앎은 민첩하게 단련함으로써 현상을 꿰뚫어 보고 지혜를 이끌어내는 것입니다. 이와 같이 마음 공간을 넓히고, 인식을 민첩하게 함으로써 삼매와 지혜를 얻기 쉬워지고, 마음의 영역에서 불사不死를 깨달을 수 있기 때문입니다.

1) 마음 공간 넓히기 – 사마타

비춤이 없는 텅 빈 거울[如實空鏡]은 허공에 비유됩니다. 그 뜻은 두루하지 않는 곳이 없다는 것으로 마음의 크기가 무한하다는 것을 나타냅니다. 하지만 허공은 텅 비기만 했지 사물을 거울같이 비추고 드러내는 지혜가 없어 무명無明의 모습입니다. 지혜는 민첩하게 꿰뚫어 보는 앎입니다. 자기가 하는 몸과 입과 생각의 행위를 알면서 행하는 것이 지혜입니다. 거울같이 비추고 드러내는 것이 있을 때 드러나는 대상을 꿰뚫어 볼 수 있습니다. 그것이 지혜입니다.

지혜가 없다는 것은 명상자 본인의 마음이 허공같이 텅 비어있는 것조차 모른다는 것입니다. 그러므로 경선鏡禪의 걷기명상에서는 의식을 '몸과 한 공간 이루기', '주변 환경과 한 공간 이루기', '우주와 한 공간 이루기' 명상을 합니다. '쉼경선'에서도 저절로 마음이 주변 환경과 한 공간을 이루는 명상을 합니다. 그 이유는 사물이 드러나는 불빛같이 비추고 아는 앎이 생기게 하는 것입니다. 무한 잠재력과 가능성으로서 마음이 허공과 같이 텅 비어있음[空

性]을 자각하게 하기 위해서입니다. 여기에서 위빠사나를 통해 지혜가 생길 때 잠재되어 있던 마음의 능력이 허공같이 텅 비면서 거울같이 비추는 지혜로 발현합니다.

(1) 마음의 공간이란

첫째, 마음의 공간은 허공과 같이 무형無形입니다. 물질이 아니므로 모양과 색깔이 없습니다. 그래서 마음은 그 크기가 허공虛空과 같이 두루 합니다. 그러나 마음은 허공과 다른 점이 있습니다. 허공은 인식대상이 없고, 그래서 아는 앎이 없습니다. 하지만 마음에는 인식대상과 아는 앎이 있습니다.

마음이 허공과 같이 텅 비어있는 까닭에 맑은 거울[淨鏡]에 비유합니다. 텅 비어있는 맑은 거울에는 온갖 현상들이 모두 나타납니다. 즉, 대상이 무엇인지를 아는 맑은 거울에 비유되는 이 앎은 텅 빈 것이 아닙니다. 심지어 인식대상이 없는 허공이나 아무것도 없는 무無를 인식하는 것도 마음입니다. 그래서 대상을 인식하여 아는 것이 명료함 그대로 순수한 경험이며, 근원적인 앎의 기능입니다. 이와 같이 마음의 공간이란 인식의 영역이자 앎 자체입니다. 『화엄경華嚴經』범행품梵行品에는 다음과 같이 이르고 있습니다.

일체 모든 것이

마음 자체 성품인 줄 알면

지혜의 몸을 성취하니

다른 이를 말미암아

깨닫는 것이 아니다.[3]

형상이든 무형상의 공간이든 모두 마음 자체 성품이라는 것입니다. 이는 마음이 마음 자체를 자각하여 주객이 없는 상태로 들어갈 때 일어나는 깨달음의 경계입니다. '불유타오不由他悟' 즉, 깨달음은 다른 사람이 주는 것이 아닙니다. 깨달음은 마음의 본성입니다[本覺].

이와 같이 마음의 공간이 맑은 거울에 비유되는 이것을 진실식지眞實識知라고 합니다. 이 근원적인 앎은 마음의 본성이 청정하고, 지혜대광명이며, 두루 비추는 변조徧照이며, 청량하여 불변자재不變自在합니다.[4] 허공같고 거울같은 이 마음은 물질로부터 만들어질 수 없습니다. 마치 물이 움직이는 성질이 없듯이 마음의 본성도 본래부터 움직임이 없습니다.

그런데 마음 바탕이 텅 비어있어 불변不變이지만 마음이 생김은 원인 없이 생겨날 수도 없으므로 수연隨緣입니다. 불변은 실체가 없어 공하며 수연도 인연을 따르므로 고정된 실체가 없어 공합니다. 그래서 불변과 수연은 함께 무자성無自性인 공空이며 분리되어

---

3   『方廣佛華嚴經』卷第十七 「梵行品」第十六 '知一切法 卽心自性 成就慧身 不由他悟'

4   원효의 『대승기신론소. 별기』 5권.

있지 않습니다. 불변은 마음의 움직임이 없지만 수연은 원인을 따라 결과가 일어나므로 마음은 끊임없는 연속체입니다. 즉, 무상하면서 내재하는 자체 성품이 없어 무상즉공無常卽空입니다. 아무것도 없이 텅 비어있지만은 않습니다. 그러므로 모든 의식을 일으키는 주원인은 현재 의식 바로 이전 찰나에 일어났던 의식입니다. 이전 찰나의 마음은 후 찰나의 마음을 생하게 하는 등무간연等無間緣입니다.

전후 찰나의 의식은 하나의 의식이 변하지 않고 이어지는 것이 아닙니다. 만일 이어진다면 전 찰나의 의식을 원인으로 하여 후 찰나의 의식은 발생하지도 않습니다. 또한 전후 찰나의 의식이 없으면 의식은 발생한 채로 머물러 있어야 합니다. 그러므로 의식이 전후 찰나로 이어지는 것은 유有가 아닙니다. 변하기 때문이며, 변한다고 해서 사라져서 무無로 되지도 않습니다. 전 찰나의 의식을 원인으로 하여 다시 후 찰나의 의식이 발생하여 연속하기 때문에 의식이 없어지는 것이 아닙니다. 그러므로 의식은 불연속의 연속체입니다. 이처럼 의식의 근본 원인이 변화할 수 있는 힘을 가지고 있습니다. 변화한다는 것은 시간적인 뜻입니다. 그러나 전후 찰나의 의식이라고 해서 일직선으로 변하는 것이 아닙니다. 왜냐하면 변한다는 것은 일정한 방향이 없기 때문입니다.

마음 의식은 방향과 처소가 없습니다. 그래서 마음을 알 수 있는 방법으로 그릇의 모양에 따라 담기는 물의 모양이 결정되듯이 주변 환경에 따라 어떠한 대상이냐에 따라 인식하는 마음이 그 대상이 무엇인지 알게 됩니다. 즉, ①안다는 것은 그 앎의 마음이 대상을 거울같이 비추는 것입니다. 그래야 대상이 무엇인지 알 수 있기 때문입니다. ②비춘다는 것은 비추는 마음거울에 사물이 나타난다는 것입니다. 그래서 마음거울은 명료함이 있습니다. 이와 같이 마음의 특성이 인식하여 아는 앎이며 명료함입니다.

마음이 거울같이 비춘다는 것을 이해하기 어려울 수 있습니다. 그러나 일상에서 늘 대상을 비춥니다. 눈으로 사물을 볼 때 사물이 입체적으로 보여지는 것이 그것입니다. 눈이 사물을 보는 것이 아닙니다. 눈이 사물을 본다면 죽은 사람도 눈이 있기 때문에 볼 수 있어야 합니다. 그러므로 눈이라는 감각기관을 통해 마음이 보는 것입니다. 그래서 그 사물은 보여지는 것입니다. 이렇게 마음의 특성은 곧 비추는 명료함과 인식하여 안다는 앎이라는 것을 알 수 있습니다. 따라서 이러한 마음을 단련하면 육안肉眼으로 볼 수 없는 입 안이나 발바닥 등도 볼 수 있고, 마음이 동서남북 사방팔방 상하로 작용하고, 형상을 꿰뚫어 보아 실체 없음을 볼 수 있습니다. 마음은 이처럼 다양하게 변합니다. 변한다는 것은 마음을 단련하면 할수록 작고 어두운 미혹의 마음에서 점점 밝아지고 무한하게 큰 깨달은 마음으로 진화할 수 있음을 말합니다. 그러므로 마음은 수연隨緣이면서 공하므로 무상즉공無常卽空이라고 하는 것입니다.

둘째, 마음은 대상을 인식할 때 전체의식과 부분의식이 동시에 봅니다. 예를 들면 우리가 도자기를 인식할 때 도자기 전체를 인식하는 전체의식과 도자기의 색깔, 모양, 그림 등 부분을 인식하는 부분의식이 함께 작용합니다. 이때 전체의식을 심왕心王이라 하고, 부분의식은 심소心所라고 합니다. 심소는 심왕에 소속되어 있는 심리현상으로 심소유법心所有法이라고 하는데 줄여서 심소라고 합니다. 이 심왕과 심소는 같은 도자기를 동시에 봅니다. 즉, 도자기라는 대상을 본다면 도자기 전체를 보면서 도자기의 부분을 동시에 보는 것입니다. 하지만 우리는 전체를 보는 것보다는 부분을 보는 것에 익숙합니다. 부분을 보기 때문에 마음의 크기가 작습니다.

하지만 전체의식은 대상 전체를 보기 때문에 마음의 공간이 크지 않을 수 없습니다. 우리도 명상을 통해 마음의 눈이 생기면 수많은 사물을 한눈에 볼 수 있게 됩니다. 마음의 크기는 허공과 같이 두루 하여 무한하기 때문입니다.

(2) 마음 공간 넓히기에 대한 이해

몸, 주변 환경, 우주와 한 공간을 이루는 것은 마음입니다. 마음의 공간은 마음과 별개가 아니고 마음의 공간 자체도 마음입니다. 즉, 한마음입니다. 마음은 물에 비유됩니다. 물은 둥근 그릇에 담으면 둥글게 되고 네모난 그릇에 담으면 네모가 됩니다. 하지만 물 그 자체는 모양이 없습니다. 마찬가지로 마음은 모양도 색깔도 없지만 몸의 형태와 주변 환경과 온 우주의 모양에 반응하여 나타납니다. 즉, 마음 의식은 앎의 기능을 담당합니다. 대상을 인식하므로 대상을 아는 앎과 대상은 상호의존합니다. 앎이 물이라면 대상은 모양과 같습니다. 따라서 대상이 없으면 앎도 작동하지 않습니다. 그래서 대상에 따라 앎의 범위와 느낌의 강도, 민감함의 차이가 있습니다. 대상을 안다는 것은 대상의 모양을 닮는다는 것입니다. 그릇의 형태에 따라 물의 모양이 결정되는 것과 같습니다.

또한 닮은 것의 정보는 대상을 인식할 때 그 대상의 이미지와 의미가 무의식에 저장되었다가 대상을 인식할 때 그 대상에 맞추어서 나타냅니다. 이것은 현실 세계가 그대로 마음의 투영인 거울세계라는 것입니다.

또한 처음 저장되어 있던 미완성의 정보가 무의식 속에서 완성된 형태로 익어서 현실에 반영되므로 현실 세계는 마음의 투영인 가상세계가 됩니다. 즉, 저녁에 못 외우던 영어단어를 잠을 자고 난 아침에는 어느덧 그 단어를 외우고 있다거나, 저녁에 떠오른 미완성의 이야기와 이미지가 그 다음 날 완성되는 현상을 경험하는 것과 같습니다. 또한 보이고 들리는 현실 세계가 고정되어 보이거나 분리되어 보이거나 실체를 가지고 스스로 존재하는 것처럼 보인다면 이는 마음속에 있던 재구성된 씨앗 정보가 현실에 투영된 것이기 때문에 가상세계가 아닐 수 없습니다. 그래서 보이고 들리는 모든 것의 진실은 실재하지 않는 상상의 산물이라는 것입니다. 이처럼 실재하지 않는 세계를 환영과 같고, 꿈과 같고, 번개와 같고, 아침이슬과 같이 보라고 경론經論에서 설하고 있습니다.

이와 같은 깨달음을 얻으려면 분별하고 상상한 것을 바르게 관찰하여야 합니다. 마음의 공간을 확장하여 분별을 무분별로 직관적으로 바꿀 때 의식은 깨어있게 됩니다. 이것이 마음을 닮은 거울 세계와 재구성하는 가상세계는 마음 의식이 몸과 한 공간을 이루고, 주변 환경과 한 공간을 이루고, 온 우주와 한 공간을 이룰 수 있는 이유입니다. 역설적이게도 마음의 투영인 거울세계나 가상세계는 마음의 기능이며 앎의 기능으로서 대상도 만들고 만들어진 대상 따라 모양을 나타내지만 도리어 마음은 고정된 실체가 없어 자유롭다는 것을 반증해 줍니다.

이와 같이 마음의 앎의 기능과 유사하게 재구성하는 기능을 극대화하는 것은 수행자 본인 속에 갖추어져 있는 무한 잠재력과 가능성을 현실화하는 것입니다.[5] 그것이 마음 의식의 깨어있음입니다. 그래서 깨어있음의 경지를 이루는 데 있어서 마음의 공간 넓히기는 경선鏡禪의 수단이 됩니다.

(3) 마음 공간 넓히기의 효과 – 깨어있기

무분별의 비추는 마음거울이 나타나게 하고 의식이 깨어있게 하는 방법은 마음의 공간을 넓히는 것입니다. 또한 모든 존재가 행복하기를 바라는 마음[慈]과 고통에서 벗어나기를 바라는 마음[悲]과 남이 즐거우면 함께 기뻐하려는 마음[喜]과 남을 평등하게 대하려는 마음[捨]을 동서남북 팔방 상하 온 우주로 무한 확장하고 가득 채우기 위해서도 마음 의식의 공간을 넓혀야 합니다. 왜냐하면

---

5   마음의 닮고 구성하고 앎의 기능은 인과의존과 상호의존인 수연隨緣하는 마음이다.

탐욕과 분노를 사랑[慈]으로 없애고, 슬픔과 해치려는 마음을 연민 [悲]으로 없애고, 미워하는 마음을 기쁨[喜]으로 없애고, 흔들리는 마음을 평정[捨]으로 없애기 때문입니다.

이처럼 유정有情을 위해 자慈·비悲·희喜·사捨의 마음이 온 우주에 가득 충만하게 된 한량없는 마음과 함께하면 번뇌도 없고, 원한도 없고, 성냄도 없고, 다툼도 없는 마음이 깨어납니다.

마음의 공간을 넓히면 의식이 깨어나게 됩니다. 즉, 마음의 공간 넓히기는 곧 의식을 깨우는 것이며, 의식이 몸 크기만큼 넓어지거나 주변 사물과 한 공간 이룸을 유지하는 등 마음의 공간이 넓어지면 넓어지는 만큼 분별심이 일어나지 않고 의식 깨어있음도 유지됩니다. 그래서 마음 공간 넓히기 명상은 '깸경선鏡禪'입니다.

깨어있음에도 다양한 종류가 있습니다. 즉, 음식, 생리현상, 대상, 이치, 수행에 따라 일어나는 정신현상이 그것입니다.

첫째, 술에 취해 있다가 술기운이 사라지면 정신이 맑은 상태로 됩니다. 이때 술에서 깨어난다고 합니다.

둘째, 커피나 차를 마셨을 때 의식이 깨어있게 됩니다.

셋째, 잠에서 깨어날 때입니다.

넷째, 대상을 경계하기 위해 정신을 바짝 차리고 있는 상태입니다.

다섯째, 호두껍질 같은 딱딱한 고정관념을 깨버리고 깨어날 때입니다.

여섯째, 병아리가 알에서 깨어나듯이 우둔한 무명 상태에서 존재의 근원을 깨달아 깨어날 때입니다.

일곱째, 마음의 본성이 본래 깨달음이므로 항상 깨어있습니다.

여덟째, 사마타와 위빠사나 수행에 의해 깨어있게 됩니다.

여덟 가지 깨어있음 가운데 '수행을 통한 깨어있음'이 일곱째의 본래 깨달음인 '항상 깨어있음'을 회복시킬 수 있습니다. 본래 깨달음[本覺]이 어머니라면 수행의 깨어있음은 시각始覺으로 아들에 비유됩니다. 아들인 시각始覺이 어머니인 본각本覺을 만나면[母子相逢] 구경의 깨달음을 이룹니다.

깨달음은 존재의 근원을 모르는 무명無明에서 깨어나는 것입니다. 마치 잠에서 깨듯이, 연꽃이 피듯이 합니다. 그런데 깨달았다고 하면서 그 깨달음이 지속성이 없으면 수행하면서 그 깨달음이 지속되게 해야 합니다. 이를 선오후수先悟後修라고 합니다. 완전한 깨달음은 깨어있음이 눈을 뜨나 감으나 보는 마음이 바뀌지 않아야 항상 깨어있게 되고 항상 깨어있는 상태에서 깨달을 때, 그 깨달음이 바뀌지 않습니다. 깨어있음이 매우 중요한 이유입니다.

의식이 깨어있으려면 명료함이 있어야 합니다. 사물을 거울같이 분별없이 비추거나 드러내기 때문입니다. 즉, 무분별의 마음거울로 나타나도록 하는 것이기 때문입니다. 그래서 의식의 공간을 넓히는 명상을 합니다. 마음의 공간을 넓혀가는 명상은 모두 한 대상에 집중하는 사마타입니다. 사마타명상은 분별이 없기 때문입니다.

본인의 마음이 허공같이 텅 비어 확장될 때 명료함이 사물을 비추거나 드러내는 거울같은 인훈습경因熏習鏡으로 나타납니다. 인훈습경이 여실공경如實空鏡의 텅 빈 거울이 비추고 드러내는 거울로 전환되어 나타난 것이므로 인훈습경의 본래 텅 빔은 곧 깨어있음입니다. 인훈습경의 깨어있음이 나타나는 현상으로 눈을 뜨나 감으나 보는 마음이 바뀌지 않는 의식 현상이 있습니다. 깨어있음은 '숨쉬지 않고 땀흘리지 않는 그 무엇'이면서 허공같고 거울같은 마음 본성을 깨치는 길입니다.

마음의 본성은 지극히 미세합니다. 의식이 미세함에 따라 몸에 영향을 주지 않습니다. 거친 의식은 눈, 귀, 코, 혀, 몸의 감각기관과 연결되어 있으며 이러한 거친 마음 대다수가 뇌와 연결되어 있습니다.[6] 그래서 보고, 듣고, 냄새 맡고, 먹고 마시고, 닿는 촉감, 생각 등에 대해서 탐진치 등의 많은 번뇌들을 일으키고 쌓아갑니다.

그러나 의식이 깨어있고 민첩한 사띠(sati)에 의해 지혜가 작용하면 고정불변하는 자아 혹은 실체가 있다고 고집하는 가장 근본적인 삿된 견해나 의례와 계율에 집착하는 견해인 계율주의[戒禁取見], 의심하고 감각적 쾌락에 탐닉하거나 반감이나 증오 등이 사라지기 시작하면서 의식은 미세해지기 시작합니다. 말하자면 잠에서 깰 때부터 잠들기 전까지 깨어있음은 동정일여動靜一如, 어묵일

6　달라이라마 가르침/ 게쉐 롭상 졸땐 · 로쌍 최펠 간첸빠 · 제러미 러셀 편역/이종복 옮김 『달라이라마, 수행을 말하다』 p.56 담앤북스

여語默一如이며, 꿈속에서 꿈을 꾸고 있다고 자각하는 순간 꿈에서 깨게 됩니다. 하지만 꿈속에서도 몸에 영향을 주지 않고 깨어있으면 몽중일여夢中一如입니다. 나아가서 깊은 잠속에서도 깨어있다면 의식이 매우 미세한 상태인 숙면일여熟眠一如입니다. 숙면일여는 곧 24시간 깨어있는 오매일여寤寐一如와 같습니다. 오매일여寤寐一如가 될 때 비로소 깨달음[7]이 가깝습니다.

깨달음을 이루고 난 뒤에는 죽음에 이르는 과정에 있더라도 의식이 깨어있게 됩니다. 이는 생사일여生死一如입니다. 그런데 깨달음은 얻지 못하였지만 보리심을 발한 수행자가 호흡이 끊어지고 난 뒤 가장 미세한 청명한 빛의 마음을 만나 깨닫게 되면 법신法身을 이룹니다. 보리심을 가진 깨달음을 이룬 '눈 뜬 님'은 이 세계와 저 세계의 중간계인 중음中陰의 세계에서도 의식이 깨어있기 때문에 중유일여中有一如입니다.[8] 중유일여의 경계에 이르는 것은 불사不死인 열반에 머물지 않고 무주처열반無住處涅槃으로 보리심菩提心에 의해서 인간의 몸으로 태어나기 위해서입니다. 그래서 어머니 태胎에 들어갈 때 의식이 깨어있음은 입태일여入胎一如입니다. 태중에서도 깨어있음은 태중일여胎中一如입니다. 태어날 때도 깨어있음은 출태

7　『太古和尙 語錄 上卷 答 方山居士』若知一日一度,也無間斷, 則添些精彩, 時時點檢, 日日無間斷. 若三日如法無間斷, 動靜一如, 語默一如, 話頭常現在前, 猶急流灘上月華相似, 觸不散, 撥不去, 蕩不失, 寤寐一如, 大悟時近矣.

8　중생이 태어나고 죽고 태어남을 사유四有라고 한다. 생유生有는 우리가 이 세상에 태어나는 최초의 모습, 본유本有는 태어나서 죽기까지의 생애, 사유死有는 죽는 찰나, 중유中有는 죽은 후에 다음의 세상에 태어날 때까지이다. 중유中有는 중음中陰과 같은 뜻이다.

일여出胎一如입니다. 그 다음은 영겁일여永劫一如입니다. 이와 같이 깨어있음은 깨달음을 이룰 수 있는 핵심 중의 하나입니다.

이와 같이 의식의 공간 확장이 깨어있게 합니다. 마음은 물질이 아니기 때문에 마음의 공간을 넓힐 수 있습니다. 의식의 공간이 확장되기 전에는 끊임없이 일어나는 생각과 떠오르는 이미지 그리고 부분을 인식하는 인식과 치우친 감정이 마음의 공간을 꽉 채우고 있습니다. 여기서 극단적인 견해, 조작과 착각, 왜곡, 부정적인 감정과 끊임없이 일어나는 생각과 이미지 등으로 인해 분노조절 장애, 우울증 등 정신적인 문제가 발생합니다. 그러므로 마음의 공간을 회복할 필요가 있습니다.

마음의 공간을 회복하는 것은 바로 속박에서 벗어나는 자유와 평등입니다. 마음의 공간이 본래적인 것이기 때문입니다. 물론 물리적인 공간은 아닙니다. 허공과 같이 텅 비어있다고 해야 맞을 것 같습니다.

이와 같이 마음의 공간은 우리 삶 속의 괴로움과 깨달음에 있어서 매우 중요합니다. 이제 마음의 공간 회복을 위해 마음 공간 넓히기 명상이 필요합니다. 마음은 저절로 넓혀지는 것이 아니기 때문입니다. 왜냐하면 마음은 무지에 의해서 대상에 반응하고, 없던 것을 창조하는 힘으로 작용하여 밖으로 세상을 만들기 때문입니다.

마음 공간 넓히기 효과는 다음과 같습니다.

첫째, 의식이 깨어있게 되며, 마음의 크기가 한없이 넓어집니다. 즉, 전체의식 상태가 됩니다.

둘째, 여유가 생깁니다.

셋째, 전체의식으로 깨어있는 상태에서 사유할 때, 사고의 반경이 넓어지고 자유롭습니다. 사유가 자유로워 다양한 아이디어가 떠오릅니다.

넷째, 다양한 의견을 받아들일 수 있습니다.

다섯째, 심안心眼이 열립니다.

여섯째, 잡념이 줄어들고 생각이 일어나더라도 금방 알아차려지고 마음에 별다른 영향을 주지 못합니다. 즉, 분별심이 줄어들거나 일어나지 않아 삼매를 얻을 수 있습니다.

일곱째, 감정의 날카로움이 사라지고, 감성이 풍부해지고, 공감 능력이 생기고, 한량없는 자비심을 증장시킬 수 있습니다.

여덟째, 원인과 조건을 알고 과정과 결과를 잘 분석·통찰할 수 있어서 존재의 근원을 꿰뚫어 보는 지혜를 얻기가 쉬워집니다.

아홉째, 마음은 허공과 같이 무형無形입니다. 마음 공간 넓히기 경선을 통해 무형의 마음을 체험하고 마음의 본성으로 들어갈 수 있습니다.

(4) 마음 자체가 허공에 비유되는 공간이면서 거울에 비유되는 앎

일상에서 삶의 변화를 주려면 활동의 공간을 바꾸면 됩니다. 공간에는 광화문 광장이나 경복궁 마당 같은 문화 공간이 있는가 하면, 사찰이나 교회와 같은 종교 공간도 있고, 인터넷상의 웹페이지와 같은 사이버 공간도 있으며, 메타버스의 공간도 있습니다. 뿐만 아니라 우리의 마음 속에도 공간이 존재합니다. 마음 자체가 허공과 같이 두루 하며 텅 비어있기 때문입니다. 그럼에도 불구하고 마음의 허공같고 거울같은 성품이 잘 드러나지 못하는 것은 인터넷 공간에서 수많은 사람들이 모든 삶의 정보를 교환하고 저장하고 소통하면서도 가상공간을 인식하지 못하는 것과 같습니다.

보이고 들리는 모든 정보를 받아들이고 저장하고 대상에 반응하여 정보를 유출하는 등의 삶의 활동이 우리의 마음속에는 정보로 저장되어 있는데, 바로 그 저장된 사상이나 철학 등의 견해로 인해 허공같은 본성이 가려지기 때문입니다. 또한 대상에 반응하여 감정과 생각이 일어나서 마음을 오염시키기 때문입니다. 그래서 마음의 허공같은 본성이 인식 대상인 정신적인 현상과 사물을 거울과 같이 여실하게 비추지 못하는 것입니다. 즉, 있는 그대로 비추는 거울같고 텅 빈 허공같은 성품[如實空鏡]이 잠자고 있는 것과 같다고 할 수 있습니다.

잠들어 있는 마음[如實空鏡]을 깨우기 위해서는 깨닫든 못 깨닫든 상관없이 마음 바탕이 거울같다는 것을 알고 다양한 현상이 눈에 나타나듯이 보이는 것을 자각하며, 귀에 다양한 소리가 들리는 것임을 자각해야 합니다. 다시 말하면 눈은 사물을 보지 못합니다. 눈을 통해 마음이 보는 것입니다. 실제 수행을 통해 마음의 눈이 생기면 마음이 동서남북 상하로 동시에 작용하여 본다는 사실을 알게 됩니다.

이와 같은 현상은 곧 청정한 거울같은 마음이 바로 공간을 인식하여 아는 앎 때문에 생겨납니다. 이 앎은 앞서 이야기했듯이 허공도 인식하고, 인식하는 텅 빈 마음도 인식하여 아는 앎입니다. 그래서 동서남북상하로 두루 비추는 변조偏照라고 하는 것입니다. 이와 같이 아는 앎이 없으면 공간으로 인식되지 못합니다. 이 앎이 바로 허공같은 공간이기 때문입니다.

이처럼 세상에는 다양한 물리적, 정신적인 공간이 존재하지만 공간을 어떻게 정하는가를 결정하는 것은 아는 앎인 마음이 합니다. 마음은 본래부터 모양도 색깔도 없으므로 물질적인 장벽이 없는 무한 공간입니다. 즉, 거울같이 맑고 허공같이 텅 빈 마음의 깨끗한 성품에서 무변허공이 나타납니다.[9] 역으로 마음의 공간을 허공같이 넓힐 때, 거울같이 맑고 허공같이 텅 빈 마음의 깨끗한 성품에 들어갈 수 있는 길이 열립니다. 마음의 깨끗하고 깨어있는 성품은 생로병사가 없습니다. 이 불사不死를 깨치기 위해서는 무변허공같은 마음을 체험하는 것이 필요합니다. 즉, 마음의 공간이 필요한 것입니다.

---

9   『圓覺經』「普眼章第三」無邊虛空 覺所顯發

2) 허공같은 무분별 거울을 깨우기 위한 조건

그래서 있는 그대로 거울같고 허공같은 성품을 되살리기 위해 경선鏡禪할 때는 무분별의 비추는 깨어있는 거울이 생기게 하는 조건을 만들어야 합니다. 즉, 경선을 하기 위하여 먼저 몸을 이완하는 몸풀기를 합니다.

우선 숨을 들이쉬고 내쉬면서 어깨에 힘을 빼고 몸의 긴장을 풀고 척추를 곧게 세웁니다. 온몸의 힘을 빼고 긴장을 풀면 몸에 개입되어 있던 마음이 풀어집니다. 이때 몸과 마음의 긴장이 풀어지면서 온몸이 거울같고 영화 스크린 같다고 생각하면 모든 사물을 받아들이는 무분별의 거울같은 상태(마음거울)가 만들어집니다. 반복을 통해 온몸은 사라지고 의식만 남아 있는 마음거울 상태가 됩니다. 때문에 모든 것을 내려놓을 수 있는 조건이 됩니다. 몸에 개입된 마음이 있으면 그 마음 따라 갖가지 심리가 일어나는데, 마음이 거울같은 상태가 되면 평소에 늘 계획하고 추구하던 온갖 생각들을 쉽게 내려놓을 수 있습니다. 몸은 거울의 틀로서 투명한 면이 되고, 마음은 사물을 비추고 사물이 비치는 거울의 밝은 빛이 된다고 생각하고 그렇게 연상합니다.

거울은 대상을 분별하지 않습니다. 사람이 오면 사람을, 동물이 오면 동물을 비춥니다. 그래서 거울은 무분별입니다. 마음을 거울같이 쓰면 무분별의 인식이 일어납니다. 사물을 있는 그대로 직접 인식할 때 무분별이 나타납니다. 직접 인식하는 훈련을 반복해야 무분별의 거울같은 마음이 생깁니다.

무분별의 마음거울이 나타나게 하는 것에는 '힘[力]으로 하는 방법'과 '이치[理]로 하는 방법'이 있습니다. 현상에 대하여 힘으로 하는 것은 의도적으로 집중하여 삼매를 이루는 사마타 방법입니다. 이 방법은 '무분별의 마음거울 만들기'입니다. 이치로 하는 것은 이치를 관찰하여 지혜를 얻는 위빠사나 방법입니다. 즉, 현상의 이치를 보게 되면 마음이 무분별의 거울로 드러나게 됩니다.

(1) 힘으로 마음거울 만들기

첫째, 거울 또는 연못 등에 사물이 비치는 현상을 빌려서 몸에 대입하여 오감의 문을 열고 몸과 마음을 거울이라 생각하는 것입니다.

둘째, 마음 의식의 공간을 넓히는 것입니다. 의식의 공간은 무분별이면서 동시에 마음이기 때문에 의식의 공간을 넓히면 곧 마음이 무분별의 거울이 됩니다.

셋째, 알아차리고 놓치지 않는 사띠에 의해 집중력을 높입니다. 알아차림이란 머리로 생각하고 판단하기에 앞서 대상을 즉각 아는 직관을 말합니다. 즉, 대상에 의미 부여하거나, 다른 것과 결부시키거나, 감정과 생각을 덧붙이거나 또는 대상을 없애겠다는 등의 생각과 감정이 일어나기 전에 즉각 대상을 파악하는 방법입니다. 이렇게 반복적으로 있는 그대로 대상을 알아차림 하면 무분별과 같은 직관의 힘이 생기고, 더 나아가서 알아차림에 붙들고 놓치지 않는 집중이 선천적인 것처럼 익어지면, 대상에 집중력이 높아지고 무분별이 생기는 것입니다. 이 무분별을 있는 그대로 비추는 거울에 비유합니다. 그러나 이 무분별이 공성은 아닙니다. 공성의 무분별과 구별해야 합니다.

(2) 이치로 마음거울 드러내기

첫째, 의식의 공간이 확장된 상태에서 대상에 반응하는 감정과 생각을 쉬게 하기 위해서, 반응하는 감정과 생각을 사띠(sati)합니다. 사띠에 의해 대상에 의미를 부여하고 결부시키고, 감정과 생각을 덧붙이는 의도를 멈추고 쉬는 경선鏡禪이 됩니다. 왜냐하면 사띠(sati)는 찰나삼매를 일으키므로 마음을 멈추고 쉬게 하기 때문입니다. 찰나삼매가 일어나면 이 삼매에 의해 마음거울이 나타나기 시작합니다. 즉, 마음에 눈이 생겨 몸과 마음의 현상을 마음으로 보는 관찰(anupassī)이 이루어집니다.

관찰이 이루어지기 시작하면 알아차리고 놓치지 않는 사띠로써 의식을 발바닥에 두고 발바닥의 영역에서 벗어나지 않게 합니다. 마치 발바닥에 껌딱지가 붙어 떨어지지 않듯이 합니다. 사띠는 대상을 즉각 알아차리기만 하는 것이 아니라 붙잡고 놓치지 않는 특징이 있습니다. 이와 같이 의식을 손가락에도 정수리에도 두고 사띠하여 놓치지 않으며, 발바닥, 손가락, 정수리에 동시에 두고 사띠가 익어지면 온몸을 보게 됩니다. 온몸을 다 볼 수 있는 만큼 의식의 공간이 넓어집니다.

둘째, 마음에 잠재되어 있는 마음거울이 사띠에 의해 나타나는

데, 마음거울인 관觀이 시작됩니다. 거울같이 보면서 사띠를 하게 되고 관찰 속에서 사띠는 몸과 마음 현상의 발생과 소멸 즉, 생김과 사라지는 무상함을 분명하게 알게 합니다(pajānāti). 나아가서 무상함을 통해 일체 모든 상相의 허망함을 맛보게 되고 탐욕과 분노와 어리석음이 사라지게 합니다. 또한 허망함은 곧 형상의 불만족인 고苦를 체험하게 합니다. 이를 통해 불만족의 지혜가 생기면 원하는 마음이 사라집니다. 이와 같은 무상과 고는 뜻대로 되는 것이 아님을 알아 무아無我를 바르게 아는 앎(sampajānāti)인 지혜가 생기며, 상호의존, 공空의 지혜를 얻어 밖의 대상과 안으로 저장되어 있는 종자(정보)를 제거해 가는 것입니다.

생기고 사라지는 현상의 무상無常을 관찰하면 모든 현상이 불만족의 고苦임을 알게 되고, 또한 생기고 사라지는 모든 현상을 뜻대로 할 수 없다는 이치를 통해 무아無我의 아我를 알아차리게 됩니다. 이때 드러나는 마음의 본성인 거울이 더욱 분명해집니다. 무상·고·무아의 이치[理]를 알아차린다는 것은 알아차림에 의해서 찰나삼매, 본삼매(선정)와 무상·고·무아의 지혜가 생긴다는 것을 말합니다. 삼매는 공성을 드러내는데 필요한 조건입니다. 선정 속에서 공성을 얻을 수 있기 때문입니다. 그래서 선정을 의지해서 지혜가 생긴다고 하는 것입니다. 그래서 사띠(sati)는 지혜를 이끌어낸다고 합니다.

지혜는 정신현상 과정과 물질현상 과정을 즉각 구분하고 현상이 생기고 사라지는 조건을 분명하게 알아차리는 것입니다. 일어나도 일어난 곳이 없고, 사라져도 사라진 곳이 없음을 알아차리고, 이와 같이 자취 없음에 머물 수만 있다면 생기고 사라지는 생멸과 생사生死에 머물지 않습니다. 생사에 머물지 않는 수행이 생멸하는 번뇌의 때가 사라지게 하고, 청정한 마음거울이 선명하게 드러나게 합니다. 즉, 마음거울에 번뇌라는 때가 묻어 있어 거울 역할을 하지 못하다가, 무상無常을 통하여 형상이 '항상하다'는 잘못된 견해의 때를 제거하고, 몸은 '즐겁다'는 때를 제거하고, '자기 뜻대로 할 수 있다'는 자아의 때를 제거하고, '실체가 있다'는 때를 제거하는 것입니다. 이것은 알아차림을 통해서 지혜가 계발되면서 이루어집니다.

이와 같이 경선鏡禪을 하면 마음이 대상을 인식할 때 무분별의 거울이 생기기 시작합니다. '힘으로 마음거울 만들기'는 의도적으로 집중하는 명상인 사마타로 이루어집니다. '이치로 무분별의 마음거울 드러내기'는 위빠사나로 이루어집니다. 사마타에 의해 의식의 공간이 허공같이 텅 비어지고, 위빠사나에 의해 번뇌망상이 제거되어 마음이 허공같이 텅 비워지면서, 거울같은 마음의 지혜가 나타납니다. 사마타와 위빠사나에 의해 텅 비워진 마음은 무한 잠재력이 실현되는 바탕이 되고, 거울같이 아는 지혜는 가능성이 실현될 수 있게 하는 힘이 됩니다.

일체 모든 것이 부동不動하여 본래부터 고요한데

어리석음은 있음과 없음으로 분별하니
누에가 고치를 만드는 것과 같다네.

견해에 의지하여 너와 나로 분별함이여
실타래가 이어지듯 자기도 얽으며 남도 얽어매어
서로서로 고통으로 떨어진다네.

무분별의 텅 빈 지혜여
모든 이들을 유有와 무無
너와 나로부터 벗어나게 하네.

현상의 관계성을 통찰 사유하는 위빠사나를 행하면 마음거울인 의식의 공간이 넓어지고 공성의 지혜가 드러납니다. 의도적으로 거울을 만드는 것이 아니라 무상 등의 이치를 알아차리는 것과, 관계성 통찰 사유를 통하여 번뇌망상의 때를 없애서 마음거울이 드러나도록 하는 것이 이理의 방법입니다. 모두 의식의 공간을 넓히고 공성의 지혜를 얻는 방법입니다.

의식의 공간을 넓히는 경선鏡禪의 두 가지 방식을 요약하자면 '힘으로 마음거울 만들기'는 집중명상인 사마타로서 집중의 힘으로 하는 것이며, 이때 힘은 마음의 아는 성품과 기운이 결합한 것입니다. '이치로 무분별의 마음거울 드러내기'는 위빠사나로서 이치를 아는 지혜로 하는 것입니다. 이理는 마음 본성이자 앎 자체입니다.

3) 알아차림 확립[사띠의 확립satipaṭṭhāna]하기 - 위빠사나

알아차림은 인훈습경因熏習鏡의 거울같이 비추는 수단에 해당합니다. 두루 비추는 것을 변조偏照라고 합니다. 마음거울의 보는 성품은 인위적인 것이 아닙니다. 만약 마음에 본다는 분별이 일어나게 되면 그것은 마음의 본래성품으로서 보는 것이 아니므로 보지 않는 것입니다. 그러므로 마음의 본성은 본다는 의도나 생각 없이 온 세상을 두루 밝게 비추는 것입니다. 즉, 두루 밝게 비추는 마음거울은 본래 깨달음인 것입니다.

이와 같이 비추는 인훈습경에는 대상이 무엇인지 아는 것이 포함되어 있습니다. 왜냐하면 마음의 본성에 갖추어져 있는 청정한 본래 깨달음으로서 진실식지眞實識知가 있기 때문입니다. 직관으로 아는 것이든, 머리로 분석 사유로 추리하여 알든, 즉 바르게 알든, 삿되게 알든, 흐릿하게 알든 '안다는 자체'는 진실하다는 뜻입니다. 따라서 안다는 것은 인훈습경의 마음 본성입니다.

알아차림은 대상을 즉각 인식하는 앎입니다. 일상에서 늘 쓰고 있는 의식의 작용이지만 우리는 의식하지 못하고 있습니다. 왜냐하면 즉각적이기 때문입니다. 그래서 대상을 생각하지 않고 즉각 알았다면 '이 인식이 알아차림이다'라고 알면 됩니다. 그다음부터는 알아차림이 쉬워집니다.

이 알아차림은 지혜를 이끌어내는 역할을 합니다. 모든 사람이 지혜가 있어서 모든 것을 꿰뚫어 보아 잘못 아는 데서 오는 괴로움에서 벗어날 수 있으면 좋겠지만 처음부터 누구나 지혜가 있는 것이 아니므로 알아차림이 필요한 것입니다. 알아차림은 인훈습경의 마음거울인 지혜를 발현시키는 수단입니다.

마음거울은 사띠(sati)로부터 시작합니다. 사띠(sati)는 대상을 인식하는 인식의 뜻입니다. 반응하는 현상을 사띠하면 찰나삼매가 일어납니다. 찰나삼매가 일어나면 이 삼매를 의지하여 지혜가 생깁니다. 왜냐하면 찰나삼매가 생길 때는 마음의 눈이 생겨서 현상의 미세한 부분을 보게 되기 때문입니다. 특히 현상이 일어나도 일어남이 없고 사라져도 사라지는 자취가 없음을 알게 되며, 생멸 속에서도 자취 없는 생멸없음[無生滅]에 머물 수 있습니다. 이를 생사에 머물지 않는다고 하는 것입니다. 생사에 머물지 않는 수행이 곧 불사不死인 열반에 이르는 지혜의 길입니다. 이와 같이 현상의 자취 없음을 보고(지혜) 머물 수 있는 힘이 생기려면 마음의 눈이 생겨야 하며, 이 마음의 눈이 곧 관찰의 관觀이며, 마음거울입니다.

(1) '알아차림의 확립'에 대하여 이해하기[10]

'알아차림'이 익숙하게 되면 '알아차림이 확립'됩니다. 마치 선천적으로 타고난 것 같이 알아차리려는 의도를 내지 않아도 자연스럽게 알아차림이 될 때 '알아차림이 확립'되었다고 할 수 있습니다.

---

10 청근스님의 논문 『'알아차림의 확립'(satipaṭṭhāna)에 대한 이해』를 참조하였습니다.

알아차림의 확립으로 번역한 'satipaṭṭhāna'라는 단어는 'sati(기억)' + 'paṭṭhāna(밀착해서 머묾)'로서 몸[身]·느낌[受]·마음[心]·현상[法]에 기억하여 잊지 않고 밀착하여 머문다는 뜻입니다. '알아차림의 확립'(satipaṭṭhāna)은 찰나삼매, 관찰(anupassī), 분명한 앎(pajānāti), 바른 앎(sampajānāti)이 갖추어질 때 이루어집니다.

(2) 사띠sati

'알아차림의 확립'(satipaṭṭhāna)에 대한 이해로서 먼저 사띠(sati)에 대해 살펴봅니다. 사띠(sati)는 대상을 인식하는 의식의 작용입니다. 사띠는 직관적인 인식이며, 판단기능이 있고, 지혜를 끌어냅니다. 사띠는 붓다 당시의 수행언어로 '기억하다'라는 뜻의 sarati[Sk. smṛti]에서 파생된 명사입니다. 기본적으로 '기억'이라는 뜻을 갖고 있으며, 나아가서 잊지 않음, 억념憶念, 유념, 인식, 자각, 알아차림, 의식 등의 뜻을 가지고 있습니다. 경전의 일반적인 문맥에서는 '기억'이라는 뜻으로 쓰이지만 수행과 관련하여 쓰일 때는 기억이라는 뜻을 더하여 수행대상을 잊지 않고 마음속에 두어 유념하는 마음작용을 나타내는 표현이라고 볼 수 있습니다. 사띠(sati)를 '무언가를 마음에 두어 잊지 않고 유념하고 있는 상태'로 이해하여 염念으로 한역漢譯하여 옮긴 것으로 보입니다.

사띠(sati)를 『청정도론淸淨道論』에 근거하여 보면 ①특징은 대상에 깊이 들어가는 것이며 ②역할은 잊지 않는 것이며 ③사띠가 강화되게 하는 직접적인 원인은 강한 인식과, 몸·감각·마음·현상에 대한 사띠의 확립입니다. ④나타남은 대상과 직면함으로 나타납니다.

그러므로 사띠(sati)한다는 것은 '대상에 깊이 들어가는 것'이며, '잊지 않는 것'이며, '강한 인식'이 가까운 원인이며, '대상과 직면함'으로 나타난다는 것은 뒤집어서 보면 사띠(sati)의 대상이 빠르게 변하기 때문이라는 것을 알 수 있습니다. 빠르게 변하는 대상을 알려면 매우 민첩하게 알아야 합니다. 사띠(sati)하는 마음의 작용이 빛보다 빠르지 않으면 안 된다는 것입니다. 빠르게 인식할 때, 대상을 자세히 파악할 수 있으면서 대상에 깊이 들어갈 수 있으며, 대상을 잊지 않게 되며, 강한 인식이 됩니다. 이렇게 사띠(sati)할 때 대상과 직면할 수 있습니다. 대면한다는 것은 마음이 대상을 떠나지 않게 한다는 것입니다. 마음과 대상이 껌딱지같이 딱 붙어 있게 하는 것이 사띠(sati)입니다.

이와 같이 볼 때 사띠(sati)의 성격은 다음과 같습니다.

첫째, 민첩성입니다. 사띠는 대상을 포착하는 기능으로서 민첩한 정신작용임을 알 수 있습니다. 비유하자면 거미줄에 먹잇감이 걸리면 거미가 쏜살같이 그 먹잇감이 도망가지 못하도록 거미줄로 묶어버리는 것과 같습니다. 또 다른 비유로서 레이다에 적이 포착되면 즉각 조치를 취하여 적을 물리치듯이 사띠(sati)는 레이다와 같은 역할을 합니다.

요즘 많이 쓰는 마음챙김이라는 번역어는 마음이 대상을 챙긴다는 뜻과 마음을 챙긴다는 뜻이 있어 민첩성이 떨어집니다. 이 용어를 쓰면 이를 구분해야 하는 번거로움이 있습니다. 또한 마음이 대상을 챙긴다고 하면 둔탁한 느낌이 있어서 민첩성이 떨어집니다. 마음을 챙긴다고 하면 마음을 보호한다는 뜻입니다. 들뜸에 빠지는 것으로부터 보호하고, 삼매 때문에 일어나는 게으름에 빠지는 것으로부터 보호한다[11]는 뜻이 있습니다. 그러나 이 보호는 대상을 인식하고 난 뒤에 오는 이차적인 뜻입니다. 사띠의 대상에 깊이 들어감, 잊지 않음, 강한 인식, 대상과 직면한다는 본질적인 뜻이 어디에도 없기 때문입니다. 그래서 사띠의 일차적인 뜻에는 마음챙김이 없습니다. 그래서 마음을 보호한다는 뜻은 사띠의 이차적인 뜻이라고 할 수 있습니다.

사띠(sati)를 알아차림으로 번역한 것은 시간차 없이 대상을 즉각 안다는 뜻이며, 즉각 안다는 것은 생각하지 않고 대상을 민첩하게 인식하는 것입니다. 대상이 빠르게 변하기 때문입니다. 또한 사띠의 뜻에는 '정신 차림'이 들어가 있습니다. 대상이 빠르게 변하기 때문에 정신을 차리지 않으면 놓치기 때문입니다. 즉, 알아차림은 대상을 강하게 인식하는 직접적인 원인으로서 사띠입니다.

대상을 생각하지 않고 민첩하게 안다는 것은 생각하지 않고 아는 힘입니다. 예를 들면 책상 위에 있는 찻잔, 시계, 책 등을 인식할 때 생각할 필요도 없이 눈으로 보는 즉시 찻잔인 줄 알고, 시계

---

11   『네 가지 마음 챙기는 공부』 각묵스님 옮김 p.p. 241~242 초기불전 연구원

인 줄 알고, 책인 줄 압니다. 이와 같이 일상에서 즉각 인식해서 아는 이 정신작용을 민첩하게 훈련시키는 것이 명상입니다. 민첩하게 닦여진 사띠(sati)가 물질현상만이 아니라 미세한 마음의 현상과 그 본질까지 꿰뚫어 보게 하는 것이 사띠(sati)입니다.

둘째, 기억입니다. 사띠(sati)를 새김으로 번역하기도 합니다. 새김은 마음에 새긴다는 뜻으로 기억의 뜻이 있습니다. 기억은 일찍이 보았거나, 형태를 상기하거나, 들었거나, 대상을 식별했기 때문에 생기며, 일찍이 경험한 일에서 생깁니다. 말하자면 대상을 생각하지 않고 직관적으로 자주 인식하면 경험하기 때문에 기억이 생긴다는 것입니다. 그래서 대상을 생각하지 않고 즉각 인식하는 것이 원인이 되어 잊지 않는 기억이 생기는 것입니다. 따라서 사띠는 생각하지 않고 인식하는 알아차림이 기억하게 하는 힘입니다. 이렇게 생긴 기억은 대상에 붙어서 떨어지지 않습니다. 나아가 법法으로 기억하는 것으로서 자신의 현재 수행상태를 잊지 않는 것도 사띠(sati)입니다.

셋째, 사띠의 목적은 지혜를 이끌어내는 데에 있습니다. 즉, 사띠(sati)로서 대상을 즉각 안다는 알아차림의 앎은 기억 속에 포함되어 있습니다. 대상을 기억하는 것도 강한 자극이 아니면 마음에 남지 않기 때문입니다. 자극받을 때 대상을 대상인 줄 모르면 과연 기억될 수 있는지 의문입니다. 따라서 사띠(sati)로서 기억의 뜻에 앎의 뜻이 포함되어 있다고 보는 것입니다. 뿐만 아니라 판단기능을 가지고 있습니다. 사띠가 직관이라고 하여 비非 판단, 비非 분별이 아닙니다. 즉각적으로 물질현상과 정신현상을 구분하고 생김과 사라짐을 분별합니다. 직관과 추리는 대상을 분별하고 판단하는 데에 있어서 양적 차이는 있지만 질적質的 차이가 없다고 인명因明[12]에서 이야기합니다. 그러므로 사띠에 의해 계발된 지혜가 생사 문제를 해결하는 열쇠로 작용합니다. 사띠는 sati의 번역어로서 속도감이 떨어지는 용어를 쓰면 안 되고, 기억과 앎이 없는 무관한 번역어를 써도 안됩니다.

이상과 같이 사띠는 생각 없이 대상을 즉각 아는 알아차림으로서 직관의 의미가 있습니다. '알아차림'은 사띠(sati)의 번역어로서 실제 수행에 적용하기에 가장 적합하다고 할 수 있습니다. 또한 알아차림이라는 용어는 사띠의 확립에도 가장 적합하다고 할 수 있습니다. 사띠의 확립에는 찰나삼매, 관찰(anupassī), 분명한 앎(pajānāti), 바른 앎(sampajānāti)이 있습니다. 이렇게 '알아차림'의 즉각 안다는 뜻이 분명한 앎(pajānāti), 바른 앎(sampajānāti)이라는 지혜로 그대로 연결되는 것을 알 수 있습니다.

(3) 관찰anupassī

알아차림이 익어지면 찰나삼매가 일어나면서 대상이 생기고 사라지는 현상을 눈으로 보듯이 마음으로 볼 수 있습니다. 이를 관찰

---

12 인명은 원인을 밝히는 학문이라는 뜻으로 불교 인식논리학이다.

이라고 합니다. '관찰하는'의 뜻으로 쓰인 anupassī는 당연히 몸, 느낌, 마음, 현상이라는 네 가지 대상을 관찰하는 것입니다. 관찰하게 되면 사띠가 필요 없는 것이 아니라 대상을 관찰하는 가운데서 알아차림인 사띠가 작용합니다. 이때의 사띠는 관찰 이전의 비판단 비분별이 아닙니다. 생각이 개입되지 않는 즉각적인 분별로 작용하고 판단합니다. 그래서 위빠사나 지혜가 생겨 견해가 청정해집니다.

관찰(anupassī)은 생명이 위급한 상황에서 찰나 사이에 일생 살았던 삶이 느린 화면으로 흘러감을 보는 것과 같습니다. 빠르게 변하는 현상을 천천히 자세하게 관찰할 수 있음을 뜻합니다. 그래서 생김도 처음과 중간과 끝을 관찰할 수 있고, 사라짐도 사라지는 과정을 처음과 중간과 끝을 관찰할 수 있습니다. 처음과 중간과 끝을 관찰해야 하는 이유는 형상은 생生-주住-멸滅하기 때문입니다. 관찰이 익어지면 일어난 곳과 사라진 곳이 자취가 없음을 관찰하는 것이 가능해지며, 과거는 지나가서 없고, 미래는 오지 않아 없으며, 현재도 머물지 않음을 관찰할 수도 있습니다.

(4) 분명한 앎pajānāti

분명한 앎은 관찰(anupassī) 속에서 이루어집니다. 몸, 느낌, 마음, 현상이라는 네 가지 대상을 관찰하는 것이 익숙해지면, 마치 깜깜한 곳에 있을 때 주변이 잘 보이지 않다가 익숙해지면 주변이 보이듯이 분명하게 알게 됩니다. 즉, 분명하게 아는 앎은 pajānāti라고 하는데 '분명하게 알다, 확실하게 알다, 꿰뚫어 알다' 등으로 번역될 수 있습니다. 단순한 앎이 아니라 점차적으로 깊어지는 지혜를 동반하는 앎이라 볼 수 있습니다. 즉, 몸과 마음의 현상을 관찰할 때 물질현상과 정신현상을 구별하는 지혜가 생겨서 '견해가 청정'해집니다. 이와 같이 알아차림의 직관적인 체험을 통해 온 생명, 온 우주가 물질과 정신에서 벗어나지 않는다는 것을 유추하게 되고 이해가 생깁니다.

나아가서 몸과 마음의 현상이 조건에 의해 생김과 사라진다는 것을 관찰하고 생김과 사라짐을 즉각적으로 구별하는 지혜가 생기면서 '의심에서 벗어나는 청정'의 경계에 이르게 됩니다. 이와 같은 직관적인 체험을 통해 온 생명과 온 우주도 생김과 사라짐에서 벗어나는 것은 없다는 것을 유추하고 이해하게 되는 수행 경험을 하게 됩니다.

몸 관찰은 호흡의 길고 짧음, 몸의 자세, 일상에서의 움직임 등을 아는 것부터 시작해서, 점차적으로 무형상의 세계인 느낌의 영역에서 느낌, 마음의 영역에서 마음을 아는 것으로 이어져서, 최종적으로는 궁극의 진리인 사성제에 대한 깊은 이해를 동반한 앎으로까지 이어집니다.

분명한 앎(pajānāti)에 대하여 『대념처경』은 다음과 같이 붓다의 가르침을 전하고 있습니다. "다시 비구들이여, 비구는 걸어가면서 '걷고 있다'고 꿰뚫어 알고(pajānāti), 서있으면서 '서있다'고 꿰뚫어 알며, 앉아있으면서 '앉아있다'고 꿰뚫어 알고, 누워있으면서

'누워있다'고 꿰뚫어 안다. 또 그의 몸이 다른 어떤 자세를 취하고 있든 그 자세대로 꿰뚫어 안다. 이와 같이 안으로 몸에서 몸을 관찰하며[身隨觀] 머문다. 그는 세상에서 아무것도 움켜쥐지 않는다. 비구들이여, 이와 같이 비구는 몸에서 몸을 관찰하며 머문다."

(5) 바른 앎 sampajānāti

관찰(anupassī) 속에서 분명한 앎이 익숙해지면 행하는 모든 것을 알면서 행하는 바른 앎(sampajānāti)의 경지에 이르게 됩니다. 걸어갈 때 몸의 근육의 움직임, 느낌, 감정, 생각 등을 따로 보는 것이 아니라 영화를 보듯이 한눈에 보고 아는 것입니다. 마음거울이 온몸의 움직임과 마음의 움직임까지 아는 것입니다.

또 하나는 분명한 앎이 익숙해지면 분명한 앎에 의해서 대상의 본질을 꿰뚫어 보게 되고, 일체 모든 것의 공통되는 현상인 무상無常 · 고苦 · 무아無我를 바르게 이해하게 되고, 바르게 아는 힘에 의해서 불사不死의 길이 열립니다. 이것이 sampajānāti입니다. sampajānāti은 '올바르고 분명하게 알다'입니다.

'올바르다'는 뜻은 윤리적이라는 것입니다. 수행자의 행위가 비윤리적이라면 잘못된 수행을 하거나, 수행을 잘못하고 있거나, 아직 수행의 바른 앎이 생기지 않았기 때문입니다. 수행체험으로 무상無常 · 고苦 · 무아無我를 이해했다면 비윤리적인 행위를 할 수 없습니다. 왜냐하면 무상無常 · 고苦 · 무아無我는 연기緣起의 다른 이름이기 때문입니다.

연기는 시간적으로 변하는 무상無常이며, 변하는 것은 의미를 부여하거나 감정과 생각을 덧붙일 수 없어 아무 의미가 없으므로 만족스럽지 않아 괴로움[苦]이며, 불만족의 괴로움은 뜻대로 바꿀 수 없어 무아입니다. 즉, 연기緣起는 조건[緣]에 의해 생기고 사라짐을 이야기하므로 주재하는 자아가 없어 뜻대로 바꿀 수 없다는 것을 말합니다. 그러므로 무아입니다. 그래서 원인과 결과는 서로 의존[因果依存]하며, 상호의존이므로 원인에 의해 결과가 생긴다는 뜻으로 선인선과善因善果, 악인악과惡因惡果이므로 윤리의 근거입니다. 그래서 수행자가 비윤리적인 길을 간다면 그 수행자는 아직 무상無常·고苦·무아無我에 대한 바른 앎이 생기지 않은 수행자라고 할 수 있습니다.

그래서 '올바르고 분명하게 안다'에서 올바름이란 분명한 앎을 통해 정신적, 물질적인 모든 존재의 공통되는 진실을 알았을 때 바르게 판단한 결과입니다. 몸·감각·마음·현상을 관찰할 때 '마음을 무상無常, 감각을 고苦, 현상을 무아無我, 몸을 부정不淨'으로 본다면 그것은 앎이 올바르다고 할 것입니다. 만약 그 반대로 대상들을 '마음을 항상常, 감각을 낙樂, 현상을 아我, 몸을 정淨'으로 본다면 그것은 바른 앎이 될 수 없습니다. 진실이 아니기 때문입니다.

이와 같이 바른 앎이 '길과 길 아님을 알고 보는 청정'의 경계입니다. 바르지 못한 앎은 비윤리적인 행위를 할 위험성을 내포하고 있습니다. 결국 무상·고·무아를 바르게 안다는 것은 곧 투철한 윤리의식을 가지게 된다는 것입니다. 어떤 사상이나 철학에 의한 윤리도덕이 아니라 명상을 통해 체득한 무상·고·무아의 지혜에 의한 윤리입니다. 바른 체험인지 아닌지는 행위로 나타나고 그 행위는 윤리도덕으로 나타납니다. 즉, 지혜가 동반되지 않으면 반드시 비윤리적인 행위를 합니다.

바른 이치를 아는 지혜가 아닌 악지혜惡智慧는 있음有을 근거한 영원주의와 없음無을 근거한 허무주의입니다. 모든 주의·주장은 유무에서 벗어나지 않습니다. 유무를 근거하게 되면 반드시 비윤리적인 행위를 하게 되며 자신뿐만이 아니라 다른 사람에게도 피해를 줍니다. 영원주의와 허무주의 특징은 인과를 부정하는 데에 있습니다. 그래서 자기의 행위에 대해 어떤 책임도 지지 않습니다.

나아가서 수행의 체험으로 온몸이 사라지는 '소멸을 거듭 관찰하는 지혜'에 이르게 될 때, 대상[客]과 그 대상을 알아차리는[主] 관찰이 함께 생기고 사라지는 것을 제3자가 보듯이 관찰된다면 '바른길을 알고 보는 청정'을 얻는 경계입니다.

바른 앎(sampajānāti)에 대하여 『대념처경』은 다음과 같이 붓다의 가르침을 전하고 있습니다. "다시 비구들이여, 비구는 나아갈 때도, 물러날 때도 (자신의 거동을) 분명히 알면서[正知] 행한다(sampajānā-kāri). 앞을 볼 때도, 돌아볼 때도 분명히 알면서 행한다. 구부릴 때도, 펼 때도 분명히 알면서 행한다. 가사·발우·의복을 지닐 때도 분명히 알면서 행한다. 먹을 때도, 마실 때도, 씹을 때도, 맛볼 때도 분명히 알면서 행한다. 대소변을 볼 때도 분명히 알면서 행한다. 걸으면서 · 서면서 · 앉으면서 · 잠들면서 · 잠을 깨면서 · 말하면서 · 침묵하면서도 분명히 알면서 행한다. 이와 같이 안으로 몸에서 몸을 관찰하며[身隨觀] 머문다. 그는 세상에 대해서 아무것도 움켜쥐지 않는다. 비구들이여, 이와 같이 비구는 몸에서 몸을 관찰하며 머문다."

(6) 관찰 속에서 이루어지는 알아차림 확립satipaṭṭhāna의 수행

알아차림을 확립하는 과정은 ①사띠(sati)로부터 시작하여 ②관찰(anupassī) ③분명한 앎(pajānāti) ④바른 앎(sampajānāti)까지 점진적으로 함께 작용하여 이루어집니다. 사띠의 알아차림이 익숙하게 되면 어떤 현상을 관찰하더라도 알아차림만 있게 되며 알아차림 하는 순간순간 삼매가 일어나는데, 이를 '찰나삼매'라고 합니다. '찰나삼매'가 일어나면 찰나삼매를 의지하여 생기고 사라지는 현상을 볼 수 있게 됩니다. 이때 비로소 마음의 눈이 생겨서 관찰할 수가 있습니다. 관찰이 익숙해지면 대상을 분명하게 알게 됩니다. 이것이 '분명하게 아는 앎'인 pajānāti입니다.

행주좌와의 움직임을 바르고 분명하게 알면서 행하는 바르게 아는 앎이 sampajānāti입니다. 분명하게 아는 앎이 수행주제인 연기緣起와 무상無常 · 고苦 · 무아無我의 세 가지 특별한 모습을 '바르게 아는 앎'을 일으킵니다. 이것이 불사不死로 가는 길이며, 사띠의 확립(satipaṭṭhāna)이라고 하는 것입니다.

사띠(sati)를 잃으면 모든 법의 궁극을 모르게 됩니다. 사띠의 경지를 바른 앎으로 잘 식별하고, 다음에 그 사띠(sati)로써 지켜야 합니다. 왜냐하면 사띠(sati) 그 자체는 취사선택의 능력이 없기 때문입니다. 그래서 반드시 바른 앎인 정지正知로써 무슨 현상[法]인가를 식별한다면 바르지 못한 길을 버리고 올바른 길로 가게 됩니다. 그래서 사띠(sati)의 확립과정에서 바른 앎(sampajānāti)이 나왔지만 도리어 바른 앎이 사띠(sati)를 바르게 인도합니다. 그래서 사띠 sati[正念]와 정지正知에 의지한다면 불사不死에 이르는 원만한 수행을 할 수 있게 됩니다.

이와 같이 사띠(sati) 확립의 중심은 관찰(anupassī)입니다. 관찰 속에서 사띠와 찰나삼매, 분명한 앎, 바른 앎이 작용하기 때문입니다. 이 관觀이 심안心眼이며 마음거울입니다. 마음거울인 관觀이 수행의 중심으로 집중명상인 사마타, 분석명상인 위빠사나가 작동합니다. 이 마음거울이 분명할 때 마음의 영역으로 들어가서 마음의 청정본성을 깨달을 수 있습니다.

1-2 명상의 수단, 방편 버리기

유정有情 중생의 생사生死 고통 생각하면
연민심 일어나니 명상하게 되는 뿌리라네.
연민은 유정을 구제하고자 하는 마음 생기게 하고
구제 능력 키우고자 위없는 깨달음을 얻고자 염원하니

깨어있는 마음이 보리심이라

명상 수행의 동력이 된다네.

보리심이 생사의 괴로움이 없는 목적지에 도달하는 방편을 만나면

깨달아 '눈 뜬 님'이 되어 방편을 버리고도

지혜 몸[智身-法身]이 보리심 되어

색신色身[인간과 동물의 몸]을 나타내나니

이 또한 방편이라 유정 구제함을 멈추지 않는다네.

   깨달음은 반야지혜에 의해 체득됩니다. 지혜가 생기게 하는 것은 모두 방편이 됩니다. 그래서 방편은 아버지에 비유되며 지혜는 '깨달은 님'을 낳기 때문에 어머니에 비유됩니다. 방편들의 수습하는 힘으로 반야지혜를 닦는 수행자의 시각始覺인 아들이 본각本覺인 어머니를 만나면[모자상봉母子相逢] 곧 궁극의 깨달음인 것입니다.

   방편들은 깨달아서 모든 유정을 돕겠다는 보리심의 수족이 되어 거친 번뇌를 없앱니다. 또한 반야지혜를 도와 깨달음을 신속하게 증득하게 하는 힘입니다. 그래서 방편들은 수행 시간을 단축하게 합니다. 먼 길을 갈 때 자동차를 타고 가면 쉽고 편하고 빨리 갈 수 있는데 이때의 자동차가 방편입니다. 방편은 또한 큰 돌을 움직이는 지렛대와 같습니다. 방편이 없으면 그만큼 더디고 힘이 들고 명상에 쉽게 지치게 됩니다. 방편은 곧 수단과 목적을 갖는 것입니다. 우리의 삶이 수단과 목적을 갖는다면 목적을 위해 앞만 보고 살아가는 삶에서 벗어나지 못합니다. 그러나 명상의 방편은 수

단과 목적을 갖고 도리어 수단과 목적에서 벗어나 지금, 이 순간의 삶을 살 수 있도록 도와줍니다. 명상의 방편을 버리는 것도 명상의 궁극적인 방편이며 자비경선의 지름길이기도 합니다. 약을 먹고 병이 나으면 약을 버리듯이 방편의 진실한 모습은 목적이 달성되면 그 방편을 주저없이 버리는 것입니다.

> 과거는 지나가고 없어서 기억으로만 존재하며
> 미래는 오지 않아 상상으로만 존재하며
> 현재는 머물지 않아 기억과 상상 자체가 존재하지 않나니
> 기억과 상상이 현재 이 순간의 삶이라
> 순간이 영원이기에 수단과 목적에서 벗어난 행복입니다.

1) 발가락, 정수리, 손가락에 의식을 두는 방편을 버림

걷기선 명상에서는 방편으로 의식을 발바닥, 손가락, 정수리에 두고 의식이 몸과 한 공간을 이루기 위한 명상을 합니다. 정수리에 감각이 없으면 정수리에 의식을 두기가 어렵습니다. 그때는 정수리에 연꽃 이미지를 떠올리면 의식을 두기가 쉬워집니다. 정수리에 감각이 생기면 연꽃 이미지 방편은 버립니다.

모든 수행의 방편은 사마타와 위빠사나에서 벗어나지 않습니다. 이미지를 활용하는 것은 집중력을 키워주는 사마타이며, 의식을 발가락, 손가락, 정수리에 두는 것도 사마타입니다. 발바닥에 두는 의식이 발바닥에서 벗어나지 않게 사띠하기 때문입니다. 사띠

하는 알아차림은 대상을 붙들고, 놓치지 않고, 잊지 않는 특성과 역할이 있습니다. 그러므로 의식을 발바닥, 손가락, 정수리에 두고 걷는 명상이 가능합니다. 더 나아가서 의식을 발바닥, 손가락, 정수리에 동시에 두고 걷기가 가능해집니다. 발바닥, 손가락, 정수리에 의식을 두는 방편은 하나의 매개체 역할을 할 뿐만 아니라 마음의 무한한 가능성과 잠재력을 계발하는 도구가 됩니다.

손가락, 발가락, 정수리에 의식을 두지 않고도 몸과 한 공간이 될 때는 손가락, 발가락, 정수리에 의식을 두는 방편은 버립니다. 더 나아가서 걸어갈 때, 근육의 움직임과 발바닥과 입 안이 보이고 감정, 느낌, 생각 등이 영화를 보듯이 온몸이 한눈에 보이면서 자기가 하는 일들을 알면서 행한다면 이는 바른 앎(sampajānāti)입니다. 수행자가 자기가 하고 있는 행위를 알면서 행할 때, 행위의 무상과 고와 무아가 알아차려진다면 모든 것을 꿰뚫어 보는 지혜가 생겼다고 할 수 있습니다.

지혜를 얻게 되면 세상만사를 하나로 꿰뚫어 보게 되어서 취하고 버릴 것이 없음을 알게 됩니다. 움켜쥐고 있는 것을 놓아버리는 자유가 생기게 됩니다. 외부의 영향에 반응하는 느낌, 감정, 생각을 사물을 보듯이 볼 수만 있으면 대상으로부터 자유로워지고 더 나아가 창조적이고 긍정적인 삶을 영위할 수 있습니다.

2) 상상 명상[觀想]도 버림
이미지를 떠올려서 명상하는 방편은 관계성 사유통찰을 도와줌니다. 통찰의 지혜가 생기면 이미지도 버립니다.

　정견正見을 확립하기 위한 걷기명상 지도地圖 보기 명상도 익혀서 내용을 알면 이미지라는 방편을 버려야 합니다.

꿈속에서 살인마를 만나 급한 마음 쫓기다가
꿈에서 깰 때 온몸에 땀이 흠뻑 젖어 있듯이
꿈속 살인마를 인식하기 때문에 몸과 마음이 반응한다오
상상과 현실도 이와 같다네.

이처럼 이미지를 떠올리는 상상의 명상[觀想]을 하면 삼매가 일어나고
존재의 근원을 왜곡하고 착각하는 상상의 세계를 꿰뚫어 제거하니
삼매와 꿰뚫는 지혜가 생기게 하는 상상이 상상을 버리나니
환幻으로써 환幻을 없앤다네.

환幻으로써 환幻을 버리는 상상 명상도
장작불을 땔 때 불쏘시개도 함께 불이 붙어 사라지듯
지혜의 불이 생기면 상상 명상도 타서 사라지니 방편 버림이라 하네.

3) 자비경선의 영역을 버림

　자비경선명상은 명상의 영역이 다양하고 넓습니다. 행선이 발바닥 감각만을 알아차리고 감각의 무상·고·무아의 지혜를 체득하

는 데 있다면 경선은 좌선을 포함하여 행주좌와行住坐臥 할 수 있는 집, 회사, 가고 오는 길, 산, 연못, 바다 등 모든 영역에서의 명상을 포함합니다. 이렇게 일상생활에서 어느 때 어느 곳이든 명상할 수 있게 하는 것이 걷기선 명상의 큰 특징입니다. 걷기선 명상이 익숙해져서 걷기선 명상의 영역을 의도하지 않더라도 일체 모든 영역을 마음 하나로 꿰뚫어 아는 지혜가 생기면 굳이 걷기선 명상의 영역을 의도할 필요가 없으므로 걷기선 명상의 영역도 버립니다.

4) 자비경선의 도구를 버림

연못, 나무, 바람, 햇빛, 낙엽, 새소리, 물소리, 허공, 공기 등 일체의 자연이 경선의 도구가 됩니다. 경선의 목적은 연못, 나무 등을 매개로 하며 알아차림과 추론을 함으로써 무상·고·무아·공의 법이 나타나도록 하는 데에 있습니다. 그러나 사띠가 확립되고 마음 거울이 분명하게 드러나서 의식의 한 공간 속에서 이루어짐이 익숙하게 되고, 모든 것이 마음의 현상임을 알게 될 때, 자비경선의 도구를 버립니다.

강을 건너 언덕에 이르면
배를 두고 떠나야 하듯

거북이는
자신의 흔적을 지우지 못해

사냥꾼에게 잡혀 죽지만

신령스러운 거북이는 걸음마다
지나온 자신의 흔적 지워버려
사냥꾼의 손아귀에서 벗어나듯

주객의 자취 없으면
염라대왕도 찾지 못하리라.

2. 명상의 단계와 깨달음
– 수행자의 입장에서 보는 네 단계의 깨달음

수행자의 입장에서는 처음부터 지혜가 있어서 번뇌를 소멸시킬 수 있는 것이 아닙니다. 집중하는 힘으로 삼매가 생기고, 삼매를 의지하여 일체 모든 것의 공통되고 관통되는 무상無常 등의 이치[理]를 관찰하여 생기는 지혜로써 번뇌가 제거되고 깨달음을 이룹니다. 그러므로 단계와 깨달음이 있습니다.

단계와 깨달음은 우리가 본래 갖추고 있습니다. 본래 갖추고 있으므로 수행을 통해 단계를 거쳐서 깨달음을 이룰 수 있습니다. 따라서 수행자가 이를 알아차릴 때, 수행자는 수행할 수 있는 용기가 생기고 노력할 수 있습니다. 즉, 여실공경如實空鏡과 인훈습경因熏

習鏡은 명상의 원인으로서 공과 지혜를 밝힌 것이며, 법출리경法出
離鏡과 연훈습경緣熏習鏡은 명상 결과의 영역입니다.[13] 즉, 비춤이
없는 텅 빈 거울[如實空鏡]은 공空, 환영과 같음을 아는 지혜 거울
[因熏習鏡]은 지혜, 구경의 깨달음 거울[法出離鏡]은 구경의 깨달음,
스승 선지식의 거울[緣熏習鏡]은 명상 코칭입니다.

공空-지혜-깨달음-선지식善知識은 명상의 단계이며, 인과因果
로 이루어져 있습니다. 명상의 인과因果는 명상하여 노력한 원인
과 결과를 말합니다. 곧 명상의 단계와 깨달음의 경지가 있다는 것
입니다. 이것이 수행자의 입장에서 보는 명상의 단계와 깨달음의
거울입니다.

이와 같은 네 단계의 깨달음의 거울을 근거하여 자비경선에도
경鏡-환幻-공空-화華 네 단계의 깨달음 경지가 있습니다. 즉 경鏡
에서 환幻까지는 복과 지혜를 쌓아 식량으로 삼아 길을 떠나는 자
량도資糧道와 힘을 내어 사마타와 위빠사나를 통합수행 [止觀双修]
하는 가행도加行道와 그 결과 깨달음을 얻는 견도見道까지입니다.
환幻에서 공空까지는 견도에서 잠재적 성향으로 있는 무명과 번뇌
를 제거하는 수도修道까지이며, 공에서 화華까지는 수도修道에서
구경의 깨달음으로 들어가는 구경도究竟道까지입니다. 화華에서
화華까지는 구경의 깨달음에서 유정 중생을 도와주기 위해 연민의

---

13   別解之中,別顯四種.此中前二在於因性.其後二種在於果地.前二種者,明空與
智.如涅槃經言."佛性者第一義空.第一義空名爲智慧.智者見空及與不空.愚者不見空與
不空."乃至廣說.

길에서 길로 유정 중생이 '깨달은 눈 뜬 님'이 되기까지 나아가는
경지입니다.

1) 경鏡단계의 '비춤이 없는 텅 빈 거울[如實空鏡]' – 범부의 깨달음[凡夫覺]

허공에 비유되는 여실공경如實空鏡은 무한 잠재력을 갖추고 있
는 거울로서 경鏡단계입니다. 깨달았거나 깨닫지 못했거나 상관없
이 마음에 갖추어져 있는 '비춤이 없는 텅 빈 거울[如實空鏡]'이 본
래부터 자기 본성입니다. 그러나 대상을 비추어 아는 힘이 없습니
다. 그러나 죽음에 대한 자극이 오면 텅 비어있기만 한, 죽음이 없
는 여실공경이 생사生死를 비추는 마음거울로 각성합니다. 다시
말하면, 분별이 없는 텅 빈 마음을 무분별의 마음거울로 각성시켜
인훈습경因熏習鏡이 나타나도록 하는 것이 경鏡단계의 경선鏡禪 명
상이며, 죽음에 대한 각성으로 범부의 깨달음을 얻습니다.

'비춤이 없는 텅 빈 거울[如實空鏡]'은 아직 거울같이 대상을 비
추는 힘이 없지만 광석 속의 진금眞金과 같습니다. 진금은 그 모양
이 바뀌어도 황금색 성품은 바뀌지 않습니다. 이와 같이 여실공경
도 인연을 따라 다양한 모습을 나타내지만 그 성품은 바뀌지 않는
공성 그대로입니다. 인연을 따르는 모든 것은 자성이 없기 때문입
니다.

그러나 마음 바탕이 텅 비어 자성이 없기 때문에 또한 전환이 가
능합니다. 거울같이 비추는 성품이 나타나도록 할 수 있습니다. 광

석 속의 진금이 드러나게 하려면 잡석을 걸러내는 용광로라는 명상의 인연이 필요합니다. 즉, 진금이 드러나게 길을 가리켜 주는 길잡이[善知識]가 필요하며, 광석을 깨트리고 진금을 캐내려면 그 수단으로서 집중명상인 사마타와 분석명상인 위빠사나가 필요합니다.

사마타는 의도라는 힘[力]으로 합니다. 위빠사나는 이치[理]를 관찰하는 것으로 합니다. 이치[理]는 온 우주의 모든 것의 공통되는 것으로서 정신현상이든 물질현상이든 걸림 없이 하나로 통하는 것을 알아차리고 바르게, 분명하게 알아보는 것입니다. 사마타의 힘은 마음의 고요함인 삼매를 이루게 하고 위빠사나의 이理는 지혜를 얻게 합니다. 삼매를 의지하여 지혜가 일어나고 삼매와 지혜가 하나가 될 때 깨달음이 일어납니다.

자체가 거울같이 알고 허공같이 텅 비어있음, 이것이 힘이자 이치[理]입니다. 텅 비어있음은 무분별로 번뇌가 없어 무위의 삼매입니다. 거울같은 마음은 자연현상이든 인위적인 현상이든 이理를 드러내기 때문에 지혜입니다. 왜냐하면 거울같이 대상을 비추고, 대상이 비치는 주객으로 인연하기 때문에 자체 성품이 비어있는 이理이고, 인연으로 자아와 실체가 허공같이 텅 비어있기 때문에 공으로서 이理입니다. 이 이理가 그대로 상相을 없애므로 번뇌가 일어나더라도 이 번뇌는 이理로서의 공을 만나면 자연히 없어져 고요해지므로 이 마음 자체가 그대로 삼매이면서 힘이기도 합니다. 그래서 가르쳐 주는 스승이 없더라도 그것이 인위적인 것이든 자연적인 것이든 인과 연이 만나면 자연스럽게 이치가 드러나기 때문에 텅 빈 마음 바탕에서 마음이 깨어나는 깨달음이 일어납니다.

이와 같은 '비춤이 없는 텅 빈 거울[如實空鏡]'이 갖추고 있는 무한 잠재능력과 무한 가능성을 일깨워 줄 명상이 필요합니다. 텅 비어서 분별없이 있는 그대로의 거울같이 비추는 마음을 드러내 기 위해서는 의식의 공간을 넓히고 사띠(sati)의 힘을 키워야 하며 거울같이 아는 앎의 힘을 날카롭게 하여 모든 존재의 근원을 꿰뚫 어버리는 지혜를 얻어 깨달음을 이루어, 생사生死의 구속에서 벗 어나는 자유로운 삶을 꿈꾸어야 합니다.

위와 같은 꿈을 이루기 위해서는 의식의 공간을 넓히고 인식 수 단인 사띠(sati)의의 힘을 길러야 됩니다. 이를 위해서는 먼저 되돌 아보는 힘 즉, 반성하는 힘을 길러야 합니다. 한 달 전의 일을 반성 하는 것도 늦습니다. 일주일, 하루, 한 시간 전의 있었던 일을 반성 하는 것도 늦습니다. 지나간 일의 잘못을 반성하는 것은 좋지만 지 금 순간의 행위가 가진 진실을 알지 못합니다. 그러므로 지금 순간 의 생기고 사라지는 현상을 알아차리는 것(sati)이 중요합니다. 반 성에서 시작해서 지금 순간의 발생과 소멸을 알아차리는 것이 보 통 사람들의 깨달음인 범부의 깨달음입니다.

2) 환幻단계의 '환영과 같음을 아는 지혜거울[因熏習鏡]' - 상사 각相似覺

거울에 비유되는 인훈습경因熏習鏡은 원인으로 영향을 주는 거울인데, 번뇌를 만나면 번뇌를 없애는 지혜로 작용합니다. 지혜는 사띠(sati)에 의해 일어납니다. 인훈습경이 번뇌 속에서 자기의 번뇌를 없애는 인식수단으로서의 지혜 거울로 나타나게 하는 것이 사띠입니다. 특히 인훈습경은 마음거울에 나타나는 현상들이 환영임을 알려주는 지혜이며, 생사生死도 환임을 알아 환영에서 완전히 벗어나 생사生死가 없는 열반의 경계에 머물게 하는 환幻단계이므로 어린아이 수준의 깨달음인 상사각相似覺입니다.

(1) 일체 모든 것은 마음의 현상이며 환영과 같음

일체 모든 존재는 환영과 같다고 하면 믿지 못하는 경우가 많습니다. 일체 모든 존재가 마음의 투사라고 하면 더더욱 믿지 못할 것입니다. 환幻단계의 '환영과 같음을 아는 지혜거울'을 이해하려면 모든 존재는 환영과 같고 마음의 투사라는 것이 증명되어야 합니다.

자연계의 모든 물질은 입자 개념으로 1억분의 1cm 크기의 원자의 조합으로 이루어져 있습니다. 이 원자는 5조분의 1cm 정도의 극히 작은 입자로 구성되고 있는데, 이 작은 입자를 소립자素粒子라 부릅니다. 기본적으로는 전자, 양성자, 중성자 3종류이지만 이외에도 양성자와 중성자를 연결시키는 중간자, 중성자의 붕괴로 생겨나는 뉴트리노 등 새로운 입자성이 계속 확인되고 있어서 그 수는 현재 약 300개가 넘습니다. 이와 같은 소립자의 발견은 거대 입자가속기를 통해서 가능해졌는데 입자가속기 실험에서는 입자와 입자를 충돌시켜 쪼개질 때의 흔적을 확인합니다.

1994년 과학자들은 세계 최대의 입자가속기인 거대강입자충돌기(LHC)에서 입자를 충돌시켜 중성자와 양성자 그리고 톱 쿼크(Top quark)라는 소립자를 발견하였으며, 2012년에는 유럽입자물리연구소(CERN)에서 거대강입자충돌기(LHC)를 가동한 실험 끝에 기본 입자들과의 상호작용으로 질량을 부여하는 이른바 '신의 입자(God particle)'라고도 불린 힉스입자(Higgs boson)의 존재를 발견하였습니다.[14] 그러나 입자성으로 쪼개진다는 것은 고정된 실체가

---

14   유럽입자물리연구소(CERN)는 현재 세계 최대의 입자가속기인 LHC(거대강입자충돌기)를 갖추고 있는 저명한 연구소로 이탈리아의 물리학자 카를로 루비아(Carlo Rubbia)가 자연의 궁극적인 네 가지 힘 중의 하나인 약력, 즉 소립자 사이의 약한 상호작용을 매개하는 중간자인 위크 보손(Weak boson)을 발견했다. LHC 이전까지 최대의 입자가속기였던 테바트론(Tevatron)을 보유한 페르미연구소(Fermilab)에서 레더먼은 1977년에 페르미연구소의 신형 가속기를 통하여 당시로서는 새로운 쿼크였던 바닥 쿼크(Bottom quark)를 발견하였다. 유럽입자물리연구소(CERN)의 슈퍼 양성자 싱크로트론(Super Proton Synchrotron, SPS)을 양성자-반양성자 충돌형으로 개조한 가속기를 통하여 1983년에 발견되었고, 이 실험 프로젝트를 주도한 루비아는 함께 공헌한 반 데르 메르(Simon van der Meer)와 공동으로 1984년도 노벨물리학상을 받았다. 최초의 초전도 가속기이기도 했던 테바트론은 레더먼이 페르미연구소장으로 부임한 이후인 1983년대에 완공되었는데, 이를 가동한 실험을 통하여 1994년에 가장 무거운 소립자인 톱 쿼크(Top quark)가 발견되었다. 또한 τ(타우) 입자의 발견 직후 존재가 예측되었던 타우 중성미자는 2000년에 페르미연구소의 DONUT 협업 실험에 의해 발견되었다. 표준모형을 이루는 소립자들 중에서 마지막까지 실험적으로 증명되지 않았던 힉스 입자(Higgs boson)는 2012년에 CERN에서 LHC를 가동한 실험 끝에 그 존재가 입증되었다. 기본 입자들과의 상호작용으로 질량을 부여하는 이른바 '신의 입자(God particle)'라고도 불린 이 입자의 존재를 1964년에 이론적으로 예측했던 피터 힉스(Peter Higgs)는 무려 50년 가량이 지난 2013년에 노벨물리학상을 받을 수 있었고, 결국 표준모형이 완성된 셈이다. (입자가속기 거대화에 따른 딜레마[과학기술 넘나들기] 거대 과학실험 장치들(3) 2020.09.04. 06:38 최성우 과학평론가) Daum 웹문서.

없다는 것이며 힉스도 찰나 사이에만 존재합니다. 말하자면 고정되고 다른 것과 분리되고 견고한 실체라는 것은 환영이라는 것입니다. 그렇다면 왜 고정, 분리, 실체로 보이는가? 우리 마음에 의해서 만들어진 상상의 산물이기 때문입니다.

(2) 모두 마음의 작품

모든 물질들은 입자이면서 파동의 모습을 가지고 있는 이중성을 띠고 있습니다. 모양과 색깔이 없습니다. 그런데 보이는 모든 것에는 모양과 색깔이 있으며, 고정되어 있고, 분리되어 있고, 실체를 가지고 스스로 존재하는 것 같이 보이는 것은 무엇 때문일까요? 눈으로 들어오는 길고 짧은 파동을 마음이 감지하여 모양과 색채로 인식하고, 냄새 분자가 코에 들어오면 코의 후각 세포를 자극하여 후각신경에서 감지된 신호를 뇌에서 각각의 다양한 냄새로 인식합니다. 뿐만 아니라, 공기의 진동이 외이도를 통해 고막에 도달하면 귓속뼈에서 진동의 진폭을 증가시킨 다음 달팽이관의 청세포에서 신호로 전환하면 청신경은 이 신호를 뇌로 전달하여 뇌에서 그 소리를 인식하여 듣는다는 마음의 작용이 생깁니다.

이와 같이 모양과 색깔과 냄새와 소리는 본래 존재하지 않습니다. 모두 마음이 만든 현상입니다. 보이고 들리는 세계의 있음과 없음은 존재하지 않습니다. 『대승기신론』에는 '마음이 일어나면 갖가지 현상이 생기고, 마음이 사라지면 갖가지 현상이 사라진다'고 설하고 있습니다. 『능가경』에도 이 세계는 마음이 만든 세계이므로 유有와 무無는 존재하지 않으며, 환영과 같고, 물에 뜬 달, 거울 속의 물건과 같다고 분명히 설하고 있습니다. 이는 보이고 들리는 세계는 시간적으로 무상하게 변하는 것이며, 공간적으로 상호의존하며, 상호의존하므로 실체가 텅 빈 공성임을 말합니다. 일체 모든 존재가 있음과 없음으로 보이고 독립되고 분리되고 실체를 가지고 스스로 존재하는 것으로 인식되는 것은 모두 마음이 만든 것입니다. 그래서 일체 모든 것이 실체가 없는 환영과 같고, 물에 뜬 달과 같고, 거울에 나타난 영상과 같다고 하는 것입니다. 이와 같은 진실을 '환영과 같음을 아는 지혜거울[因熏習鏡]'이라고 합니다.

일체 모든 것으로 표현되는 우주는
내재하는 실체가 없어 '있다 없다'라고 말을 해도 의미가 없어
우주도 언어를 의지하여 존재하네.

자신이 만든 상상의 체계 속에서
의미 없는 우주를 구성하는 참나 또는 자성自性이
실재하는 것처럼 인식하고
진짜라고 의미 부여하여 수행한다면
무지 속에서 헤매어 생사生死에서 헤어나기 어렵다오.

수행자가
환영과 같은 상상의 세계를 부수고 일없음의 경지에 이르려면

상상이라는 명상수단으로 상상을 파괴하는 것이네

환幻으로써 환幻을 제거하는 방법이라오.

(3) 마음거울 자체는 텅 비어있음으로써 모든 존재가 환영임을 알게 함

마음거울에 비치는 사물은 유有와 무無가 아니라 시간적으로 변하고 공간적으로 인연에 의해 상호의존하는 모습입니다. 그러므로 거울 속의 영상은 오고 감, 생성과 소멸, 깨끗함과 더러움이 없고, 증가하거나 감소하는 것이 없어 환영과 같이 실체가 없습니다. 마음거울 자체가 자성청정심으로 무생멸의 청정이 생멸의 번뇌를 만나면 생멸의 번뇌가 사라지게 작용하는 것입니다. 즉, 이법理法이기 때문입니다.

(4) 마음거울 자체는 텅 비어 이理이자 앎인 힘으로써 두루 비춤

주객의 인연에 의하여 대상을 아는 앎이 일어납니다. 상대하여 일어나는 앎도 자성自性이 없어 이理입니다. 그러므로 가고 오는 앎의 주체는 없습니다. 자성 없음은 이理이자 아는 앎인 힘[力]입니다. 마음 자체가 갖추고 있는 이치[理]와 아는 힘[力]을 진실식지眞實識知라고 합니다. 진실식지는 바르게 알든 삿되게 알든, 안다는 앎 자체는 진실하여 바뀌지 않는다는 것입니다.

자성이 없어 텅 비어있으면서 아는 앎인 마음은 그 크기가 무한이면서 두루 비추는 거울입니다. 우리의 눈은 크기가 우표 크기만큼 작지만 보이는 것은 넓고 멀리 있는 것까지 보입니다. 보인다는 것은 거울같이 비춘다는 것입니다. 비춘다는 것은 마음이 빛[智慧大光明]이기 때문입니다. 마음이 빛이기 때문에 두루 비추는 것입니다. 회광반조廻光返照라고 하여 '마음빛을 돌이켜서 되비추어 본다'라고 하며, 두루 비추는 것을 변조徧照라고 합니다.

그래서 텅 빈 마음거울에 비친 사물들이 오고 감, 생성과 소멸, 깨끗함과 더러움이 없고, 증가하거나 감소하는 것이 없어 환영과 같이 실체가 없는 것으로 나타납니다. 이것이 이理이자 힘입니다.

(5) 번뇌 속에서의 작용

자연 현상이든 인위적 현상이든 여실공경의 이理에 맞지 않으면 즉, 이理와 맞지 않는 무지와 번뇌망상, 괴로움을 만나면 여실공경의 이理가 소멸시키는 힘으로 작용을 합니다. 이 작용은 거울같이 비추고, 현상이 실체 없음을 아는 앎인 인훈습경입니다. 그래서 무명번뇌에 물들어있더라도 인연을 따르는 이 앎이 텅 비어있기만 한 거울[如實空鏡]의 텅 빈 것이 아닌 무한 잠재능력으로 작용합니다.

텅 빈 거울같은 청정한 마음에 마음의 움직임이 있으면 번뇌망상이 이어서 일어나며 번뇌망상이 일어나는 순간, 인훈습경因熏習鏡의 이理이자 앎은 번뇌망상을 없애는 힘으로 작용하고, 마음의 움직임을 멈추게 합니다. 그것이 곧 사마타의 집중과 위빠사나의 관찰 즉, 사띠와 사유통찰이 이理이자 앎의 작용입니다. 이것이 환영과 같음을 아는 지혜거울[因熏習鏡]입니다.

이와 같은 인훈습경의 깨달음과 비슷한 작은 깨달음인 상사각相
似覺은 순간순간 생멸하는 생각을 즉각 알아차려 무상·고·무아의
지혜를 얻어 지속적으로 일어나는 현상 너머로 나아가며 마음의
움직임이 멈춘 불사不死의 열반에 들어갑니다.

3) 공空단계의 '깨달음의 거울[因熏習鏡]' – 수분각隨分覺

환영 속에 아무것도 없는 그곳에서 여실함의 공성을 깨닫는 어
른의 깨달음인 수분각隨分覺을 체득합니다. 이 또한 인훈습경의 공
空단계의 경지입니다.

수분각의 경계는 중생을 구제하고 위없는 깨달음을 구하겠다는
염원인 보리심을 일으켜 열반에 머물지 않고 유정을 구제하기 위
해 연민을 실천하는 깨달음입니다.

'깨달음의 거울[法出離鏡]'의 마음거울은 오염물질(무명번뇌)이
비치어도 거울 자체는 오염되지 않습니다. 거울 자체의 비어있음
이 청정하기 때문입니다. 그 청정은 본래부터 모든 정적情的 번뇌
의 장애와 알아야 할 대상의 지적知的인 장애를 벗어난 것입니다.
그래서 마음청정 성품은 지혜대광명이며, 두루 비추는 변조徧照이
며, 청량하여 불변자재不變自在하며, 진실을 아는 진실식지眞實識知
입니다. 텅 비어 고요하기만 한 것이 아니라는 것입니다. 이것이 자
성이 청정한 마음의 본성인 본래 깨달음[本覺]입니다. 본각은 수행
해서 새롭게 깨닫는 것이 아닙니다. 생사生死하는 무명번뇌 속에
서 무명번뇌를 없애는 무한 잠재력이며 무한 가능성입니다.

무명번뇌를 소멸시키고 생사生死에 머물지 않는 수행에서 마음 자체는 마음의 움직임이 없고 텅 비어, 물에 물을 타듯이 주객이 사라져서 '마음의 크기'가 두루 합니다. 붓다와 중생이 평등하고 일체 모든 것이 법의 몸[法身]이 됩니다. 이것이 깨달음입니다. 깨달음의 뜻은 공空과 불사不死를 나타내는 열반입니다. 이것이 모든 것을 공 하나로 꿰뚫는 공성의 깨달음입니다. 이와 같이 어른의 큰 깨달음인 수분각隨分覺은 보리심을 일으켜서 지혜의 몸이며 진실한 몸인 법신法身을 이루어 잠재적 성향으로 아만我慢, 아애我愛, 아치我痴가 내재된 자아[末那識]가 남을 차별하는 번뇌를 없애고, 평등심을 가지고 유정에 대한 연민을 끝없이 펼치는 수행을 합니다.

4) 화華단계의 '구경의 깨달음과 코칭거울'

법출리경法出離鏡은 무한 잠재력이 발휘되어 무명 번뇌가 텅 빈 깨달음의 거울 즉, 중생이 붓다로 실현되는 가능성을 이야기합니다. 이 단계는 각심초기覺心初起 심무초상心無初相의 무념無念인 구경의 깨달음이므로 화단계의 경계입니다. 무념은 망념이 없다는 것이므로 마음 바탕에는 미세한 망념의 움직임도 여의어서 허공계와 같고, 중생과 붓다가 평등하며, 온 우주 세상이 하나임을 깨달은 것입니다.

화華는 '연꽃이 피듯이'라고 깨달음을 표현한 것이며, 모든 존재의 상호의존함이 거듭거듭 다함이 없는[重重無盡] 법계의 표현으로 진리 자체를 말합니다. 그래서 화단계는 완전한 깨달음과, 유정들과 도와주는 스승이 상호의존하여 거듭거듭 다함이 없는 스승의 길을 가는 보리심을 뜻합니다. 붓다에게 위없는 바른 깨달음[正覺]을 이루고자 하는 염원은 없습니다. 이미 정각자正覺者이기 때문입니다. 다만 유정에 대해서 한없는 큰 연민을 일으켜 유정들의 괴로움을 구제하는 염원만 있습니다.

(1) 구경의 깨달음의 거울[法出離鏡]

아뢰야식의 오염과 청정의 화합한 모양이 깨어져 근본무명이 사라진 경계가 각심초기覺心初起 심무초상心無初相의 구경각을 이룹니다. 초지初地의 어린아이 수준의 깨달음[相似覺]과 어른 수준의 깨달음[隨分覺]의 법의 몸[法身]과 달리 원만한 법신을 이룬 붓다의 깨달음입니다.

(2) '선지식善知識(스승)의 코칭거울[緣熏習鏡]'

연훈습경緣熏習鏡은 다른 이들을 도와주는 마음거울로서 선지식의 거울입니다. 수행자의 성향을 살펴서 처방을 주는 의사와 같습니다. 이 또한 화華단계의 구경의 깨달음의 경계입니다.

'선지식善知識(스승)의 코칭거울[緣熏習鏡]'은 그 자체가 비어있어 비추는 장소에 따라 대상의 모습 그대로를 나타냅니다. 이는 유정有情이 깨달음을 얻어 괴로움에서 벗어나도록 돕기 위해 보리심을 내게 하는 거울입니다. 꽃은 반드시 열매를 맺기 때문에 보리심을 뜻하고 꽃잎은 상호의존을 뜻하며, 일체 모든 존재는 분리되어 있지 않아 하나의 공동체를 이루고 있습니다. 그래서 다른 이의 괴로움은 나의 괴로움입니다. 깨달은 자는 이와 같은 상호의존인 연기실상[緣起實相-空性]을 체득하였으므로 번뇌로 괴로워하는 모든 이들을 돕는 선지식善知識으로서 작용합니다. 이것이 선지식의 거울[緣熏習鏡]입니다. 또한 완전한 깨달음을 이루지 못한 수행자에게는 이것이 열반에 머물지 않는 수행으로서 미혹에 빠져 있는 남을 도와 주는 선지식의 거울[緣熏習鏡]입니다.

이와 같이 성품이 청정한 본래 깨달음[성정본각性淨本覺]의 네 가지 마음거울은 네 단계이며, 곧 경鏡 · 환幻 · 공空 · 화華의 자비경선의 명상 수행단계와 깨달음입니다. 네 개의 마음거울을 자리自利의 수행자 입장과 이타利他의 인도자 선지식善知識 입장에서 볼 수 있습니다. 수행자의 입장에서는 수행단계이며 무한 잠재력을 이끌어 내어 깨달음이라는 가능성을 현실화하고 도움을 주는 인도자로서 선지식이 됩니다. 선지식의 입장은 수행자의 근기를 알아 잠재력을 이끌어 내도록 코칭하여 깨달음을 이루어 대자유를 얻게 하는 연민심입니다.

3. 명상 코칭
― 선지식善知識의 입장에서 보는 네 단계의 코칭거울

명상 코칭은 미혹에 빠져 있는 이들을 도와주는 선지식善知識의 입장에서 보는 네 가지 코칭의 거울입니다. 코칭은 수행자에게 이미 네 가지 요소가 갖추어져 있음을 환기시켜 주고 본인 스스로 괴로움에서 벗어나도록 하는 것입니다. 그 네 가지는 첫째, 수행자에게 이미 무한 잠재력과 가능성이 갖추어져 있다는 것입니다. 둘째, 미혹으로 인하여 빠져 있는 괴로움에서 벗어날 수 있는 수단도 갖추어져 있다는 것입니다. 셋째, 괴로움으로부터 야기된 모든 문제점을 해결할 해답도 갖추어져 있다는 것입니다. 넷째, 남의 괴로움도 벗어나도록 도움을 주는 길잡이로서의 선지식의 능력도 갖고 있다는 것입니다.

1) 결과이면서 과정으로서 길잡이의 코칭

수행자는 수행의 출발-수행의 방향-수행의 목적지-도달방법을 바르게 알고 수행해야 합니다. 길잡이도 이와 같은 사실을 알고 코칭합니다. 그래서 첫째, 불사不死는 길의 목적지이자 길을 열어주는 시작점임을 알고 코칭합니다. 죽음의 공포에서 벗어날 수 있는 것은 이 불사不死가 있기 때문이며 불사가 길을 열어 줍니다. 이에 따라 수행의 출발과 방향과 도달방법도 결정되기 때문입니다. 길잡이인 선지식은 이 사실을 잘 알고 수행자에게 코칭합니다. 둘째, 수행자에게 불사인 열반과 코드가 맞는 길이 바른 길임을 알고 코칭합니다. 셋째, 선지식은 단지 길을 가리킬 뿐입니다. 코칭받는 수행자가 불사에 이르는 길로 직접 수행하면서 스스로 문제를 해결해야 함을 코칭합니다. 넷째, 또한 수행자의 경계를 확인해주는 코칭이 길잡이의 역할을 합니다. 다섯째, 선지식이 완전한 깨달음을 아직 얻지 못한 수행자로서 길잡이라면 그 수행자는 길잡이이면서 도움을 주는 선지식이 될 수 있습니다. 즉, 완전한 깨달음을 성취하여 대자유를 이루기 전에는 목적지에 이르는 수행 과정이 결과이고, 그 결과가 원인이 되어 더 향상된 결과를 가져옵니다. 그러기 위해서는 코칭이 필요합니다.

2) 줄탁동시啐啄同時의 코칭

명상코칭은 길잡이 스승이 걷기명상을 통해 체험한 바를 코칭하여 수행자의 잠재력을 이끌어내고, 본인의 문제를 스스로 해결할 수 있도록 돕는 것입니다. 이것을 선가禪家에서는 줄탁동시啐啄同時라고 말합니다.

어미 닭이 알을 품은 지 21일 정도가 되면 알 속에서는 거의 다 자란 병아리가 부리로 껍질 안쪽을 쪼아 알을 깨려고 힘을 쓰는데 이것을 '줄'이라고 하며, 어미닭이 알 속의 병아리가 부리로 쪼는 신호信號를 알아차려 밖에서 부리로 콕 쪼아 새끼가 알을 깨는 행위를 도와주는 것을 '탁'이라 합니다. 줄과 탁이 동시에 될 때 병아리가 껍질을 깨고 삐악 소리를 지르며 튀어나오게 되는데 이것을 줄탁동시라고 합니다.

여기서 알껍질을 쪼아 깨려는 병아리는 깨달음을 향하여 앞으로 나아가는 수행자요, 어미닭은 수행자에게 깨우침의 방법을 일러주는 스승이라고 할 수 있습니다. 그런데 병아리와 어미닭이 동시에 알을 쪼기는 하지만, 어미닭이 병아리를 세상 밖으로 나오게 하는 것은 아닙니다. 어미닭은 다만 알을 깨고 나오는 데 작은 도움만 줄 뿐, 결국 알을 깨고 나오는 것은 병아리 자신입니다. 이는 스승은 깨우침의 계기만 제시할 뿐, 나머지는 제자가 스스로 노력하여 깨달음에 이르러야 함을 의미합니다.

또 깨달음에도 때가 있어 깨달아야 할 때 깨닫지 못하면 헛일이라는 뜻도 담겨 있습니다. 만약 어미 닭이 병아리의 껍질 깨는 것을 도와주는 것이 아니고 일방적으로 껍질을 깨어주게 되면 병아리는 건강을 잃고 얼마 후 죽게 될 것입니다. 매미가 허물을 벗기 위해 애를 쓸 때, 누군가 껍질에 조금 틈을 주면 쉽게 허물을 벗을 수 있으나 매미가 온 힘을 쓰지 않았기 때문에 하늘을 날 수 없는 비극이 생기는 것과 같습니다.

줄탁동시啐啄同時를 코칭의 체계와 원리에서 보면 알 자체는 첫째, '나에게 무한 가능성과 무한 잠재력이 있다'는 것입니다. 알이 씨앗이라면 병아리가 알을 깨고 나가는 것은 열매이며, 알에서 병아리로 자라는 과정은 명상의 힘입니다.

명상의 경-환-공-화와 비교해 보면 다음과 같습니다.

첫째, 알은 닭이 되기 전에는 텅 비어있지만 그 텅 빔이 닭이 될 수 있는 무한 잠재력과 가능성으로서 여실공경如實空鏡입니다.

둘째, 알 속에서 병아리가 자라는 과정은 무한 가능성의 생멸 없는 텅 빔이 번뇌의 생멸을 제거하는 무한 잠재력으로 발휘되고 있는 명상 수단입니다. '생사 문제를 해결해 줄 수 있는 수단도 내 안에 갖추어져 있다'는 것은 명상의 수단으로서 지혜가 번뇌를 없애는 인훈습경因熏習鏡입니다.

셋째, 병아리가 알을 깨고 나가는 것은 열매로서 깨달음입니다. 이는 '모든 문제의 해답은 내 안에 갖추고 있다'는 것을 보여줍니다. 진실을 모르는 장애와 번뇌의 감정 장애를 깨고 나가서 진리의 몸[法身]이 되는 법출리경法出離鏡입니다.

넷째, 어미닭의 입장에서 아기 병아리가 부화할 준비가 되었는지를 알려면 어느 부위, 어느 때에 껍질을 쪼아 깨트릴 것인지, 신호信號를 잘 알아차려야 합니다. 그래야 병아리에게 결정적인 도움을 줄 수가 있고, 함께 기쁨을 만들 수 있습니다. 껍질에서 깨고 나왔을 때부터 일정 기간 보살펴 주는 것도 어미인 길잡이의 역할입니다. 수행자에게 수행의 출발-수행의 방향-수행의 목적지-도달방법을 자세하게 알게 하고 스스로 해답을 찾게 하는 길잡이로서의 인도와 수행자의 체험을 점검하는 것이 필요합니다. 이처럼 길잡이로서의 선지식이 연훈습경緣熏習鏡입니다.

그런데 줄탁동시에 있어서 동시同時는 수행자가 깨달을 수 있는 조건을 갖춘 것과[啐], 스승의 시기적절한 지도[啄]가 딱 맞는 것을 말합니다. 수행자에게 무상無常 · 고苦 · 무아無我의 지혜가 생기면 길과 길 아님을 알게 됩니다. 수행자 스스로 방법과 길을 알아서 자기 스스로를 코칭할 수도 있습니다. 앞선 체험이 스승이 될 수 있기 때문입니다. 하지만 수행자 스스로 정확히 모를 수도 있습니다. 이때는 지도하는 스승의 경험 있는 코칭이 필요합니다. 또한 수행자는 방법과 길을 알아서 어떻게 하면 된다고 알면서 수행을 하기는 하지만 힘에 부친다면 스승의 코칭이 필요합니다.

이 모든 코칭은 어미닭(스승)이 병아리(제자)의 수행경계가 깨달을 수 있는 조건이 갖추어졌는지 그 신호信號를 알아차려 밖에서 쪼아 주는 것입니다. 이와 같이 코칭은 시기적절한 지도력이 중요합니다.

깨달을 수 있는 원인과 조건이 갖추어짐을 아는 자가 곧 길잡이 스승입니다. 원인과 조건이 맞아서 나타나는 것이 깨달음입니다. 물론 깨달음이 아니더라도 현상, 체험, 명상의 마음 상태, 견해 등도 코칭의 대상입니다. 제자의 명상 수행이 인훈습경에 속한다면 스승의 코칭은 연훈습경에 속합니다. 이와 같이 시기를 맞춰 제자와 스승의 줄탁으로 동시에 작용하면 수행자의 잠재능력을 깨워낼 수 있습니다.

3) 길잡이로서의 선지식과 수행자의 수평적인 관계

줄탁동시의 뜻에서도 알 수 있듯이 길잡이로서의 선지식이 수행자에게 위압적이거나, 폭력적이거나, 천시하거나, 명예와 재물을 요구하거나 하면 수행자의 문제는 해결되지 않습니다. 법(法-다르마)은 평등합니다. 평등은 깨달음의 모습이며 대자유의 모습으로서 선지식[師]과 수행자[弟子]의 관계는 다르마의 모습이라야 합니다. 즉, 수평적이어야만 평등의 다르마와 통하게 되고 선지식과 수행자는 줄탁동시가 되어 모든 속박에서 벗어나 대자유를 얻게 됩니다.

알아차림의
경선정원

— 무지의 잠과 생사 꿈을 깨우는
'경鏡에서 환幻으로 가는 길'

제2부

마음이여
모양 없고 색깔 없어
텅 비어 허공같아
불변不變 평등이라
남녀, 사람, 동물, 귀신, 천신
어떤 것으로도
결정되어 있지 않아
무한 능력 잠자고 있네!

'깨달음의 지도地圖 보기 관상觀想하는 경선鏡禪'에서 벗어나서 본격적으로 경선을 합니다. 궁극에는 '숨쉬지 않고 땀흘리지 않는 그 무엇'을 체득하는 깨달음을 성취하는 것입니다. 즉, '그 무엇'인 마음거울을 드러내기 위해 '자비경선慈悲鏡禪 걷기명상'을 합니다.

명상의 출발

- 알아차림의 경선정원

깨달음이 없다면 어느 누가 명상하리오
불사不死가 없다면 어느 누가 명상하리오
대자유가 없다면 어느 누가 명상하리오
유정有情을 해탈로 인도하는 선지식이 없다면
어느 누가 명상의 끝에 도달하리오

삶이 괴롭지 않다면 어느 누가 명상하리오

죽음이 괴롭지 않다면 어느 누가 명상하리오

삶과 죽음이 반복되지 않다면 어느 누가 명상하리오

괴로움이 순간이라면 어느 누가 명상하리오

몸이 아프지 않으면 어느 누가 명상하리오

마음이 아프지 않다면 어느 누가 명상하리오

분노를 치유하는 사랑이 없다면 어느 누가 명상하리오

고통을 없애주는 연민이 없다면 어느 누가 명상하리오

번뇌망상을 멈추게 하는 선정이 없다면 어느 누가 명상하리오

무지까지 잘라버리는 지혜가 없다면 어느 누가 명상하리오

깨달음이 없다면 어느 누가 명상하리오

불사不死가 없다면 어느 누가 명상하리오

대자유가 없다면 어느 누가 명상하리오

유정有情을 해탈로 인도하는 선지식이 없다면

어느 누가 명상의 끝에 도달하리오

명상의 출발과 방향은 알아차림의 경선정원에서 시작합니다. 알아차림의 경선정원은 '鏡鏡의 경계 체험하기'이며, 鏡鏡에서 환幻으로 가는 길로서 자량도資糧道입니다.

자량도에서 자량資糧이란 식량이라는 뜻이며 식량은 힘입니다. 어렵고 힘든 사람에게 도움을 주어 자비심을 기르고 선행으로 마음의 크기를 키우고 소통하는 복덕을 쌓습니다. 복덕은 사람과 생명 있는 존재와 환경과의 소통이며 마음의 크기에 따라 인식의 범위가 확장됩니다. 그 힘으로 존재의 근원을 꿰뚫어 깨달아 유정들을 돕고자 하는 보리심을 일으킵니다. 그리고 존재의 근원을 아는 지혜를 배우고 깊이 생각하여 복덕과 자비 그리고 지혜의 식량을 비축하는 단계입니다. 지혜는 존재의 근원에 대한 진실과 그 진실을 체험하고 깨닫는 방법을 듣고 이해하며, 사유를 통하여 더 깊이 이해했을 때 일어납니다. 또한 지혜는 듣고 사유한 이치를 의지하여 명상함으로써 깊어지고 체득됩니다. 이와 같이 복덕과 문聞·사思·수修의 지혜의 힘으로 수행자는 가행도로 나아갑니다. 특히 이 단계에서는 모든 존재를 죽음의 고통에서 구제하기 위해 생로병사가 없는 궁극적 보리심인 공성을 지성적으로 깊이 이해합니다.

1장
마음거울명상 체험에 대해 이해하기

비춤이 없고 텅 비어있기 만한 마음거울[如實空鏡]을 각성시켜 분별없이 비춤[無分別]이 나타나게 하는 것이 중요합니다. 비춤이 나타나야 대상을 인식하고 그 대상을 알아차리거나, 대상에 집중하여 마음의 고요함인 선정을 얻거나, 대상의 본질을 꿰뚫어 아는 지혜가 생깁니다. 바른 지혜를 얻어 평등함에 들어갈 때 지혜와 선정이 원융[定慧雙運]하여 깨달음이 일어납니다. 선정은 전체의식의 선정이며, 지혜는 전체의식의 작용입니다. 같은 바탕[體]이므로 선정과 지혜가 원융할 수밖에 없습니다. 선정과 지혜가 서로 다른 길로 가는 수행이라면 잡행雜行이며 깨달음에 이르지 못합니다.

1. 마음의 본래 깨달음은 명상의 수단이자 깨달음의 단계
우선 텅 빈 무분별의 비추는 마음거울을 드러내려면 비추는 거울에 대한 이해가 필요합니다. 거울이 어떤 역할을 하는지 알면 그만큼 명상하기 쉬워집니다. 또한 자비경선의 경·환·공·화의 길을 알아야 합니다. 그래서 첫째, 실제 거울을 사용하는 명상을 해봅니다. 둘째, 이를 실천하는 깨달음의 경·환·공·화로 가는 명상을 해봅니다. 경·환·공·화는 비춤의 거울과 무분별의 허공으로 비유되는 마음의 청정한 본래 깨달음의 성품[性淨本覺]입니다. 이름하여 숨쉬지 않고 땀흘리지 않는 그 무엇이며, 불사不死의 다른 이름이며, 또한 텅 빈 청정한 마음거울이라고 합니다. 이러한 사실을 알고 경선을 하면 깨달음으로 가는 길과 과정과 목적의식이 분명해집니다. 그만큼 명상이 잘됩니다.

1) 무분별 비춤의 마음거울 드러내기

마음의 청정한 본성은 첫째, 거울같이 비추는 성품이 있습니다. 둘째, 인식하여 아는 특징이 있습니다.

첫째, 거울같이 비추는 성품은 『대승기신론』에서 설하는 지혜대광명智慧大光明, 변조偏照라고 할 수 있습니다. 곧 거울같이 비춘다는 것입니다. 왜냐하면 실제 눈이 크기는 작지만 크고, 작고, 멀리 있는 것까지 넓게 다 볼 수 있는 것은 곧 마음이 거울같이 대상을 비추고 있기 때문입니다. 예를 들어 뇌신경 세포가 망가져서 치매가 와서 부모 형제를 못 알아본다고 해도 대상이 보이고 들리는 것은 부정할 수 없습니다.

둘째, 인식하여 아는 것은 『대승기신론』에서 설하는 진실식지眞實識知라고 할 수 있습니다. 대상을 분별하고 판단하여 아는 것이 인식입니다. 말하자면 바르게 알았든 잘못 알았든 안다는 것 자체는 진실합니다.

이와 같이 대상을 거울같이 비추고 인식하는 본성이 무명에 가려져 있는 상태로서 거울같이 비추는 것이 없이 단지 텅 비어있기만 한 거울입니다. 본성이 무명에 가려있으므로 이를 회복하게 되면 텅 빔이 무분별이 되고, 비춤은 거울이 되어 무분별의 비추는 거울이 되면서 인훈습경因熏習鏡의 지혜가 됩니다. 이 지혜에 의해 깨치는 것이 곧 '숨쉬지 않고 땀흘리지 않는 그 무엇'을 찾는 것입니다.

거울같이 비추는 것은 마음거울에 갖가지 현상이 비치는 것입니다. 다양한 사물이 눈에 보이는 것이 그것입니다. 거울에 비치는 갖가지 현상이 가고 옴이 없고 거울을 오염시키지 못하듯이 마음 거울도 그와 같습니다. 하지만 우리는 마음거울을 늘 쓰면서도 알지 못하고 있습니다. 이 마음거울을 회복하는 첫걸음이 곧 무분별의 비춤 거울명상입니다.

2) 무분별 비춤의 마음거울은 곧 사마타와 위빠사나

무분별 비춤의 거울명상은 마음의 청정한 본성의 텅 비면서 거울같은 비춤과 인식이 그 수단입니다. 즉, 직관과 추론으로 인식하여 깨달음을 얻는 방법으로서 집중명상인 사마타와 분석 명상인 위빠사나입니다. 그러므로 청정한 본래 깨어있는 마음거울의 본성은 모든 존재의 근원이며 진실이지만 동시에 수단이 됩니다.

경선에서는 거울같이 무분별로 비추는 마음을 계발하는 방법으로 몸과 한 공간을 이루고, 사물과 한 공간을 이루고, 우주와 한 공간을 이루기를 합니다. 이와 같은 한 공간은 번뇌망상이 일어나지 않고, 대상을 있는 그대로 비추고 알기 위해서 반드시 필요합니다.

거울같이 비추는 마음이 분명하게 드러나게 하는 방법으로서 거울의 반사로 자기 얼굴 보기를 반복하고 익숙하게 했을 때 거울같이 비추는 마음이 나타납니다.

2. 무분별의 비추는 거울 자체를 이해하기

무분별 거울의 경鏡단계는 '비춤이 없고 텅 비어있기만 한 거울[如實空鏡]'을 분별없음(무분별)의 비춤이 있게 합니다. 비춤이 없고 텅 비어있기만 하는 거울은 무한 잠재력과 가능성을 갖추고 있습니다. 이를 계발하기 위해서 죽음명상을 통해서 마음에 자극을 주어서 여실공경이 갖추고 있는 불사의 무한 잠재력과 가능성이 발휘되도록 합니다. 그 다음은 모든 사물을 비교 분별하지 않고 비춤니다. 비추는 마음거울을 회복하는 연습을 합니다. 텅 비어있는 무한 잠재력, 무한 가능성과 그냥 분별없이 비추는 앎은 서로 코드가 맞습니다. 즉, '형상 없는 텅 비어있음'(緣起이므로 空이다)과 '분별없음'이 같은 이理이기 때문입니다.

마음이여

모양 없고 색깔 없어

텅 비어 허공같아

불변不變 평등이라

남녀, 사람, 동물, 귀신, 천신

어떤 것으로도

결정되어 있지 않아

무한 능력 잠자고 있네.

마음이여

텅 비어 없는 듯하면서도

사물을 비추는 거울같아

대상에 반응하고 알아차리는

무자성 수연隨緣이라

인연 따라 형상 이루니

무명의 영향을 받으면

남녀, 사람, 동물, 귀신, 천신

그 어떤 것으로도

될 수 있어 무한 가능성이라.

보이고 들리는 것들이

무상無常하다는 변화의 뜻을 알고

상호의존의 연기를 알게 되면

내재하는 실체가 없어 공하다네.

공의 영향을 받으면

결정력의 지혜가 본성이라

범부가 성인으로, 중생이 붓다로

그 무엇으로도 될 수 있네.

경鏡단계의 경선鏡禪은 사마타 명상과 위빠사나 명상을 함께 수행합니다. 즉, 의식의 공간을 넓히는 사마타 명상과 심장이 뛰는 것, 소리의 무상, 발바닥 감각의 무상을 발생과 소멸로 관찰하는 위빠사나 명상을 병행하여 수행합니다. 특히 의식의 공간이 마음거울임을 체험하게 합니다. 의식의 공간이 넓어짐에 의해 감정과 생각이 일어나는 것이 줄어들거나 일어나지 않게 되어 무분별이 됩니다. 의식의 공간을 넓히는 텅 빔의 무분별이 바탕이 되어 삼매와 지혜를 얻는 것이 쉬워집니다. 그리고 발생과 소멸을 보게 하여 무상無常·고苦·무아無我의 지혜가 생기게 합니다. 이렇게 의식의 공간이 넓어지면 삼매와 지혜를 체험하기가 쉬워집니다.

1) 자비경선의 기본 틀

걸을 때에 오래 걸으면 힘들기 때문에 중간에 쉬어주듯이 행경선과 좌경선을 할 때에도 중간에 몸과 마음을 쉬어 줍니다. 이때의 쉬는 명상을 쉼경선이라고 합니다. 자비경선은 모두 좌경선, 행경선, 쉼경선 의 범주에서 벗어나지 않습니다. 그리고 이 세 가지 경선을 마친 뒤 '이웃에게 행복 주기', '체험정보 공유하고 소통하고 소감 나누기'를 합니다. 이렇게 자비경선은 좌경선, 행경선, 쉼경선과 '이웃에게 행복 주기'와 '체험정보 공유하고 소통하고 소감 나누기'의 다섯 가지가 틀을 이루고 있습니다. 경단계에서는 '이웃에게 행복 주기'와 '체험정보 공유하고 소통하고 소감 나누기'는 기본적으로 해야 합니다.

2) 마음거울이 생기게 하는 의식의 공간과 몸기운

발가락과 손가락에 의식을 함께 두고 걷거나, 발가락과 정수리, 손가락에 의식을 함께 두고[사띠sati] 걸을 때, 의식이 몸과 한 공간을 이루면서 의식의 공간이 넓어집니다. 시선을 산 능선이나 앞의 먼 거리에 의식을 두고 발바닥 감각 알아차리기(사띠)를 하면 의식이 사물과 한 공간을 이루면서 의식의 공간이 확장됩니다. 의식의 공간이 마음거울이므로 이것이 마음거울이 생기게 하는 방법입니다.

마음거울이 생기게 하는 과정에서 마음이 있는 곳에 기운의 흐름이 생깁니다. 왜냐하면 우리의 마음과 기운은 분리되어 있지 않기 때문입니다. 우리가 신체의 어느 부위에 마음을 두게 되면 자연히 기운의 흐름이 마음을 둔 신체 부위로 흐르게 됩니다. 그러므로 발가락, 손가락, 정수리에 의식을 두고 걸을 때 의도적으로 마음을 일으켜 기운을 발가락으로 내리거나 손가락으로 내리거나 정수리 쪽으로 올리면 안됩니다. 의식이 있는 곳이면 바람(에너지)이 그쪽으로 저절로 흐르는데 의도적으로 기운을 움직이면 몸에 결절이 생겨 기공병氣功病에 걸릴 수 있습니다.

바람은 기운이며 에너지입니다. 우리 몸에 흐르는 기운들을 잘 알고 명상할 때 몸이 건강해지고 선정과 지혜를 얻는 명상의 효과를 더 높일 수 있습니다.

발가락과 손가락에 의식을 함께 두고 걷거나, 발가락과 손가락, 정수리에 의식을 함께 두고 걷기는 가볍게 산행할 때는 물론 해

발 3000~5000m 이상의 고지에서 트레킹할 때도 매우 유용합니다. 몸이 무겁고 호흡곤란증세가 나타나거나 심장에 무리가 가면서 힘에 부칠 때 이를 해결해주는 방법이 발가락과 손가락과 정수리에 의식을 두고 걷는 것입니다. 손가락에 의식을 두고 걷기만 해도 심장박동이 매우 부드러워집니다. 정수리에 의식을 둘 때는 몸이 가벼워지고 호흡곤란증세도 완화됩니다. 의식이 발바닥에 있을 때는 다리에 힘이 빠지는 현상이 줄어듭니다. 특히 발가락과 손가락과 정수리에 함께 의식을 두면 앞의 여러 불편하고 힘든 현상들이 줄어들고 의식이 한 공간을 이루면서 잡다한 생각들이 줄어들고 의식이 명료하고 깨어있게 됩니다. 이러한 현상들은 몸에 도는 기운과 관련이 있습니다.

3) 의식이 있는 곳에 기운이 모이고 흐름이 생김을 이해하기

걷는 것은 움직임입니다. 움직임은 몸의 구성요소 가운데 바람의 요소로 에너지 즉, 기운입니다. 바람의 요소인 기운은 말하고 생각하고 몸이 움직이는 것으로 나타납니다. 특히 기운은 마음과 분리되어 있지 않습니다. 몸의 움직이는 기운의 현상을 통해 심리적 현상을 알 수 있습니다.

그래서 의식이 있는 곳에는 항상 기운이 모이고 기운이 흐르게 되어 있습니다. 일부러 기운을 끌어당기고, 올리고 할 필요가 없습니다. 왜냐하면 의도하지 않아도 의식이 있는 쪽으로 저절로 기운이 흐르기 때문입니다. 그래서 정수리에 의식을 두고 걸어가게 되면, 머리에는 생명유지바람, 에너지가 생기면서 뇌신경 세포가 활성화됩니다. 또한, 바람(기운)이 위로 상승하면서 올라가게 됩니다. 손가락과 발가락에 의식을 두면 기운이 손끝 발끝으로 흐릅니다. 심장박동이 부드러워지고 마음이 편안해집니다. 마음 따라 기운이 알아서 저절로 흐르게 되어 있습니다. 의식은 심장을 토대로 작용하기 때문입니다. 그래서 이런 방법을 쓰는 것입니다.

마음이 있는 곳은 기운의 흐름이 있다는 걸 기억해야 합니다. 주의할 것은 앞서 이야기한 바와 같이 기공하는 방식으로 기운을 당기고, 밀고, 이렇게 의념意念하면 나중에 몸에 결절이 생깁니다. 결절이 생기면 몸이 망가질 수 있습니다. 절대 그렇게 하면 안 됩니다. 몸 안에는 5개의 기운의 흐름이 의식을 따라 알아서 흐르고 있기 때문에 굳이 그렇게 의념을 써서 기운을 의도적으로 움직일 필요가 없습니다. 의식을 신체 부위에 두기만 하면 기운의 흐름이 의식이 있는 곳으로 자연스럽게 흘러갑니다. 그래서 몸이 건강해지고 심리적 안정을 얻습니다. 이것은 아주 중요합니다.

4) 몸과 입과 마음과 관련되는 24가지 신체 부분과 다섯 기운

기운이 영향을 주는 몸과 입과 마음[身口意三業]과 관계되는 24가지 신체 부분은 다음과 같습니다.

마음[意]과 관련되는 8개 부분

①정수리 차크라 ②미간에 있는 백호 ③두 눈썹 ④두 눈 ⑤오른쪽 귀(뒷부분 포함) ⑥왼쪽 귀(뒷부분 포함) ⑦목 뒷부분 ⑧어깨

이 8개 부분은 의식을 깨우고 의식과 관련되는 심리, 사상과 철학 등 학문적인 것, 또는 심오한 종교적 진리와 관련되는 부분을 깨웁니다.

입[口]과 관련되는 중요한 8개 부분

①코 끝 ②구개口蓋를 비롯한 혀 안쪽 ③목 차크라 ④겨드랑이 ⑤젖꼭지 ⑥가슴 ⑦배꼽 ⑧신장 두 개를 둘러싸고 있는 복부(단전)

몸[身]과 관련되는 중요한 8개 부분

①생식기 차크라 ②항문 ③넓적다리(허벅지) ④관절들 ⑤무릎 ⑥장딴지 ⑦발가락 ⑧손가락

몸과 입과 마음[身口意三業]과 관계되는 24가지 신체 부분에 두루 흐르는 기운은 태어나면서부터 평소 일상생활에서 자연히 형성된 기운입니다. 즉, 몸의 구성요소인 흙·물·불·바람·허공 중의 하나인 바람의 요소로서, 논서에 의하면 다섯 가지 바람 기운[風氣]은 ①하행기下行氣 ②상행기上行氣 ③변행기遍行氣 ④등주기等住氣 ⑤지명기持命氣 등입니다.

첫째, 하행기下行氣는 걸어 다니고 배설하기 위해 아래로 흐르

는 하행하는 기운입니다. 의식을 발바닥 또는 발가락에 두고 걸으면 직장, 창자, 회음부에 위치하고 있는 하행기운에 의해 대장, 소장의 운동이 활발해지며 대변, 소변이 원활해집니다. 그리고 자궁 또는 정낭精囊, 방광, 넓적다리 등으로 기운이 흐르면서 관절이 부드러워지고 걷는 다리와 발에 힘이 생깁니다.

둘째, 상행기上行氣는 입으로 말하고 뱉고 삼키고, 코로 들이쉬고, 내쉬고 눈으로 보고, 귀로 듣고, 머리로 생각하게 하는 상행하는 기운입니다. 그래서 의식을 정수리에 두고 걸으면 가슴과 흉부에 위치하고 있는 상행기운이 상승하면서 호흡하기가 쉽고, 말에 기운이 충만해지고, 안색과 피부가 윤택해집니다. 그리고 기억력이 좋아지고, 정신적인 인내와 근면을 조절하는 생명력이 생깁니다. 의욕이 상승하며, 탐욕으로 인하여 상처받았다면 그 상처가 치유됩니다.

셋째, 변행기遍行氣는 심장에서 손과 발과 머리 등 온몸으로 피를 보내기 위해 펌프질을 하기 때문에 온몸으로 두루 흐르는 변행하는 기운입니다. 의식을 발가락과 손가락, 정수리에 두면 심장이 있는 가슴에서 손발, 머리 등 온몸으로 두루 흘러가는 기운[遍行氣]이 활발해지면서 심장의 펌프질을 도와주기 때문에 몸이 가벼워집니다. 즉, 걸으면서 피로가 풀리고 가벼워지므로 건강해집니다. 몸의 건강은 마음에 영향을 줍니다. 몸과 마음은 좋고 싫음을 같이하기 때문입니다. 따라서 가슴에서 시작하여 팔과 다리 끝까지, 머리끝까지 몸 전체에 퍼져서 혈액을 맑게 하고 분노와 증오심에 의해 생긴 상처가 치유됩니다. 또 다른 설로서 변행기는 관절에 위치하고 있으며 사지를 움직이고, 사지의 이완과 수축 그리고 입과 눈을 열고 닫는 기능이 활발해지게 합니다.

넷째, 등주기等住氣는 음식물을 소화시키기 위해 배에 머무는 등주等住하는 기운입니다. 머무름의 기운[等住風-等住氣]은 위장과 복부에 위치해 있습니다. 또 다른 설은 수행을 통하여 내부의 열을 일으키는 배꼽에 있는 에너지 통로들에 위치해 있다고 합니다. 그래서 의식을 발가락과 손가락, 정수리에 두고 걸으면 배꼽 주위에 있는 위장과 복부에 균등하게 머무는 기운[等住氣-等住風]이 활성화되어 음식이 잘 소화되고 신진대사가 활발해집니다. 그리고 고집과 자만심이 없어지고 자존감이 생기면서 평등하게 보는 마음이 생깁니다.

다섯째, 지명기持命氣는 심장과 정수리에 있는 생명을 유지시키는 기운입니다. 그래서 걸으면서 의식을 정수리에 두면 뇌에 위치하고 있는 생명유지의 기운[持命氣-持命風]이 활발해집니다. 생명유지의 기운이 가지고 있는 능력은 마음의 안정과 집중력이 생기게 하고 의식과 감각의 명료함과 사유가 지속되게 하며 지혜를 증장시킵니다. 그리고 눈, 귀 등의 감각기관을 밝게 합니다. 또 다른 설로 생명유지의 기운은 심장에 있는 에너지 통로에 주로 위치하고 있으며 생명을 유지하는 기능을 가지고 있다고 합니다. 생명유지의 바람이 심장에 위치하고 있다면 물의 요소와 관련이 있습니다. 감각과 주의력을 활성화합니다. 그래서 발가락, 손가락, 정수리에 의식을 두고 걸으면서 한 공간을 이룬다면 불안, 슬픔, 스트레스 등을 해소하고 마음을 안정시킵니다.

이와 같이 몸속의 다섯 가지 기운은 육체와 정신의 기능들을 작동하게 합니다. 건강하다는 것은 이 기운들이 자유롭게 움직인다는 것을 뜻하며, 이러한 기운들이 막히면 문제가 생깁니다. 걸을 때 온몸에서 발산하는 기운과 명상의 집중력은 상호의존하여 공명을 일으킵니다. 공명하는 기운은 몸을 가볍게 하고 신체기능을 향상시킵니다. 산란심이 줄어들고, 부정적인 감정이 줄어들며, 집중력이 높아지고, 명상 대상을 꿰뚫어 보는 지혜가 일어나게 합니다.

5) 의식의 공간과 몸의 기운과 명상

의식은 형상과 색깔이 없습니다. 허공과 같이 텅 비어있어 두루 합니다. 의식의 작용이 있으면 기운도 함께 움직이므로 시간의 흐름이 생깁니다. 이와 같이 의식에 의해 시간과 공간이 생깁니다. 물론 의식의 움직임은 심층의식의 영향을 받습니다.

의식을 포함한 모든 마음의 본래 성품은 망념의 움직임을 떠나있으며 그 크기가 허공과 같이 텅 비어있어 무한합니다. 우리가 마음이 허공과 같이 두루 하다는 것을 느끼지 못하고 알지 못하는 것은 번뇌망상에 의해서 마음을 직접 인식하지 못하고 체험하지 못해서입니다.

그래서 의도적으로 발바닥, 손가락 끝, 정수리의 세 곳에 동시에 의식을 두어 의식의 공간을 넓히고 무분별 상태가 되어 번뇌망상이 일어나는 것을 막아주면 마음의 본래 성품이 허공과 같이 무한하다는 것을 알게 됩니다. 텅 빈 무분별의 마음 상태는 고요함인 선정의 모습이며, 텅 빔의 자성自性 없음과 자아 없음은 지혜의 모습입니다. 그래서 의식의 공간을 조금만 넓혀도 분노조절장애나 우울증과 같은 정신적인 문제가 완화되거나 치유됩니다.

문 의식의 공간이 넓어지는 것과 몸의 기운은 어떤 관계가 있는지 궁금합니다.

답 의식을 심왕心王이라고 하고 의식의 작용은 심왕에 소속되어 일어나는 심소유법心所有法, 줄여서 심소心所라고 합니다. 심왕과 심소의 관계는 왕과 신하의 관계입니다. 한 대상을 심왕과 심소가 함께 인식합니다. 말하자면 찻잔을 인식할 때 찻잔 전체를 인식하는 것은 의식이 하며 찻잔의 모양, 그림, 색깔 등 부분을 분별하여 인식하는 것은 의식의 작용인 심소心所가 합니다. 이와 같이 분별은 심소가 대상을 인식할 때 일어납니다.

몸의 구성요소 중 하나로 바람의 요소인 기운이 의식에 영향을 주면 잡생각이나 망상이 일어납니다. 선악善惡의 갖가지 번뇌망상들도 일어나며 기운을 타고 움직입니다. 인식하고자 하는 마음이 일어날 때 몸에서 기운이 일어나고 그 기운이 의식에 영향을 주고 의식의 작용인 심소가 대상을 분별하는 인식이 이루어집니다.

분별도 기운을 타고 움직입니다. 그 분별에 감정이 첨가되면 탐욕과 성냄과 어리석음 등 다양한 번뇌망상이 일어납니다. 그러나 의식의 공간을 넓히면 전체의식 상태가 되고 그 공간을 유지하기 위해 의식이 깨어있게 되고 부분을 인식하는 심소가 멈추므로 잡생각, 망상, 분별, 탐욕과 성냄과 어리석음 등의 번뇌망상이 멈춥니다. 전체의식인 심왕心王에 지혜가 있다면 잡생각, 망상, 분별, 탐욕과 성냄과 어리석음이 사라집니다.

이와 같이 의식과 기운은 함께 움직입니다. 따라서 기운은 명상 방법을 이해하고 체험하는 데 있어서 매우 중요합니다. 첫째, 걷고자 하는 의도가 있으면 기운이 일어나고 걷게 됩니다. 둘째, 대상에 집중할 수 있는 것도 기운에 의해서입니다. 셋째, 몸이 가벼워지는 경안輕安을 일으킵니다. 즉, 의식을 발바닥, 손가락, 정수리의 세 곳에 동시에 두는 집중력에 의해 몸속 기운이 왕성하게 일어나 몸이 가벼워지는 경안輕安 현상이 일어납니다. 넷째, 기운이 의식에 영향을 주어 탐욕 등 부정적인 감정과 생각들인 번뇌망상이 일어나게 합니다. 번뇌망상은 모두 이 바람의 요소를 타고 움직이며, 집중과 지혜 작용 또한 마음이므로 기운을 타고 움직이므로 번뇌망상을 오히려 줄이고 없앱니다. 즉, 집중과 지혜에 의해 번뇌망상이 줄어들거나 사라지면 번뇌망상에 눌려있던 몸의 기운이 왕성하게 일어납니다. 몸이 가벼워지고 기쁨이 생기는 경안輕安이 일어납니다. 다섯째, 대상에 자유롭게 머물러 집중상태를 유지하게 됩니다.

2장

일상생활에서 무지의 잠속에서
생사生死의 꿈을 자각하기

알아차림의 경선정원에서 잠에서 꿈 깨기는 명상의 출발입니다. 즉, 강물에 빠졌을 때 죽음을 자각하고 죽음에서 벗어나려고 '사람 살려' 하고 발버둥 치는 것에 비유할 수 있습니다. 번뇌망상이라는 꿈을 깨는 방법으로서 ①일상에서 무분별로 비추는 거울명상 ②죽음명상 ③의식을 발바닥, 손가락 끝, 정수리에 두는 사마타명상 ④쉼명상 ⑤걸으면서 발바닥 감각의 생김과 사라짐을 분명하게 알아차리기의 위빠사나명상 ⑥경선다실로 초대하기 등이 있습니다.

잠은 무지이며, 꿈은 생기고[生] 사라지는[死] 번뇌망상의 비유입니다. '사유통찰의 명상정원'에서 정혜定慧가 원융할 때 깨달음이 일어납니다. 이 깨달음은 견도見道입니다. 견도의 깨달음에 번뇌망상이라는 꿈은 없습니다. 하지만 아주 미세한 무지의 잠속에 흐르는 생사의 미세한 망념妄念이라는 꿈이 남아 있습니다. 이는 수도修道에서 제거합니다. 그래서 명상의 출발은 무지의 잠과 삶과 죽음의 꿈을 자각하는 것에서 시작합니다.

1. 일상에서 무분별로 비추는 거울명상 하기

일상에서 무분별로 비추는 거울명상 하기는 '거울의 반사로 자기 얼굴 보기'와 '마음거울의 반사로 자기 얼굴 보기'가 있습니다. 실제 거울로 자기의 감정과 생각을 알아차리는 훈련을 하고 그 다음은 실제 마음거울로 자기 얼굴을 보는 명상으로 전환합니다.

거울의 반사로 자기 얼굴 보기

아침에 일어나서 거울을 앞에 두고 자신의 얼굴을 살펴봅니다. 얼굴은 감정과 심리가 표현되는 장소입니다. 얼굴을 보면 자기 자신을 알 수 있습니다. 점심 때는 거울을 보면서 아침부터 있었던 자기 얼굴에 나타나는 감정과 심리를 살펴봅니다. 저녁 때는 거울을 보면서 점심부터 있었던 자기 얼굴에 나타나는 감정과 심리를 살펴봅니다. 이와 같이 아침, 점심, 저녁으로 '거울의 반사로 자기 얼굴 보기'로 자기 자신을 반조하여 봅니다. 구체적인 과정은 인지하기, 인정하기, 원인 알아차리기, 이치로 환영임을 알아차리기, 감정과 생각 바뀜을 알아차리기입니다.

첫째, '인지하기' - 마음에는 의심, 죄책감, 소망, 욕구, 수치심, 분노, 탐욕, 외로움, 이기심 등 다양한 감정과 생각이 일어납니다. 거울에 비친 자신의 얼굴에 나타나는 이와 같은 감정과 생각을 인지하여 알아차리는 것입니다.

둘째, '인정하기' - 이와 같은 감정과 생각을 받아들이는 것입니다. 지금 나에게 마음 아프게 하는 감정이 있거나 복잡한 생각이 있거나 머리 아프게 하는 생각이 있으면 '○○ 같은 감정과 생각이 지금 나에게 있구나' 하고 인정하는 것입니다.

셋째, '원인 알아차리기' - 마음이 아프거나 생각이 복잡하거나 머리가 아플 때는 거울의 자기 모습을 지긋이 지켜보기를 합니다. 그렇게 보고 있으면 아프게 하는 원인을 스스로 알게 됩니다.

넷째, '이치로 환영임을 알아차리기' - 거울에 반사되어 비치는 ①나의 얼굴과 ②얼굴에 나타나는 감정 또는 생각과 ③그 원인이 진실이 아니라 환영이듯이 ①나의 얼굴이 환영이고 ②얼굴에 나타나는 감정 또는 생각이 환영이고 ③그 원인도 실체가 없는 환영임을 사유합니다. 왜냐하면 거울에 비치는 것은 들어가고 나오는 것이 없고, 잡을 수 없고, 오염시킬 수 없기 때문입니다. 더 나아가서 거울 자체가 허공같이 텅 빔을 사유합니다. 거울의 이와 같음을 반사하여 내 마음도 텅 비게 합니다. 텅 빈 마음이 거울같아서 나타나는 감정과 생각도 환영과 같음을 사유합니다.

여기서 더 전문적으로 수행하고자 한다면 또는 앞서와 같이 거울의 반사를 활용한 명상을 하더라도 마음을 텅 비우기가 어렵다면 다음과 같이 해봅니다.

①과거의 감정과 생각은 지나가서 없고, 미래의 감정과 생각은 오지 않아 없고, 현재의 감정과 생각도 머물지 않음을 생각하고 그렇게 지켜봅니다. 이렇게 마음 상태를 유지하면 감정과 생각이 환영과 같음을 알 수 있습니다.

②감정과 생각이 일어나게 하는 것을 의지하지 않는 방법도 있습니다. 마음의 본래 청정한 성품은 거울같고 허공같이 텅 비어있으므로 이와 같은 텅 빔과 코드를 맞추기 위해 감정과 생각을 일으키는 호흡에 의지하지 않고, 나타나는 이미지에 의지하지 않고, 허공에도 의지하지 않고, 자기가 알고 있는 견문각지見聞覺知에도 의지하지 않는다면 마음이 텅 비어지기 시작합니다.[15]

③무자無字 화두를 드는 방법이 있습니다. '개에게 불성佛性이 있습니까?'라고 물었을 때 조주선사가 '없다[無]'라고 대답한 데서 유래한 것이 무자無字 화두입니다. 이 무자는 '개에게 불성이 있다거나 없다는 견해'를 부정한 것입니다. 따라서 이 무자無字 화두

---

15 의지하지 않음은 눈에 힘을 빼는 것이 중요하다.

를 붙들고 있으면 있음과 없음을 근거한 온갖 견해를 부정하게 되어 마음이 텅 비어 갑니다. 또다른 화두로 '방하착放下着'이 있습니다. 엄양존자가 조주선사에게 "한 물건도 가져오지 않았을 때 어떻습니까?"라고 물었을 때 조주스님이 "내려놓아라[放下着]!"라고 하였습니다. 이에 "한 물건도 가지고 오지 않았는데 무엇을 내려놓으란 말입니까?"라고 하자 조주스님이 "내려놓기 싫으면 짊어지고 가거라."라고 하였습니다. 이 일화에서 유래한 것이 '방하착放下着'이라는 화두입니다. 바로 이 방하착이라는 언구言句를 붙들고 있으면 한 물건도 가져오지 않았다는 미세한 생각조차 버리게 됩니다. 그러므로 감정과 생각도 놓아버리게 됩니다. 거울같고 허공같은 무분별, 무소유의 청정한 본래 깨달음과 코드가 맞으면서 마음이 텅 비어지는 것입니다. 궁극에는 미세하고 허망한 생각이 거울같이 비추는 지혜와 허공같이 자취 없이 비어지는 것에 의해 한 생각도 용납하지 않는 마음의 본래 성품을 깨닫게 됩니다.

다섯째, '감정과 생각 바뀜을 알아차리기' – 이와 같이 거울의 반사를 통해 비치는 나의 모습, 감정, 생각, 원인을 사유하다 보면 마음에 변화가 일어남을 알아차리는 것입니다.

위의 다섯 과정을 거치면서 어느새 마음은 진정되고 편안해집니다. 부정적인 감정과 생각이 불쑥 올라오면 다시 다섯 과정을 거울의 반사를 통해 명상합니다. 그 다음은 실제 거울 없이 마음거울로 자기 자신을 비춰봅니다.

2. 마음거울의 반사로 자기 얼굴 보기[16]

실제 거울 없이 '마음거울의 반사로 자기 얼굴 보기'도 첫째는 '행주좌와에 자기 얼굴을 인식하기'입니다. 자기 얼굴을 인식하는 것은 자기가 자기를 인식하는 것입니다. 자기를 인식하는 자기 인식은 거울에 비치는 자기를 인식하는 것과 같습니다. 그러므로 자기 인식은 비추는 거울이 됩니다. 인식되는 자기 얼굴은 거울에 비치는 영상과 같습니다. 즉, 자기 인식은 마음거울이며 마음거울에 반사되어 나타나는 것은 자기 얼굴입니다. 그러므로 앞서 '거울의 반사로 자기 얼굴 보기'와 같은 과정을 갖추고 있습니다. 즉, 인지하기, 인정하기, 원인 알아차리기, 이치로 환영임을 알아차리기, 감정과 생각 바뀜을 알아차리기를 합니다. 둘째는 '상상의 다실로 초대하기'를 합니다.

3. 일상생활에서 자기 얼굴 인식하기

'일상생활에서 자기 얼굴을 인식하기'는 걸어 다니거나 앉았을 때나 자기 얼굴을 인식하는 것입니다. 얼굴의 표정은 자기 심리의 표현입니다. 자기 얼굴을 인식하면 곧 자신의 심리를 알 수 있습니다. 얼굴이 굳어 있거나, 입꼬리가 내려가 있을 때는 부정적인 감정이나 생각을 하고 있을 때입니다. 선천적으로 입꼬리가 내려가 있

---

16   자기 얼굴을 보기만 해도 건강해진다. 나이가 들면 저녁 무렵에 기운이 떨어짐을 경험한다. 대상을 인식할 때 눈을 통해 에너지가 대상으로 소비되기 때문이다. 하지만 자기 얼굴을 인식하면 에너지 소비가 줄어들어 피곤함이 줄어든다.

는 경우가 아니라면 이는 심리현상입니다. 이때는 자기감정과 생각을 알아차리고 인지합니다. 인지하기만 해도 표정이 부드러워집니다. 의도적으로 입꼬리를 올리거나 희미한 미소라도 지으면 얼굴 근육이 풀어지면서 심리적 안정이 옵니다. 그런데 인지하고도 풀어지지 않으면 그 다음은 인정하기, 원인 알아차리기, 이치로 환영임을 알아차리기, 감정과 생각 바뀜을 알아차리기를 하면 됩니다.

여기서 더 나아가서 깊이 명상하려면 ①과거와 미래와 현재의 감정을 살펴서 머물지 않음에 머무는 방법 ②호흡과 형상과 허공과 견문각지에 의지하지 않는 방법 ③무자無字 화두와 방하착放下着 화두를 붙드는 명상 수행을 하면 됩니다. 이와 같이 명상하면 마음이 허공같이 텅 비어지게 되고, 이 텅 빔을 통해 어떤 것으로도 결정되어 있지 않아서 그 어떤 것도 될 수 있는 잠재능력이 발현되고 무지에서 지혜로, 범부에서 성인으로 전환되는 가능성이 계발됩니다.

4. 상상의 경선다실로 초대하기

'상상의 다실로 초대하기'를 합니다. 상상의 다실은 마음거울에 비춰진 영상입니다. 상처받은 나와 나를 화나게 하고 마음 아프게 한 사람을 같이 연상의 다실로 초대합니다. 초대된 사람의 얼굴을 살핍니다. 얼굴은 감정과 생각의 표현입니다. 얼굴을 살피는 것으로 상대의 심리를 알 수 있습니다. 차상茶床에 간단하게 차 도구를 갖추고 초대된 나와 나에게 화나게 하고 마음 아프게 한 사람에게 차를 권합니다. 같이 차를 마시고는 다음과 같이 축원해주고 서로 안아주면서 '사랑합니다'라고 이야기합니다.

> "당신이 나를 화나게 하고
> 마음에 상처를 주었지만
> 당신을 용서합니다.
> 건강하고 행복하길 바랍니다."

초대하기에 초대된 사람들은 명상자의 마음거울에 비친 명상자 자신의 심리가 반영된 이미지입니다. 비춰진 상처받은 나와 상처 준 상대방을 용서해 주고 화해하여 맺힌 감정과 생각을 풀어버립니다.

3장

경선다실에서 무지의 잠과 생사生死 꿈을 각성시키기

    삶과 죽음을 반복하는 것이 괴로움이라는 사실을 자각하는 것
이 명상의 출발입니다. 죽음명상을 통하여 반드시 죽는다는 인식
을 가질 때 죽지 않음[不死]을 찾을 수밖에 없기 때문입니다. 즉, 죽
는다는 인식이 마음의 본성에 대한 의식이 깨어나게 하는 것입니
다. 여실공경如實空鏡이 무지에서 벗어나 거울같이 비추는 인훈습
경因熏習鏡의 지혜를 깨우는 것입니다.

알아차림[사띠sati]은 지혜를 이끌어냅니다. 그래서 알아차림의 명상정원은 마음을 각성시켜 지혜가 발현되도록 합니다. 특히 무상의 지혜가 필요합니다. 삶의 본질적인 모습과 영적인 수행의 절대적인 필요성을 깨닫게 합니다. 죽음에 이르러 고통과 함께 두렵고 끔찍한 여러 모습이 나타날 때, 죽음의 공포가 일어납니다. 죽는 순간의 한 생각이 다음 받을 생生을 결정한다면 슬픔, 분노, 공포와 같은 것은 좋지 않은 것입니다. 이때 평소에 무상 관찰을 했다면 죽음의 과정 속에서 일어나는 슬픔과 비탄과 같은 좋지 않은 영향을 받지 않게 됩니다. 왜냐하면 형상이 있는 것은 반드시 변하고 사라지게 되어 있다는 지혜에 의해 움켜쥘 만한 그 어떤 것도 없는 것이며, 죽음이란 삶의 다른 모습임을 알기 때문입니다.

그래서 무상의 지혜가 필요하며 무상의 지혜는 무상을 관찰해야 합니다. 알아차림이 익숙해지면 마음의 눈이 생겨서 무상無常을 관찰할 수 있습니다. 무상은 생로병사, 생주이멸입니다. 생로병사를 줄이면 생사生死가 됩니다. 생주이멸은 생멸生滅이 되며 생멸은 발생과 소멸입니다. 즉, 생김과 사라짐입니다. 걷기명상의 발바닥 감각이 생기고 사라짐을 관찰하거나 심장이 뛰는 무상 등을 관찰하는 이유가 여기에 있습니다.

알아차림의 경선정원은 의식이 몸과 한 공간을 이룰 때 무분별의 비추는 거울을 드러내는 데 주력합니다. 즉, 의식의 공간을 넓혀야 마음거울이 드러납니다. 그래서 의식의 공간이 의도에 의해 확장되지 못하게 하는 장애를 없앱니다. 마음의 공간을 넓히는 것이 마음거울의 본성인 불사不死를 체험할 수 있게 하기 때문입니다.

1. 죽음을 사유하고 이해하기

젊음을 잡아먹는 탁한 탐욕

뼛속까지 병病들게 하는 불꽃 성냄

죽음을 불러오는 깜깜 어리석음

다시 태어나게 하는

어리석음의 행위 까르마라오.

베푸느라 늙음이 더딘 걸음하고

자비심으로 강건함 살아나고

지혜 번쩍하니 생사生死가 두 동강

죽음의 염라왕 긴긴 잠 깨어날 줄 모르네.

생로병사는 줄이면 생사生死입니다. 생사는 무지에서 일어납니다. 존재의 겉모습을 고정되어 있고, 분리되어 있고, 내 밖에 스스로 실체를 가지고 존재하는 것 같이 봄으로써 '있다'라고 생각하게 됩니다. '있음'은 곧 '없다'라고 생각도 하게 됩니다. 이와 같이 '있음'과 '없음'으로 보는 것은 잘못된 견해를 일으키게 됨을 사유합니다. 있음과 없음으로 존재의 겉모습만을 보고 좋으면 가지려고 탐욕을 일으키고, 싫으면 밀치거나 없애려는 분노를 일으키게 됨을 사유합니다.

탐욕과 분노 등의 부정적인 감정은 곧 몸이 반응하는 괴로움을 일으킵니다. 즉, 부정적인 탐욕과 분노 등의 감정은 유무를 근거한 잘못된 견해인 무지를 의지하고 있으며 무지를 제거하지 않으면 온갖 생각이 일어나고 감정을 일으켜 대상과 일치하지 않으므로 늘 고통을 받는다는 사실을 사유합니다.

2. 유有와 무無를 근거한 무지와 번뇌를 제거하는 공성

모든 존재의 겉모습은 고정되어 있지 않고 변하며, 분리되어 있지 않고 상호의존하며, 스스로 존재하는 것이 아니라 상호의존하는 것이므로 있음도 아니고 없음도 아닙니다. 유무의 실체가 공합니다. 이와 같이 유무를 부정하는 공성空性을 사유합니다. 공성은 존재의 근원으로서 부정적인 감정과 잘못된 견해가 없으며, 생로병사가 없어 불사不死이며 모든 속박에서 벗어난 대자유임을 사유합니다.

공성이 모든 존재의 진실이면서 무지와 번뇌를 소멸시키는 수단임을 알 수 있습니다. 하지만 공성을 알지 못하는 잘못된 견해와 번뇌 감정이 생로병사를 공성으로 꿰뚫어보지 못하게 하고 생사에 빠져 삶과 죽음을 반복하는 괴로움을 받게 하는 것입니다. 그러므로 번뇌 감정과 잘못된 견해를 제거하기 위해서는 '알아차리는 직관'과 '분석 통찰하는 추론'으로써 공성을 드러내는 명상을 해야 함을 사유합니다.

그리하여 생사에 머물지 않는 공성의 지혜를 얻어 생사에서 머물지 않는 대자유를 얻는 것입니다. 불사不死인 열반에도 머물지 않아 마음 가진 생명체를 위하여 연민심을 일으킵니다. 수행의 목적이 길에서 시작하여 길에서 끝나는 대자유인이 되는 것임을 마음속으로 다짐해 봅니다.

3. 서원誓願에 대한 이해

서원의 뜻을 생각해 봅시다. 지극한 정성으로 맹세하는 것을 서誓라고 하는데 스스로 그 마음을 다잡아서 갖가지 일 속에서 행하는 것입니다. 원願은 아직 얻지 못한 것을 얻고자 기대하는 것으로 원만한 성취를 추구합니다.

서원을 세우는 것은 마음에 영향을 줍니다. 서원의 힘은 영향 받은 마음에 잠재되어 있던 뛰어난 능력이 드러나도록 하며 자신을 변화시키는 것입니다. 즉, 번뇌를 줄이고 복덕을 일으키는 것입니다. 예전에 닦지 않았던 공덕功德(잠재력)을 계발할 수 있는 힘이며, 지금까지 닦아 온 공덕을 증폭시킬 수 있는 선한 힘입니다. 선한 힘으로 악한 마음이 약해져서 결국에는 없어질 때, 비로소 진정한 서원이 성취되는 것입니다.

서원은 첫째, 수행에 물러서지 않게 합니다. 즉, 선善을 지니고 악惡을 막는 것이 기본인데, 유정有情에게 선善을 베풀 때도 맹세하는 마음이 없으면 혹은 물러나고 후회할 수 있기 때문에 맹세를 합니다.

둘째, 서원의 역할은 수행을 독려하여 선정禪定과 지혜를 얻게 합니다. 마치 찻잔을 만드는 과정에서 마지막에는 불에 구워져야 차茶를 담을 수 있는 것처럼 서원은 불과 같은 역할을 합니다.

셋째, 서원은 목적의식을 분명하게 합니다. 만일 서원이 없으면 수행중에 외부의 영향을 받을 때 수행자가 본인의 마음을 제어하지 못하고 가야 할 곳을 잊어버릴 수 있습니다. 그래서 서원을 세워서 행위의 버팀목으로 삼음으로써 비로소 목적지인 불사不死에 도달할 수 있고 유정을 생사의 괴로움에서 벗어나게 도움을 줄 수 있습니다.

그래서 서원의 다른 이름은 보리심菩提心입니다. 깨어있는 마음을 뜻합니다. 지각 있는 존재들이 생사의 괴로움에서 벗어나도록 돕겠다는 염원을 가지고 이들에게 도움을 주려면 깨달음이 필요하므로 위없는 깨달음을 구하는 염원이 보리심의 내용입니다. 보리심을 일으킨 수행자는 세세생생 태어나면서 유정을 번뇌의 속박에서 벗어나게 하기 위해 서원을 세웁니다.

서원을 발함이여
삶과 죽음이 괴롭지 않음이 없으니
벗어나고자 하는 마음 일으키네.

방향 잡아 목적지에 이르게 하니
물러서는 마음 사라지게 하고

유정을 도와 생사에서 벗어나게 하네.

그 이름 깨어있는 마음 보리심菩提心이라네.

4. 죽음명상으로 불사不死의 서원誓願 세우기 – 보리심

죽음명상을 하는 이유는 괴로움이 무엇인지, 괴로움의 원인이 무엇인지 알기 위해서입니다. 이것은 불사不死에 이르려고 명상할 마음을 일으키는 출발이 되고 방향이 됩니다. 이때 서원을 세워 마음을 확고히 합니다. 이 서원誓願이 명상의 목적지인 불사不死에 이르게 하고 유정有情을 생사의 괴로움에서 벗어나게 하는 힘입니다.

집에 있는 다실에서 차를 마시고 죽음명상을 합니다. 유한한 몸과 인생을 통찰하고 생로병사에서 벗어나고자 생사生死가 없는 명상정원으로 들어갈 준비를 합니다. 방법은 무덤 이미지를 떠올리고 죽음의 이치를 사유하는 것입니다.

1) 죽음의 이미지를 영상화하기

○ 숨을 들이쉬고 내쉬면서 어깨에 힘을 빼고 척추를 곧게 세우면서 코끝에 잠시 시선을 둡니다.

○ 차를 마시고 마음속으로 죽음의 무덤 이미지를 영상화합니다.

2) 명상만이 죽음에서 벗어날 수 있음을 기억하기

죽음에 대한 명상은 다음과 같이 세 가지 근원, 아홉 가지 근거 그리고 세 가지 결론으로 명상할 수밖에 없습니다.[17]

1차 명상

○ 차를 음미한 후 차 맛이 변하여 사라지는 것을 죽음과 결부시켜 죽음의 이미지를 영상화하여 보면서 자기에게 이야기하듯이 생각합니다.

첫 번째 근원; 죽음은 반드시 다가온다.

○ 죽음은 반드시 올 것이고, 그러므로 피할 수 없다.

○ 삶의 시간은 늘어날 수 없고, 끊임없이 줄어들고 있다.

○ 살아 있을 때라 해도 수행할 시간은 많지 않다.

■ 첫 번째 결론; 나는 반드시 수행해야 한다.

17　달라이라마 가르침 | 제프리 홉킨스 편역 | 이종복 옮김 『달라이 라마, 죽음을 말하다』 p.p. 114~116 담앤북스 2019년 4월

두 번째 근원; 죽음의 시간은 정해지지 않았다.

○우리가 이 세상에 머물 수 있는 시간은 정해지지 않았다.

○죽음의 원인들은 다양하지만 삶의 원인들은 희소하다.

○사람의 몸은 무너지기 쉽기에 죽음의 시간은 불명확하다.

■두 번째 결론; 나는 반드시 지금 수행해야 한다.

세 번째 근원; 죽음에 이르렀을 때 오직 수행만이 나를 도울 수 있다.

○죽음의 때에 이르렀을 때 우리의 친구들이 도울 수 있는 일은 없다.

○죽음의 때에 이르렀을 때 우리의 부유함은 어떠한 도움도 주지 못한다.

○죽음의 때에 이르렀을 때 우리의 몸은 아무런 도움이 되지 않는다.

■세 번째 결론; 나는 이 세상의 그 어떠한 것이 아무리 좋아 보이더라도 집착하지 않고 수행할 것입니다.

◎좌종을 칩니다. 이러한 내용을 잊지 않기 위하여 좌종소리에 따라 명상시간을 가집니다.

2차 명상

○나의 죽음은 먼 장래 이야기가 아닙니다. 한 잔의 차를 마시

는 동안, 숨을 들이쉬고 내쉬는 한 번의 호흡을 하는 사이에
도 죽음은 예고 없이 바로 올 수 있습니다.
○지금 이 순간이 나의 온 삶이므로 죽음을 잊지 않고, 게으르
지 않고 실천해야 한다고 다짐합니다.

◎ 좌종을 칩니다. 내용을 기억하기 위하여 좌종소리에 따라 명
상시간을 가집니다.

□ 1차 2차 명상 중에서 하나만 해도 됩니다. 순서를 바꾸어도
됩니다. 대중과 함께 할 때는 명상언어의 인도가 필요할 수
있습니다. 혼자서 할 때는 명상언어가 필요 없습니다. 그리고
죽음명상은 실내에서 하거나 혹은 걷기명상 과정에서 나무
에 기대거나 나무 아래 등에서 좌선 자세를 취하고 명상을 합
니다.

3) 서원誓願 새기기

이 세상에서 인간의 수명은 정해져 있지 않아
언제까지 살 수 있는지 알 수 없다.수명은 짧으며 고뇌로 얽혀 있
다.태어난 생명은 늙음에 이르러 죽음을 피할 방도는 없다.
생명 있는 존재에게 이것은 정해진 이치이다. 익은 과일은 떨어질
두려움이 있는 것처럼,

이와 같이 태어난 자는 항상 죽음 때문에 두려움이 있다.[18]

-『숫타니파타』중에서

경선다실에서 차를 마시면서, 명상을 통해 밖으로는 어렵고 힘든 사람들과 지각 있는 존재들에게 도움을 주겠다는 염원을 품습니다. 안으로는 삶과 죽음의 괴로움에서 벗어나 대자유를 얻을 것을 염원합니다.

눈을 감고 집을 떠올리고, 집에서부터 출발하여 경선정원에 들어서고, 나아가 깨침의 경선정원의 다실에서 차를 마시기까지의 그 모든 과정은 첫째, 수행과정이면서 결과이며, 결과이면서 과정입니다. 그 과정을 통해 궁극의 법계法界에 이르게 됩니다. 둘째, 집의 다실에서 경선정원인 다실로 되돌아오는 과정은 모두 법계에서 출발하여 법계로 되돌아오는 것으로 우주법계가 하나의 모습임을 의미합니다. 셋째, 우리가 깨달음 속에 살고 있으면서도 그 사실을 알지 못하고 생사의 괴로움에 빠져 있으므로 그 깨달음을 회복하는 과정을 의미함을 알아차립니다. 넷째, 유정有情들도 깨달음 속에 살고 있으면서 유정이 아니라는 사실을 알지 못하고 생사에 빠져 있으므로 참으로 연민의 마음이 일어나지 않을 수 없습니다. 이제 서원을 세우고 발원하여 깨어있는 마음 보리심菩提心을 행합니다.

18　『숫타니파타』「대품」화살경(Salla-sutta). 참조

삶과 죽음이 괴로우니

명상하여 여기서 벗어나고자 하는 마음 일어나네.

지각 있는 모든 존재들이

다 행복해지기를 원하듯

불사不死의 행복에 이르는

법계法界를 깨닫기를 발원합니다.

생사生死의 괴로움 생각하면

불사不死에 이르겠다는 굳은 의지 일어나고

유정有情의 괴로움은 곧 나의 괴로움이라

불멸不滅에도 머물지 않으리라 서원 세우네.

유정들이 원하는 불사不死의 행복 나의 행복이라

공성空性에는 너나가 따로 없어

피곤하거나 싫어하는 마음 흔적 없어라.

그 이름 깨어있는 마음 보리심菩提心이라네.

명상의 방향

- 알아차림의 경선정원

무지의 잠에서 꿈꾸는 오염된 마음
생사生死의 괴로움 헛되이 일으키나니
생사도 본래 꿈인 줄 알아
꿈을 깨고 잠을 깨어보라
생사生死도 불사不死도 같은 한마음

4장

생사生死의 꿈인 죽음에서 벗어나
불사不死에 이르기 위해 결의 다지기

생사의 꿈은 어둠 같은 무지를 의지하여 나타납니다. 태어나고 죽고 또 태어나고 죽는 무한반복하는 유전에서 벗어나려면 잠에서 깨어나야 합니다.

죽음에 이르면

몸은 갈 수 없고
재산도 가져가지 못하고
가족도 따라나서지 못하고

한 번도
살펴보지 않은 마음만이 길을 나선다오.

마음을 잡으면 죽음의 꿈에서 벗어난다네.

1. 몸의 해체에 따른 의식의 해체와 불사不死의 깨달음

생로병사를 줄이면 생사生死, 생멸生滅입니다. 생멸하는 몸은 흙·물·불·바람의 요소로 이루어져 있습니다. 죽음의 과정에서 단단한 흙의 요소들인 손톱, 뼈, 살, 장기 등은 액체인 물의 요소들로 해체되고, 물의 요소들은 체온인 불의 요소들로 해체되고, 불의 요소들은 에너지인 바람의 요소들로 해체됩니다. 그리고 바람의 요소들은 미세한 의식으로 해체됩니다.

바람의 요소가 미세한 의식으로 해체된다는 것은 바람의 요소를 타고 움직이는 의식도 해체되어 사라지는 것을 말합니다. 즉, 흙·물·불·바람으로 구성된 몸을 의지하는 시각의식, 청각의식, 후각의식, 미각의식, 촉각의식이 해체됩니다. 이 다섯 의식보다 더 섬세하지만, 여전히 거친 의식으로서 우리가 생각함으로써 생겨나는 의식들이 해체됩니다.

생각함으로써 일어나는 의식은 강한 바람의 요소를 타고 움직이는 33가지 의식적 경험을 포함합니다. 예를 들어 두려움, 집착, 허기, 갈증, 자비, 성취, 질투 등이 여기에 속합니다. 『유식삼십송唯識三十頌』의 51심소를 근거하면 5변행심소遍行心所인 촉觸, 작의作意, 수受, 상想, 사思. 5별경심소別境心所인 욕欲, 승해勝解, 염념, 정定, 혜慧. 선심소善心所인 신信, 정진精進, 참慚, 괴愧, 무탐無貪, 무진無瞋, 무치無癡, 경안輕安, 불방일不放逸, 행사行捨, 불해不害의 11개 심소心所. 중수번뇌中隨煩惱인 스스로 악을 범하고도 부끄러운 마음을 내지 않는 무참無慚, 타인에 대하여 악을 범하고도 부끄러움이 없는 무괴無愧. 그리고 소수번뇌小隨煩惱인 분노하는 분忿, 분노의 대상에 집착하여 원한을 품는 한恨, 죄악에 집착하는 뇌惱, 자기의 죄업을 숨기는 부覆, 거짓된 마음 광誑, 왜곡되고 위선된 마음 첨諂, 스스로에게 교만한 교憍, 생명체를 해치는 것을 정당하게 생각하는 해害, 질투하는 질嫉, 인색한 간慳 등 모두 33가지가 생각함으로써 일어나는 의식에 소속되어 일어나는 바람의 강한 움직임을 타는 심리라고 볼 수 있습니다.

중간 세기의 움직임을 보이는 바람을 타고 있는 의식으로 40가지가 있는데 환희, 당황, 관대함, 입 맞추고 싶은 욕망, 영웅심, 속좁음, 사기 등이 여기에 속합니다. 『유식삼십송唯識三十頌』의 51심 가운데 5변행遍行과 5별경別境과 선심소 11가지[善心所十一]와 소수번뇌 10가지[小隨煩惱十]인 분忿, 한恨, 뇌惱, 부覆, 광誑, 첨諂, 교憍, 해害, 질嫉, 간慳, 중수번뇌인 무참無慚, 무괴無愧와 부정 4가지 [不定四]인 후회하는 회悔, 수면睡眠, 거칠게 생각하는 심尋, 세밀하게 고찰하는 사伺가 있습니다.

이것은 바람의 강한 움직임으로 일어나는 심리인 33가지인데 중간 세기의 움직임을 보이는 바람과도 통용됩니다. 여기에서 잠재의식으로서 미세의식인 말나식과도 서로 응하는 대수번뇌大隨煩惱인 마음이 오염되어 진리를 믿지 않는 불신不信, 선善한 일에 대해 게을리하고 악한 일에 대해 적극적인 해태懈怠, 방자하여 윤리를 무시하는 방일放逸, 마음이 가라앉아 우울해지는 혼침, 마음이 들떠서 침착하지 않은 도거掉擧, 불확실한 기억력 실념失念, 대상에 대한 바른 지견知見을 방해하는 부정지不正知, 대상에 따라 마음이 흔들리는 산란散亂, 그리고 정해져 있지 않은 부정심소사不定心所四인 회悔, 수면睡眠, 심尋, 사伺가 있습니다. 이 모두 44가지 심리가 중간 세기의 움직임을 보이는 바람을 타고 움직이는 심리에 속한다고 볼 수 있습니다.

대상에 대한 약한 반응을 보이는 바람을 타고 움직이는 의식에는 7가지 심리의 움직임이 있는데 망각, 물의 신기루를 보는 착각, 긴장, 침울, 게으름, 의심과 동등한 정도의 증오와 욕망이 여기에 속합니다.[19] 『유식삼십송唯識三十頌』의 51심 가운데 근본번뇌인 탐貪, 진瞋, 치痴, 만慢, 의疑, 악견惡見이 여기에 속합니다. 이 6가지 근본 번뇌를 따라 일어나는 대大·중中·소小의 수번뇌가 있는 것입니다.

죽음의 과정에서 흙, 물, 불, 바람이 해체됨으로 해서 특히 바람의 요소를 의지하여 작용하는 심리들이 명상을 통하지 않고 자연스럽게 사라지는데 이와 같은 바람의 요소를 타고 움직이는 세 가지 의식이 수행을 통해서 사라진다면 견도見道의 깨달음을 이룹니다. 즉, 번뇌의 사라짐이 곧 깨달음의 표식입니다.

번뇌에는 후천적인 분별기分別起 번뇌와 타고나는 선천적인 구

---

19   달라이 라마 가르침 / 편저 제프리 홉키스 / 옮긴이 이종복 『달라이 라마 죽음을 이야기하다』 p.p. 150~151 참조. 북로드

생기俱生起 번뇌가 있습니다. 분별기 번뇌는 그릇된 가르침[邪教]이나 또는 그릇된 스승[邪師]과 같은 외적인 요인에 의해 생긴 번뇌와 그릇된 사유[邪思惟]와 같은 내적인 요인에 의해 생긴 후천적인 번뇌를 말하는데, 그 양태가 뚜렷하고 강렬한 번뇌들입니다. 이에 비해 구생기 번뇌는 전생에서 극복하지 못한 번뇌로서 현생에 태어날 때 가지고 태어나는 선천적인 번뇌를 말하는데, 그 양태가 미세하고 끈질긴 번뇌들입니다.

분별기 번뇌는 그 양태가 예리하고 격렬하며 그 과보도 뚜렷하여 삶에 미치는 영향이 크지만 구생기 번뇌에 비해서는 비교적 손쉽게 끊어지는 번뇌로서 견도見道의 계위에서 모두 한꺼번에 단박에 끊어집니다. 이에 비해 구생기 번뇌는 수도修道의 계위에서 오랜 수행에 의해서 각각마다 점차 약화되다가 마침내 끊어집니다.

'유식唯識 유가행파'의 번뇌론煩惱論에 따르면, 탐貪·진瞋·만慢·무명無明·견見·의疑의 6수면 즉, 6가지 근본번뇌 가운데 의疑 한가지 번뇌만이 전적으로 견혹見惑 즉, 분별기 번뇌입니다. 탐·진·만·무명·악견은 견혹 즉, 분별기 번뇌이기도 하고 수혹修惑 즉, 구생기 번뇌이기도 합니다. 보다 상세히 살펴보기 위해, 6수면 중 악견惡見을 5가지로 세분하여 얻어지는 10수면, 즉, 탐·진·만·무명·유신견有身見·변집견·사견·견취·계금취·의疑라는 10가지 근본번뇌의 측면에서 말하자면, 사견·견취·계금취·의疑의 4가지 번뇌는 전적으로 견혹인 분별기 번뇌에 속하고, 탐·진·만·

무명·유신견·변집견의 6가지 번뇌는 견혹見惑인 분별기 번뇌, 수혹修惑 즉, 구생기 번뇌 모두에 속합니다.

견도見道의 계위에서 모든 견혹인 분별기 번뇌가 끊어지는데, 즉, 탐·진·만·무명·유신견·변집견의 6가지 번뇌 중 견혹에 해당하는 부분과 사견·견취·계금취·의의 4가지 번뇌가 끊어집니다. 수도修道의 계위에서는 탐·진·만·무명·유신견·변집견의 6가지 번뇌 중 수혹에 해당하는 부분이 끊어집니다.

그런데 죽음의 과정 속에서 의식의 심리들이 자연스럽게 미세해지면서 사라지는 것은 깨달음이 일어나지 않습니다. 왜냐하면 지혜가 없기 때문입니다. 이러한 의식은 죽음 이후에 중음도中陰道를 지나 자궁으로 들어가서 거친 의식으로 바뀌어 가면서 다시 태어나는 것입니다. 지혜가 있다면 불사不死의 깨달음을 얻어 다시는 윤회하지 않을 수 있습니다.

반면 바람의 요소를 타고 움직이는 세 가지 의식이 지혜에 의해 소멸한다면 이는 견도見道의 깨달음입니다. 여기서도 견도見道에서 끊어지는 번뇌가 있고 깨달음의 명상정원의 수도修道에서 끊어지는 번뇌가 있음을 알 필요가 있습니다. 이와 같이 바람의 요소를 타고 움직이는 거칠고 미세한 세 가지 의식은 보다 깊은 단계의 의식의 반영이며, 세 가지 미세한 수위의 마음의 흔적이기도 합니다.

2. 호흡이 해체된 뒤의 미세한 의식 드러남과 불사不死의 깨달음

바람의 요소들을 타고 흐르는 세 가지 의식이 바람의 요소와 함께 미세한 의식으로 해체될 때 호흡이 끊어집니다. 호흡이 끊어진 뒤에는 세 가지 미세한 수위의 의식이 아주 미세한 바람의 요소를 타고 움직입니다. 처음에는 선명한 흰색 모습을 가진 마음이 현현하고, 다음은 선명한 선홍색 모습을 가진 마음이 나타나며, 그 다음은 선명한 검은색 모습의 마음이 현현합니다. 이 세 가지 미세한 의식은 죽음을 맞이하여 호흡이 해체될 때나 깊은 잠이 들어 거친 수위의 의식이 자연스럽게 사라질 때 드러납니다.

이와 같이 죽음의 과정은 명상의 과정과 같습니다. 그러므로 사마타와 위빠사나에 의해 명상의 깊은 단계에 들어 의식적으로 거친 수위의 마음을 제거할 때, 그 궁극에는 청명한 빛의 마음을 깨달을 수 있습니다. '청명한 빛의 마음'은 성품이 청정한 본래 깨달음[性淨本覺]인 '지혜대광명智慧大光明'이며, '텅 비면서 비추는 청정한 마음거울'이며, '숨쉬지않고 땀흘리지 않는 그 무엇'입니다.

3. 생사生死의 중심에 있는 불사不死

일생의 생로병사가 생사生死라면 아침에 일어나 낮 동안 활동을 하고 저녁에 잠자리에 드는 하루의 삶도 생사입니다. 새벽에 의식이 깨어남은 생生이며, 깊은 잠에 들어감은 사死입니다.

죽음의 과정에서 거친 의식을 지나 미세한 의식이 드러나는 죽음의 끝에는 불사의 대광명이 나타납니다. 이를 거꾸로 하면 불사에서 미세한 의식이 자궁으로 들어가서 흙, 물, 불, 바람의 결합으로 몸이 생기고 태어나면서 거친 의식상태로 되돌아옵니다. 이와 같이 살펴보면 생사의 중심에는 마음의 청정한 본래 깨달음[本覺]이 자리하고 있습니다. 『원각경圓覺經』에서는 '모든 것이 원각圓覺에서 나와서 원각으로 돌아가지만 허공에 꽃이 피고 지더라도 허공은 바뀌지 않듯이 원각은 바뀌지 않는다'고 설합니다. 원각은 곧 본각과 같습니다. 생사의 중심에는 텅 비면서 비추는 청정한 거울인 불사不死의 본각이 있음을 알고 명상해야 하며, 이것이 맞는지 검증하기 위해서도 명상하며, 깨치기 위해 명상하며, 생사에 머물지 않고 불사에도 머물지 않기 위해 명상합니다.

일생이 생로병사

하루도 생사生死

재채기도 생사

한 생각도 생사라네.

생기고 사라지는 모든 것의 중심에

숨쉬지 않고 땀흘리지 않는 그 무엇이 있으니

눈 크게 뜨고 보아야 하리.

4. 결의 다지기

이제 깨달음을 반드시 이루겠다는 결의를 다집니다.

분발하라.

오늘 해야 할 일을 당장 실천하라.

내일 죽음이 찾아올지 누가 알겠는가.

우리는 늘 죽음의 강한 힘과 마주하고 있지 않는가.

밤낮으로 지치지 않고 열심히 사는 사람은

하룻밤을 살더라도 행복하다고

마음이 평화로운 성인이 말씀하시네.[20]

---

20   무념 · 웅진역 『법구경 이야기 3』p.p. 205~206 옛길 2018년 10월

5장

알아차림의 경선정원에서 한 공간으로
무분별 거울 드러내기 - 깸경선鏡禪

　　몸과 한 공간 되기는 의식을 발바닥과 손가락과 정수리에 두고
[사띠sati] 걸어가기 명상입니다. 의식은 명상의 주체입니다. 무의식
에 잠재되어 있는 힘을 의식상에 끌어내기 위해 발바닥, 정수리, 손
가락에 동시에 두는 명상을 합니다. 명상은 잠재력의 무분별의 마
음거울을 드러내는 결과로 나타납니다. 의식은 밝게 비춤과 인식,
이 두 가지로 정의할 수 있습니다. 의식이 밝게 비춘다는 것에는

명료함이 있고, 다른 하나는 마치 등불이 어둠을 몰아내 사물을 볼 수 있게 해주는 것처럼, 사물을 비추거나 사물의 모습을 드러낸다는 뜻입니다. 이것은 인훈습경因熏習鏡이 의식의 기능으로 나타나는 현상입니다.

　의식을 발바닥과 손가락과 정수리에 두고 걸어가면 의식이 몸과 한 공간을 이루게 됩니다. 몸과 한 공간을 이루는 것은 곧 등불이 어둠을 몰아내듯 의식을 명료하게 하며, 사물을 비추거나 사물의 모습을 드러내는 거울같은 의식이 되게 합니다. 그래서 세 곳에 의식을 두고 걸을 때 자연스럽게 머리 부분이 깨어있음의 현상이 생깁니다. 깨어있다는 느낌을 알아차릴 수 있습니다. 머리에서 발까지 거울로 비추듯이 환하게 온몸의 모습을 드러나게 비춥니다. 한마디로 깨어있음입니다. 이처럼 거울이 사물을 분별없이 비추거나 드러내듯이 무분별의 마음거울을 드러내기 위한 방법입니다.

　의식이 대상을 인식한다는 것은 대상을 제대로 알지는 못할지라도 최소한 그 대상을 감지하고 있음을 의미합니다. 그래서 발바닥이 보이지 않지만 발바닥의 감각을 감지하고 발바닥에 의식을 둘수 있습니다.

　발바닥에 의식을 둔다는 것은 발바닥의 감각에 의식을 두는 것입니다. 발바닥에 감각이 없으면 일어설 수 없고 걸어갈 수 없습니다. 손가락에 감각이 없으면 물건을 집을 수 없습니다. 때문에 발바닥에 의식을 둘 수 있는 것은 감각이 있기 때문입니다. 이렇게 발바닥의 감각에 의식을 두고 도장 찍듯이 걸어가기는 발바닥의 감각이 선명하게 드러나기 때문에 감각 알아차리기가 쉬워집니다. 그런데 정수리에 의식을 두더라도 감각이 없으면 두기가 어렵습니다. 이때는 정수리에 감각이 생길 때까지 연꽃이 한 송이 피어 있음을 시각화하여 그 연꽃에 의식을 두면 됩니다.

발바닥에 의식을 두고 걷는 것이 명상이 되는 이유는 무엇일까요? 발바닥의 감각 알아차리기가 잘 되면 집중력이 생기고 잡생각이 현저히 줄어들고 건강해집니다. 감각의 생김과 사라짐을 관찰할 수 있으면 지혜가 생겨서 모든 것을 꿰뚫어 보게 되고, 집착이 사라져서 사물과 사람과 과거 인연에 대해서도 자유로워집니다. 즉, 의식은 매우 자유로워서 온몸 어디에도 가며 온 세계, 우주 어디에도 갈 수 있습니다. 이와 같은 의식이 머리에 있을 때는 끊임없이 생각이 일어납니다. 그 생각이 남을 해치는 것이라면 언어폭력과 육체적 폭력행사로 나타날 수 있습니다. 만일 해치고자 하는 생각을 가진 분이 국가를 운영한다면 그 분노로 인하여 이웃나라와 전쟁도 불사할 수 있고, 가정폭력, 테러, 환경파괴 등 파괴적인 행위를 할 가능성이 있습니다. 파괴적인 생각을 가진 분이 힘이 약하다면 우울증, 자살 등으로 자신을 해치는 쪽으로 나타날 가능성도 배제하지 못합니다.

그러나 의식이 발바닥에 있으면 그 자체로 마음을 쉬게 됩니다. 다시 말하면 의식이 머리에 있으면 생각이 끊임없이 일어나며 감정은 머리끝으로 올라갑니다. 그러나 의식이 발바닥에 있으면 생각과 감정이 잠잠해지므로 마음이 쉬어진다고 하는 것입니다. 의식을 발바닥에 두고 걷는 것은 마음의 평화, 가정의 평화, 세계 평화를 이루는 길이며, 평등의 실천이 됩니다. 또한 발바닥과 손가락, 정수리에 의식을 두고 걸을 때도 이와 같이 실천해야 쉽게 몸과 한 공간을 이룹니다.

그런데 의식을 발바닥과 손가락과 정수리에 둔다는 것은 집중한다는 말과는 다릅니다. 언어는 대상을 지시하는 힘이 있으므로 걸을 때는 발바닥에 '집중한다'는 말보다는 발바닥에 의식을 '둔다'는 말이 수행에 도움이 됩니다. 그 이유는 고정된 대상에 대해 집중한다는 것은 타당하지만 움직이고 있는 대상에는 집중하기 어렵기 때문입니다. '집중'한다는 것은 대상에 맞추어서 그 대상과 일치시키기 위해 힘을 써야 합니다. 하지만 '둔다'는 것은 물건을 내려놓듯이 힘이 들지 않고, 대상에 정확하게 일치시킬 필요도 없습니다. 움직이는 대상과 어긋나더라도 대상을 하나의 영역으로 보고 그 범위 안에서 벗어나지 않게 하면 됩니다. 즉, 발바닥의 감각에 의식을 둔다면 의식이 발바닥이라는 영역에서 벗어나지 않게 하는 것입니다. 이것이 집중명상인 사마타의 첫걸음입니다.

처음부터 의식을 발바닥과 손가락과 정수리에 동시에 두고 걸어가기는 어렵습니다. 때문에 처음에는 의식을 발바닥에 두고 그 다음은 손가락, 그 다음은 정수리, 그 다음은 발바닥과 정수리에 의식을 동시에 두고 걷습니다. 발바닥과 정수리 사이에 마음의 공간이 생깁니다. 익숙해지면 온몸 전체가 보입니다. 그 다음은 손가락 끝도 발가락, 정수리와 함께 두는 순서로 명상합니다. 의식을 발바 닥에 두고 정수리와 손가락 끝에도 동시에 두게 되면 의식의 공간 영역이 넓어지면서 분별이 없는 무분별 상태가 됩니다. 즉, 사물을 볼 때, 다양한 사물이 한눈에 다 들어오듯이 발바닥, 손가락 끝, 정 수리도 마음의 눈[心眼]에 들어와야 합니다. 그런데 의도적으로 세 군데 마음을 두면 마음이 세 군데로 왔다갔다 하며 세 곳을 동시에 두기가 어렵습니다. 그러다가 의도의 힘보다 보는 마음[心眼]이 거 울같이 발전해 가면서 세 곳에 마음을 두는 것이 쉬워지고 온몸이 한눈에 들어오기 시작합니다. 마음의 공간이 확장되는 것이며 무 분별의 맑은 마음거울이 드러나는 것입니다. 마음은 표층의식과 심층의식 모두를 뜻하는데 여기서의 마음은 표층의식입니다..

1. 자비경선 걷기명상의 온몸 신경총 풀기

자비경선을 하기 전에 온몸 신경총 풀기를 해야 합니다. 온몸 풀 기는 몸의 신경총을 활성화합니다. 특히 경선할 때는 발과 발가락 을 강화해 두어야 합니다. 산행할 때 발과 발가락 움직임에 관여하 는 발 근육이 약하면 보행과 균형 잡기가 잘 안됩니다. 근력 약화 로 인한 발목 염좌가 만성화되면 통증은 물론 발목 관절염까지 이 어질 수 있습니다. 이렇게 되면 낙상 위험이 커지며 일상생활의 활 동량이 줄어들게 됩니다. 따라서 자비경선의 예비운동으로 온몸 풀기는 반드시 해야 합니다.

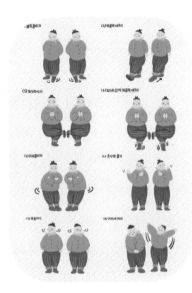

1) 발 부분의 신경총 해방시키기

다리 풀기운동 중에 발가락 끝의 신경총을 풀어주는 것은 발가락 끝에 의식을 두기가 좋기 때문입니다.

① 먼저 왼발과 오른발을 번갈아 가면서 발목 돌리기를 여러 차례 하면서 발목을 유연하게 합니다. 경선할 때 발목이 삐는 것을 방지해 줍니다.

② 두 다리의 뒤꿈치를 20~30초 동안 세우기 합니다.

③ 왼발과 오른발을 번갈아 가면서 뒤꿈치 세우기를 반복합니다.

④ 한 발을 앞으로 조금 내서 발가락으로 땅을 빠르게 힘껏 쳐서 발가락에 힘을 주고 앞으로 끌어당기면서 순간적으로 발등과 발목을 쭉 폅니다. 왼발과 오른발을 번갈아 가면서 반복합니다.

2) 외다리 서기로 신경총 풀기와 균형감각 키우기

⑤ 그 다음에는 외다리 서기입니다. 외다리 서기를 하면서 허리를 쭉 펴주고 합장합니다. 외다리 서기를 하는 이유는 평형감각을 높이고, 유지하고, 다리 힘을 기르기 위해서입니다. 그리고 경선하기 전에 발바닥 감각 알아차리기를 연습하는 것입니다.

외다리 서기는 첫째, 산행이나 등산할 때 평형감각을 길러줍니다. 산은 바닥이 울퉁불퉁하거나 좌우의 경사면이 있기 때문에 몸의 평형을 잡지 못하면 쉽게 넘어질 수 있습니다. 항상 경선하기 전에 다리 풀기를 실시하고 평소에도 연습해 둡니다. 둘째, 외다리 서기를 하면 다리 근육이 단련되어 다리 힘이 길러집니다. 이것 역시 산행할 때에 몸을 지탱하기 위해 필요합니다. 셋째, 외다리로 섰을 때 발바닥 감각을 보다 쉽게 알아차릴 수 있기 때문에 경선 시작 전에 발바닥 감각 알아차리기를 미리 연습해 두는 것입니다. 발바닥 감각 알아차림의 경험이 경선할 때의 감각 알아차리기에 그대로 적용됩니다.

⑥ 외다리 서기가 익숙해지면 첫째, 외다리로 선 채로 뒤꿈치를 세우고 합장하고 서있습니다. 이를 왼쪽, 오른쪽 번갈아 합니다. 둘째, 외다리로 선 채로 뒤꿈치를 세우고 다른 편 다리를 앞뒤로 흔듭니다. 이를 왼쪽, 오른쪽 번갈아 합니다. 셋째, 외다리로 선 채로 뒤꿈치를 세우고 10초 정도 뜀뛰기를 합니다. 이를 왼쪽, 오른쪽 번갈아 합니다.

3) 허리 부분 신경총 풀기

⑦ 양손으로 허리를 잡거나 또는 팔짱을 낀 채 허리를 좌우로 크게 원을 그리듯이 한두 바퀴 돌려줍니다. 지팡이(등산용 스틱)를 몸 앞에 짚고 허리를 좌우로 크게 돌려주는 방법도 있습니다.

4) 손가락 신경총 풀기

손가락 끝이 예민합니다. 그러므로 손가락 끝의 감각에 의식을 두기가 쉽습니다. 손가락 끝의 감각에 의식을 두면 심장박동이 부드러워집니다.

⑧ 주먹을 꽉 쥐고 손가락 하나하나를 힘있게 폅니다.

⑨ 몸을 쭉 펴고 팔다리를 뻗어 기지개를 켜면서 하늘로 두 손끝에 힘을 주면서 뻗어줍니다. 기지개는 두 번 켭니다.

2. 안과 밖이 백법白法으로 하나 되기

'안과 밖이 백법白法으로 하나 되기'는 상징적인 의미가 있습니다. 마음의 본성은 안과 밖이 없고, 주객이 없고, 미혹과 깨달음이 평등하고, 다양한 세계가 본래 하나인 줄 알고 하는 것입니다.

마음의 본성은 거울과 같고, 허공과 같으며, 생로병사가 없는, 청정한 본래 깨달은 성품[性淨本覺]입니다. 마음은 육체나 물질과 상대되는 것이 아니라 일체 모든 것이 마음 자체 성품입니다. 따라서 바깥의 대상경계는 나와 둘이 아닙니다. 그러나 중생의 눈에는 바깥의 모든 존재가 독립적 실체로 다른 것과 분리되어 내 밖에 따

로 존재하는 것으로 보입니다. 그것은 탐욕과 성냄과 어리석음에 영향을 받기 때문입니다. 그러므로 경선鏡禪으로써 마음의 본성이 본래 안과 밖이 없고 주객이 없는 이치를 발견하는 것입니다. 그 첫 걸음이 '안과 밖이 하나 된 백법白法 되기'입니다. 이것은 경선을 통해 탐·진·치를 제거하고 본래 청정한 마음을 회복하여 생로병사에서 벗어나는 것입니다.

탐·진·치는 우리 몸을 스트레스에 빠지게 합니다. 스트레스는 몸 안에 탁한 기운이 생기게 하고, 탁한 기운은 의식에 영향을 주어서 부정적인 감정과 생각인 번뇌망상이 끊임없이 일어나게 합니다.

몸과 마음은 상호의존하고 있습니다. 몸의 구성요소인 흙(피부, 뼈 등), 물(침, 피 등의 체액), 불(차고 더움의 체온), 바람(말하고 생각하고 몸을 움직이게 하는 에너지) 중에서 바람의 요소는 의식에 영향을 주어서 마음을 움직입니다. 특히 의식이 번뇌에 오염되어 있다면 바람의 요소의 영향으로 근본 번뇌인 탐욕과 성냄과 어리석음과 의심, 교만, 삿된 견해를 일으킵니다. 그 밖의 근본 번뇌에서 파생하는 다양한 번뇌들이 일어납니다. 이와 같은 번뇌, 망상으로 인하여 삶의 괴로움은 끝나지 않습니다.

또한 마음이 있는 곳에는 기운의 흐름이 있습니다. 번뇌에 오염된 의식에 의해 일어나는 기운은 바로 탁한 기운입니다. 그래서 코로 백법을 들이마시고 입으로 탁한 기氣를 토해 냅니다. 몸은 신선한 공기로 활력을 얻고, 마음은 안과 밖이 하나의 백법으로 되었다고 생각합니다. 불이不二의 성품이 청정한 본래 깨달음이기 때문입니다. 백법白法으로 하나의 마음 상태로 경선을 이어갑니다.

○ 발바닥에 의식을 두고 출발하여 다음 코스 장소에 도착합니다.

○ 뒤로 몸을 약간 젖히고 마음속으로 '우~' 하고 코로 신선한 공기의 백법을 들이마시고 배가 항아리같이 빵빵하게 합니다.

○ 앞으로 몸을 약간 굽히면서 입을 벌리고 마음속으로 '하~' 하고 탁한 기운을 뿜어내고 배가 공기주머니가 꺼진 것 같이 합니다.

○ 탁한 기운은 밖의 백법을 만나 사라진다고 생각합니다. 뿐만 아니라 탐진치의 번뇌도 사라진다고 생각합니다.

○이와 같이 세 차례 합니다.

○안과 밖이 백법으로 하나 된 상태라고 생각하고 다음의 경선 방법으로 걸어갑니다.

3. 도장 찍듯이 걸어가기

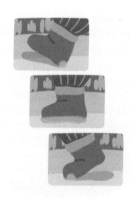

○위와 같이 예비운동을 마친 후 본격적으로 경선을 하게 되는데 주의할 것은 발을 땅에 디딜 때 뒤꿈치가 땅에 먼저 닿게 한 뒤 엄지발가락과 나머지 발가락까지 땅에 닿게 하는 것이 좋습니다. 항상 의식이 발바닥에서 벗어나지 않게 해야 합니다.

○의식이 발바닥에서 벗어나지 않게 하는데도 잘 안 될 때는 발 뒤꿈치가 먼저 바닥에 닿고, 다음에 엄지발가락까지 닿게 걷되 마치 도장 찍듯이 걸어갑니다. 이렇게 발바닥 감각에 의식을 두고 도장 찍듯이 걸어가기를 하면 발바닥 감각 알아차리

기가 쉬워집니다. 발바닥의 감각이 선명하게 드러나기 때문입니다. 뿐만 아니라 집중력이 생기고 잡생각이 현저히 줄어들고 건강해집니다. 이때 도장찍기 하면서 발바닥 감각이 딱딱하다면 딱딱하다고 알아차리고, 부드러우면 부드럽다고 알아차리고, 통증이 있으면 통증이 있다고 알아차리면 더 좋습니다. 발바닥과 손가락, 정수리에 의식을 두고 걸을 때도 반드시 이와 같이 실천해야 쉽게 몸과 한 공간을 이룹니다.

4. 경선정원에서 오솔길을 지나 시냇물까지 이르는 이미지를 떠올리고 다짐하기

○먼저 나무에 기대거나 나무 아래에 앉아 좌선 자세를 취합니다.

○ 경선정원에서 오솔길을 지나 시냇물까지 이르는 이미지를 연상으로 떠올려 봅니다.

○ 정원에서 자기가 좋아하는 꽃들과 나무들을 영상화합니다. 꽃은 반드시 열매를 맺기 때문에 수행하게 되면 깨달음이라는 결과를 얻는다는 것과 그 깨달음으로 지각 있는 존재를 돕는다는 뜻을 동시에 가집니다.

○ 길을 따라 나타나는 시냇물을 건너고 오래된 나무숲의 사유 통찰의 명상정원을 떠올리고, 명상정원 속에 위치하고 있는 아늑하고 아름다운 경각정鏡覺亭을 그려봅니다. 경각정은 깨달음의 순간을 비유하는 이미지입니다.

○ 정원에서 경각정으로 가는 길은 오솔길이며, 그 오솔길은 경선명상의 길입니다. 오솔길은 고요함의 표현으로, 고요함은 경선鏡禪의 길을 열어주는 것입니다.

○ 자량도에서 서원을 세웁니다.

토끼잠 깨어나
복덕 지어지길

원숭이 들뜸
가라앉아
지혜 쌓이길

5. 행경선 - 의식을 발바닥과 정수리, 손가락 끝에 두고 걸어가기 - 사마타의 첫걸음

사마타는 집중명상입니다. 의식을 발바닥에 두고 발바닥의 영역에서 벗어나지 않게 사띠(sati)하는 것은 사마타입니다. 걷기선명상을 처음 한다면 의식이 발바닥의 영역에서 벗어나지 않게 해야 합니다. 발바닥의 감각을 알아차리고 있으면 의식이 발바닥의 영역에서 벗어나지 않게 됩니다. 발바닥의 이미지가 보일 때까지 명상하는 것이 중요합니다.

발바닥의 이미지가 보일 때는 찰나삼매가 생긴 것이며, 이때 비로소 마음의 눈이 생겨서 감각의 생김과 사라짐을 관찰하는 것이 가능해집니다. 이후 삼매를 의지하여 지혜가 일어나 생사生死에 머물지 않는 경지까지 갑니다. 마음의 눈[心眼]은 마음거울입니다.

1) 경선 수행자를 방해하는 방해꾼을 생각하고 걷기명상하기

알아차림의 명상정원은 명상의 목적과 명상의 방해꾼이 무엇인지를 알게 하는 과정임을 생각하고 기억합니다. 걸어가다가 쉴 때는 쉼경선과 좌경선을 하고, 다시 걸어갈 때는 행경선을 합니다.

알아차림의 경선정원에서 오솔길을 지나 시냇물까지 이르는 과정에서 명상의 방해꾼인 탐욕의 열매, 산란하게 하는 새, 혼침의 토끼와 들뜸의 원숭이들에게 눈길을 주지 않고 의식이 발바닥에서 벗어나지 않게 하는 것이 중요합니다. 걸어가면서 잡생각이나 감정이 일어나면 즉각 의식이 발바닥의 영역에서 벗어나지 않게 하고 걸어갑니다. 방해꾼은 모두 집중명상인 사마타와 분석명상인 위빠사나를 장애하기 때문입니다.

2) 의식을 발바닥과 정수리, 손가락 끝에 함께 두고 걸어가기

하나의 대상을 인식할 때 그 대상 전체를 인식하는 전체의식[心王]이 있고 그 대상의 모양, 색깔 등의 부분을 인식하는 의식의 작용[心所]이 있습니다. 의식을 발바닥과 정수리에 동시에 두고 걸으면 머리부터 발끝까지 한눈에 보입니다. 의식을 발바닥과 정수리에 동시에 두는 이유는 거울에는 다양한 현상이 비치듯이 대상 전체를 인식하는 전체의식이 드러나도록 하는 것입니다. 전체의식이 드러나도록 걷기명상 경선鏡禪을 계속하면 번뇌로부터 오염된 전체의식이 정화되어갑니다. 궁극에는 마음의 청정한 본성인 마음거울을 회복하는 것입니다.

의식을 발바닥과 정수리에 동시에 두고 걸으면 마음 의식의 작용이 발바닥과 정수리로 왔다 갔다 빠르게 움직입니다. 이 마음은 부분을 인식하는 의식의 작용입니다. 하지만 두 곳의 영역에 집중하려고 하지 않고 사물이 거울에 비치듯이 수동적인 상태를 유지하면 다양한 모양의 사물이 거울에 다 비치듯이 두 영역이 하나의 영역으로 보이게 됩니다. 이 인식은 전체의식입니다. 그래서 결국 한 공간의 한 마음 됩니다. 대상 전체를 인식하는 전체의식의 영역이 저절로 넓어지기 때문입니다.

마음 자체가 모양과 색깔이 없는 무형의 공간이라고 생각하고, 의식을 발바닥에서 둔 상태에서 동시에 정수리에 두면 발바닥에서 정수리까지 고무줄 늘어나듯 자연스럽게 영역이 확장되고, 이어서 손가락에 두면 의식이 끊어지거나 분리되지 않고 한 공간 상태로 동시에 의식을 두게 됩니다.

발바닥과 정수리에 동시에 두기가 어려우면 순서를 바꾸어서 탑을 쌓아 올리듯이 발바닥에 의식을 둔 상태에서 발가락 끝과 손가락 끝을 꼭짓점으로 하여 동시에 두고 그 다음에 정수리로 공간을 연결시켜 한 공간 상태로 둡니다.

발바닥과 정수리에 동시에 두기가 익숙해지면 의식을 발바닥과 정수리, 손가락에도 동시에 두고 걸어갑니다. 이때 탑이 우뚝 서 있듯이 의식이 몸과 한 공간을 이루게 됩니다. 한 공간을 이루게 되면 무분별 상태가 되어 번뇌망상이 훨씬 줄어들거나 일어나지 않습니다. 무분별은 마음의 고요인 선정禪定을 닮아 있습니다. 그래서 무분별은 선정을 얻는 데 최적의 조건입니다. 또한 지혜를 얻는 바탕이기도 합니다.

처음 코스를 출발하여 끝날 때까지 한 생각도 일어나지 않는 것을 원칙으로 삼아서 경선鏡禪을 하면 온몸을 거울로 비쳐 보듯이 한 공간을 이룰 때 한 공간이 거울이 되고, 한 공간을 비춰보는 무분별의 마음거울이 분명해집니다. 설령 한 공간 상태에서 잡생각이 일어나더라도 잡생각이 허공에 떠 있는 것 같이 객관적으로 보입니다.

세 개의 열매가 한 가지에 달려 있어
한 가지 듦으로 세 개 열매 함께 들듯
발바닥, 정수리, 손가락 끝에 의식 두고 걷노라면
몸과 맘이 한 공간을 이루어서
온몸 거울 한마음으로 나타나리.
걷는 순간 분별심 멈추고 잡생각 사라져
한 생각 일어남 없이 오롯이 깨어 걷네.
주변 환경과 한 공간 이룬다면
한라산, 가야산, 백두산을 동시에 걸음이요
지구동네 걷는 동안 우주와 한 공간 이룬다면
달동네도 같이 걷고 금성, 화성 동네도 같이 걷네.
안드로메다 은하도 한 걸음이라오.

의식을 발바닥과 정수리, 손가락 끝에 두고 걸어가기에는 '코스 따라 체험하기'와 '익숙해지기를 차례로 익히기'의 두 단계가 있습니다.

(1) 코스 따라 체험하기

의식을 발바닥에 두고 발바닥의 영역에서 벗어나지 않게 합니다. 발바닥 감각 알아차리기까지 하면서 걷는다면 더 좋습니다. 즉, 한발씩 천천히 걸으면서, 걷는 각 발걸음마다 발바닥을 마음의 시선으로 주시하며 떼고, 나아가고, 디디는 감각을 알아차려 보십시오. 자연스럽게 걸으면서 의식을 발바닥에 두고 순간순간 감각을 체크하며 걸어봅니다. 발바닥 감각을 체크하다가 잡생각이나 망상이 일어나면 즉각 알아차리고 다시 발바닥으로 의식을 두면 됩니다. 사물에 마음이 끌려서 흘러가거나 혹은 신체 다른 곳에 자극이와서 그쪽으로 마음이 옮겨가는 경우, 그 즉시 알아차리고 다시 발바닥에 의식을 두면 됩니다.

○ 출발할 때는 숨을 들이쉬고 내쉬면서 어깨에 힘을 빼고 허리를 펴주거나 척추를 곧게 세우고 걷습니다.

○ 첫 코스는 발바닥에 의식을 두고 걸어갑니다. 의식이 발바닥의 영역에서 벗어나지 않게 하는 것이 중요합니다.

○ 의식이 발바닥의 영역에서 벗어나지 않게 하는 것이 곧 알아차림(sati)입니다. 의식이 발바닥의 영역에서 벗어나지 않게

하면 과일과 새의 유혹을 잠재울 수 있습니다. 마음 들뜨는 원숭이도 발바닥의 감각을 알아차림으로써 제거합니다.

○ 혼침의 토끼는 무명의 모습입니다. 혼침의 상태에서 의식을 깨울 때는 걸으면서 발바닥 감각을 체크하다가 잡생각이나 망상이 일어나면 즉각 알아차리고 다시 발바닥으로 의식을 두면 됩니다. 사물에 마음이 끌려서 흘러가거나, 혹은 신체 다른 곳에 자극이 와서 그쪽으로 마음이 옮겨가는 경우, 그 즉시 알아차리고 다시 발바닥으로 의식을 두면 됩니다.

○ 그 다음 코스까지는 의식을 정수리에 두고 걷습니다.

○ 그 다음 코스까지는 엄지와 검지를 둥글게 붙이고 손가락의 감각에 의식을 두고 걷습니다.

○ 그 다음 코스까지는 코스를 반복하면서 걷기명상을 합니다.

이와 같이 걷기선 명상으로 산란심을 일으키는 과일과 새, 들뜸의 원숭이 그리고 혼침의 토끼라는 번뇌를 제거하면서 걸어갑니다. 그러면 수행의 길이 분명하게 보이고 고요해집니다[三昧]. 고요한 가운데 의식이 현재 이 순간에 늘 깨어납니다. 길에서 길로 점점 상승하게 하는 것은 삼매입니다. 삼매 속에서 지혜와 자비가 계발되고 정신적 성숙이 일어납니다.

(2) 익숙해지기를 차례로 익히기

○ 출발할 때는 숨을 들이쉬고 내쉬면서 어깨에 힘을 빼고 허리

를 펴주거나 척추를 곧게 세우고 걷습니다.

○ 의식을 발바닥에 두고 걸어갑니다. 의식이 발바닥의 영역에서 벗어나지 않게 하는 것이 중요합니다. 이 상태가 익숙해지게 명상합니다.

○ 의식을 발바닥과 정수리에 함께 두고 걷습니다. 이것이 익숙해지면 온몸이 보이기 시작합니다. 이 상태가 익숙해지게 명상합니다.

○ 의식을 발바닥과 정수리와 손가락 끝에 함께 두고 걷습니다. 의식을 발가락과 정수리와 손가락 끝에 함께 둔 만큼 의식의 공간이 넓어진 것입니다. 집중력이 생기면서 잡생각이 현저하게 줄어듭니다. 이 상태가 익숙해지게 명상합니다.

○ 의식을 발바닥·정수리·손가락 끝에 동시에 두고 걷습니다. 익숙해지기 시작할 때는 머리부터 발바닥까지 온몸이 한눈에 들어옵니다. 그만큼 의식의 공간이 넓어진 것입니다. 익숙해지면서 의식이 확장되면 될수록 마음은 평안해지며 잡생각과 망상이 사라지고 의식이 깨어있게 됩니다. 삼매와 지혜가 생길 바탕이 마련됩니다.

○ 이와 같은 경계에 이르게 되면 의식을 발바닥에 두기만 해도 정수리와 손가락에 동시에 의식이 가게 됩니다. 굳이 발바닥, 정수리, 손가락 끝에 동시에 둘 필요가 없습니다. 또한 의식을 정수리에 두기만 해도 자연스럽게 온몸이 다 보이게 됩니다. 의식이 어떤 사물을 인식하더라도 그 사물에 끌려가지 않

고, 산만하거나 부분만을 인식하거나 하는 상태가 아닌 전체 의식 하나인 상태가 되기 때문입니다.

○ 한발 더 나아가서 점점 더 익숙하게 되면 걸을 때 발바닥이 보이면서 발목, 종아리, 근육의 움직임, 무릎, 허벅지, 골반, 몸통, 팔, 머리까지 상호의존하고 연결되어 맞물려 움직이는 무상과 독립된 것이 없는 무아가 드러나며, 감각, 감정, 생각 등이 영화를 보듯이 한눈에 보이면서 생기고 사라지는 무상無常, 형상은 변하기에 불만족한 고苦, 변하고 불만족스러움을 내 뜻대로 바꿀 수 없는 무아無我를 이해하는 지혜가 생깁니다. 이와 같은 경계를 알면서 행하게 되는 것을 바른 앎(sampajānāti)이라고 합니다.

□ 위와 같은 순서로 차례로 행하면서 걷습니다. 처음에는 잘되지 않더라도 발바닥·정수리·손가락 끝에 의식을 두려고 노력하는 자체가 집중력을 생기게 합니다. 걷다 보면 어느 순간 됩니다. 노력하지 않아도 저절로 몸과 한 공간을 이루는 때가 찾아옵니다. 주의할 점은 수행 방법이 익숙해지면 잡생각, 망념이 침범할 수 있음을 경계해야 합니다.

3) 체험을 자가 점검하기

자가 점검으로 명상 중에 명상이 되는지 안 되는지를 판단할 수 있습니다. 바로 명상효과를 알아차리는 것입니다. 명상효과를 알면 수행진전이 일어납니다. 나타나는 현상에 대한 이해가 생기면서 앞으로 어떻게 명상을 하면 어떤 결과가 올 것인지를 알 수 있기 때문입니다. 즉 불사不死에 이르는 길을 알게 됩니다.

출발할 때 숨을 들이쉬고 내쉬면서 어깨에 힘을 빼고 허리를 펴주거나 척추를 곧게 세우고 걷게 되면 어깨에 힘이 들어가지 않기 때문에 온몸이 이완상태가 되며 잡생각, 망상도 적어지고 어깨가 굳어지는 병도 사라집니다.

발바닥, 손가락 끝, 정수리에 의식을 두는 명상은 사마타입니다. 의식을 정수리에 두면 정수리에 머물지 못하고 의식이 밖으로 도망갑니다. 그러나 의식을 정수리에 두고 발바닥(또는 손가락)의 감각 알아차리기를 하면 의식이 밖으로 도망가는 것을 막을 수 있습니다. 발바닥·정수리·손가락 끝에 의식을 동시에 둘 수 있게 되면 몸이 매우 가벼워지며 온몸이 한눈에 들어오는 현상이 일어납니다. 의식이 몸과 한 공간이 되었기 때문입니다. 흙탕물을 가만히 두면 흙은 가라앉고 물 전체가 저절로 맑아지는 것처럼 발바닥부터 머리끝까지 온몸이 한 공간이 되고 온몸이 한 공간으로 비칩니다. 그래서 처음 코스를 출발하여 끝날 때까지 한 생각도 일어나지 않는지를 살핍니다. 한 공간이 거울이 되는지 살핍니다. 한 공간 상태에서 잡생각이 일어나더라도 잡생각이 허공에 떠 있는 것 같이 객관적으로 보이는지 살핍니다.

(1) 걸으면서 생기는 다섯 가지 기운과 관련해서 일어나는 효과를 '자가 점검'하기

다섯 가지 기운과 관련하여 일어나는 현상을 자가 점검하여 알아차립니다.

[하행기] 의식을 발바닥에 두고 걸으면 하행기下行氣가 왕성해지면서 관절이 부드러워지고 걷는 다리와 발에 힘이 생깁니다. 발이 찬 현상이 사라집니다.

[상행기] 의식을 정수리에 두고 걸으면 다양한 감각이 생깁니다. 그러나 감각이 없어도 명상 현상이 나타납니다. ①몸이 가볍고 ② 미간이 펴지고 감기는 눈이 떠지며 ③입으로 호흡하는 것이 없어지면서 호흡이 편안해지며 ④트림이 나오며 ⑤막힌 명치 부분이 뚫리는 현상이 생기며 ⑥허리가 펴지며 ⑦머릿속이 텅 빈 것 같은 현상과 머리가 사라지는 현상이 나타납니다.

현상은 느낌입니다. 이와 같은 현상은 상행기의 기운이 왕성하게 일어나면서 생깁니다. 즉, 말을 할 때 힘이 넘치거나 안색과 피부가 윤택해지는 것을 보면 알 수 있습니다. 그리고 기억력이 좋아지고 인내심과 끈기가 생기고 활동성과 근면성이 향상되는 등 완성한 생명력이 생깁니다. 의욕이 상승하며, 탐욕으로 인하여 상처받았다면 그 상처가 치유됩니다.

[변행기] 발바닥, 손가락 끝, 정수리에 의식을 두고 걸으면 변행기 遍行氣가 왕성해지면서 몸이 가벼워집니다. 즉, 걸으면서 피로가 풀리고 가벼워지므로 건강해집니다. 이유는 기운이 가슴에서 시작하여 팔과 다리 끝, 머리끝까지 몸 전체에 퍼져서 혈액을 맑게 하고 분노와 증오심에 의해 생긴 상처가 치유되기 때문입니다. 또 다른 설로서는 사지를 움직이고, 사지의 이완과 수축, 그리고 입과 눈을 열고 닫는 기능이 활발해집니다. 특히 의식을 손가락 끝에 두고 걸을 때는 심장박동이 부드러워지고 냉기가 흐르던 손의 차가운 현상이 사라집니다.

[등주기] 발바닥과 배꼽에 의식을 동시에 두고 걸으면 등주기等住氣가 왕성해지면서 음식이 잘 소화되고 신진대사가 활발해지며, 배의 차가움이 사라집니다. 그리고 지나치게 자존감이 강하거나 고집이 센 성격이라면 고집과 자만이 없어지고 평등하게 보는 마음이 생깁니다.

[지명기持命氣] 정수리에 의식을 두고 걷거나 의식을 발가락, 손가락, 정수리에 동시에 두고 걸으면 심장과 정수리에 있는 생명유지의 기운이 왕성해집니다. 생명유지의 기운은 마음의 안정과 집중력이 생기게 하고 의식과 감각이 명료하게 하며 사유가 지속되게 하고 지혜를 증장시킵니다. 그리고 눈, 귀 등의 감각기관이 밝아지게 합니다.

(2) 걸으면서 마음의 영역에서 생기는 효과를 자가 점검하기

우리는 부분을 분별하는 데에 익숙합니다. 하지만 걷기선 명상을 하면 의식의 공간이 넓어지고 전체를 보는 마음의 힘이 길러집니다. 마음에 눈이 생겨 감정, 생각을 객관적으로 볼 수 있고 마음에 여유와 자유로움, 창의적인 발상의 전환을 할 수 있는 능력이 길러집니다.

자비경선을 통해 신체 자극을 즉각 즉각 알아차리는 훈련을 계속하다 보면 잡다한 생각이나 감정이 차단되어 의식이 명료해지고 마음이 순수해집니다. 우리의 감정이 부드러워지고 의식이 명료해질 때 일상이 행복해지고 마음이 넓어지는 것입니다.

또한 걸으면서 의도하는 마음을 쉬어줌에 의하여 몸이 상호의존 관계에 있는 발목, 종아리, 근육의 움직임, 무릎, 허벅지, 골반, 몸통, 팔, 머리로 연결되어 있음을 체험하게 됩니다. 몸은 땅, 나무, 숲, 하늘 등 자연환경과 서로서로 밀접하게 연결되어 있음을 인식할 수 있습니다. 더 확장하면 우주와 하나로 연결되면서 의식의 공간이 한없이 넓어집니다. 또한 지각있는 모든 존재들의 평안과 행복을 빌어주어야겠다는 인식이 생기기도 합니다. 이밖에 집중력이 생기고, 전체를 보는 마음의 힘이 길러집니다. 당연히 마음의 평안과 창의력, 아이디어가 생기고 잠재되어 있던 삼매와 지혜가 계발됩니다. 이것은 여러 측면에서 사회생활의 능력을 향상시킵니다. 즉, 실제 생활에서 다른 사람과 연결된다는 의식이 더 강화됩니다. 사교적 인간관계가 형성되고 타인과의 공감능력이 향상됩니다. 연민심이 더욱 커집니다. 그리고 외로움을 덜 느끼게 됩니다.

6. 좌경선 – 의식 깨어나는 경선鏡禪

양손을 펴서 왼쪽 손바닥을 위쪽으로 편 상태로 오른손을 그 위에 두고 양손을 겹쳐 엄지손가락을 서로 맞닿게 합니다. 포갠 두 손을 배꼽 바로 밑 가운데에 놓은 후 팔을 몸에 붙이지 말고 주먹 하나 정도 띄우고[21] 등뼈는 곧게 세웁니다. 혀는 입천장에 붙이고 [22] 턱 끝을 당긴 후 코와 배꼽과 배꼽 아래 맞닿아 있는 엄지손가락, 이 셋이 반듯하게 일자가 되게 합니다. 시선은 먼 곳에 두어 의식이 밖으로 확장된 채로 잠시 두다가 눈을 감습니다.[23] 이렇게 앉아 있는 모습을 한 번 인식하고[24] 좌경선에 들어갑니다.

다음, 머리부터 목, 어깨 등으로 차례로 내려가면서 몸에 힘을 쭉 뺍니다. 물병의 물이 아래로 수위를 낮추면서 빠져나가는 것을 연상하면 쉽게 힘이 빠져나갑니다. 이때 허리는 꼿꼿하게 세워야 합니다. 몸에 힘이 들어 있는 것은 망상이 일어나기 쉬운 조건이 되기 때문에 몸에서 힘을 빼는 것이 중요합니다. 몸에서 힘을 빼면

---

21 팔을 몸에 붙이면 좌선 중에 몸이 좌우나 앞뒤로 기울어지거나 졸음이 올 수도 있습니다.

22 숨쉬기가 편안해집니다. 특히 회음부에서 정수리까지 곧게 이어져 있는 중앙의 관管이 있는데, 그 중앙의 관으로 흐르는 생명의 기운이 원활하게 되어 졸음이 없어지고 정신이 맑아집니다.

23 화두를 참구할 때는 눈을 반쯤 감고, 반쯤 뜨고 합니다. 그러나 관찰 대상이 몸일 경우는 눈을 감고 하는 것이 집중이 잘됩니다.

24 이 한 번의 인식이 좌선 중에도 자세를 흐트러지지 않게 합니다.

몸과 마음이 편안해져서 자연스럽게 수행할 수 있습니다. 이어서 발가락 끝, 정수리, 손가락 끝부분의 감각에 의식을 두어 동시에 집중합니다. 마칠 때는 눈을 뜨고 시선을 밖으로 펼친 채로 잠시 가만히 있습니다. 그리고 좌경선을 끝냅니다.

좌경선은 마음을 펼치고 거두는 것과 발가락, 정수리, 손가락의 감각에 의식을 두어 집중하는 것을 주로 하는 자비경선慈悲鏡禪 방법 중의 하나입니다. 마음이 펼쳐지고 거두어지는 것이 분명하게 인식되면 마음이 길들여지며 자재할 수 있는 힘이 생깁니다. 즉, 비윤리적인 행위가 일어날 때 비윤리적인 마음을 거둘 수 있게 됩니다. 예를 들어 살생하고자 하는 마음이 일어나면 곧 살생하고자 하는 마음을 거두어 멈추고 쉬는 것입니다. 비난을 받거나 스트레스를 받아도 밖으로 향해 있던 의식을 발바닥, 정수리, 손가락 끝에 두는 방법을 사용해서 곧 마음을 안으로 거둘 수 있게 됩니다.

명상의 힘이 좋아지기 시작하면 마음을 거두고 펼치더라도 마음이 거울같이 깨어있음을 분명하게 알게 됩니다. 또한 깨어있는 의식인 맑은 마음거울이 눈을 뜨나 감으나 바뀌지 않음을 체험할 수 있습니다.

온몸을 거울같이 비추어서 온몸이 거울같이 보이는 것이 여기서의 좌경선 경계입니다. 그리하여 한 생각도 일어나지 않는 상태를 유지합니다. 온몸이 보이면 전체의식이 분명해지고 온몸 전체를 보면서 부분을 보게 됩니다. 이처럼 좌경선은 전체의식이 자각되게 하며, 전체의식이 드러나면 이 마음을 집중대상으로 하여 마음의 본성으로 들어갈 수 있는 조건이 만들어집니다.

뿐만 아니라 마음이 움직이지 않게 할 수 있는 조건도 갖추어지며, 익숙해지면 전체의식인 마음을 자각하면서 움직이지 않게 할 수 있게 됩니다. 그리고 몸과 마음의 생기고 사라지는 현상을 분명하게 알아차릴 수 있는 조건이 됩니다.

그리고 의식을 엄지발가락과 정수리에 함께 두어도 좋습니다. 기운이 흐르는 통로가 양쪽 엄지발가락에서 시작하여 발뒤꿈치로 이어지고 꼬리뼈에서 만나 하나가 되어 척추를 타고 정수리로 이어집니다. 그래서 엄지발가락과 정수리에 의식을 함께 두고 집중하면 허리가 쭉 펴지는 현상이 일어납니다. 즉, 몸이 건강해지며 건강해진 몸을 통해 무상·고·무아·공을 깨달을 수 있습니다. 또한 의식을 엄지발가락과 정수리 그리고 손가락 끝부분에 함께 두고 집중하면 집중도가 높아집니다. 의식을 세 곳만이 아니라 배꼽을 추가하여 네 곳에 두어도 됩니다. 배꼽에 의식을 두면 등주기等住氣의 기운이 배양되면서 면역력이 증가하고 소화기능이 좋아집니다. 좌선시간은 가장 짧게는 10분 정도가 기본입니다. 주변의 환경에 따라 달라질 수 있습니다.

1) 의식을 산 능선에 걸쳐 두고 마음이 펼쳐진 상태에서 의도 멈추기
○나무 아래 또는 앉을 수 있는 자리에 앉아 좌선 자세를 취합니다.

○숨을 들이쉬고 내쉬면서 어깨에 힘을 빼고 척추를 곧게 세웁
니다.

○마음을 수동적인 상태로 유지한 채로 오감의 문을 엽니다. 마
치 문을 활짝 열듯이 합니다.

○눈에 들어오는 산 능선(멀리 있는 나무 등)에 시선을 둔 채로 보
이면 보이는 대로 내버려 두고, 들리면 들리는 대로 내버려
두고, 느낌이 있으면 느끼는 대로 내버려 두고, 감정과 생각
이 일어나도 알려고 하지 않고 내버려 두고, 그냥 가만히 있
습니다. 보려고, 들으려고, 느끼려고, 알려고 하는 의도를 멈
추고, 스위치를 끄듯이 멈추고 쉽니다. 10초에서 30여 초까
지 의도를 멈추고 쉽니다.

2) 마음을 안으로 거두어 집중하기

○ 눈을 감으면서 오감의 문을 닫고 마음을 안으로 돌립니다.

○ 혀는 가볍게 말아 입천장에 붙입니다.

○ 시선을 코끝에 잠시 둡니다.

○ 의식을 발가락 끝과 정수리와 손가락 끝에 동시에 둡니다. 세 곳에 동시에 둘 수 없을 때는 발가락 끝과 정수리에 동시에 둡니다. 아니면 발가락 끝과 손가락 끝에 동시에 둡니다. 정수리에 느낌이 없으면 의식을 두기 어렵습니다. 그때는 정수리에 연꽃이 피어있음을 영상화하여 의식을 두면 됩니다.

○ 온몸을 거울같이 비춰봅니다. 한 생각도 일어나지 않는 상태를 유지합니다.

○ 잡생각이 일어나면 세 곳에 의식을 동시에 두는 직전의 상태로 되돌아갑니다.

○온몸을 거울같이 지켜보는 것이 익숙하게 되면 의식을 발바닥에 두기만 해도 정수리와 손가락 끝에 의식을 저절로 두게 됩니다. 손가락 끝 또는 정수리에 의식을 두기만 해도 다른 두 곳에 의식을 저절로 두게 됩니다.

○이와 같이 온몸을 거울같이 지켜보는 것이 익숙하게 되면 의식을 세 곳 또는 배꼽을 추가한 네 곳에 둘 필요가 없습니다. 방편을 버립니다.

3) 마음을 밖으로 펼친 채로 멈추기

○ 천천히 눈을 뜨고 마음이 펼쳐진 상태로 가만히 멈추어 쉽니다.(10초에서 30초 이상)

4) 의식이 몸과 한 공간 이룸을 확인하기

5) 일상에서 행경선과 좌경선할 때, 마음 펼침과 거둠을 응용하기

○ 복잡한 도로를 걷더라도 의식을 발바닥, 손가락 끝, 정수리에 동시에 두고 걷습니다. 걸어가면서 의식이 다른 곳으로 옮겨 가는 순간순간 그 순간을 즉시 알아차립니다. 즉, 자동차 소리, 이웃분과 인사, 눈에 들어오는 새로운 뭔가가 생길 때 무엇인지를 알아차리고, 의식을 내 안으로 잡도리하면 금방 처음처럼 돌아와 있음을 알아차립니다.

○ 비난을 받거나 스트레스를 받을 때 밖으로 반응하는 마음을 알아차리고 안으로 마음을 거둡니다. 이때 의식을 발바닥에 두거나 배꼽, 손가락, 정수리에 둡니다. 그런데 반응을 놓치고 감정이 일어났을 때에도 그것을 알아차리는 즉시 의식을 발바닥에 두거나 배꼽, 손가락, 정수리에 두어서 감정을 멈추게 하면 됩니다. 생각이 일어났을 때에도 생각을 이와 같은 방식으로 멈춥니다. 앉을 때도 의식을 세 곳에 두는 연습을 합니다.

6) 자가 점검으로 체험을 알아차리기

■ 머리부터 발끝까지 온몸을 한눈에 볼 수 있을 만큼 의식의 공간이 넓어집니다.

■ 몸의 기운이 왕성하게 일어나 건강해지고 몸이 가벼워집니다.

■ 대인관계가 원만해집니다.

■ 공감 능력이 생깁니다.

■ 의식의 공간이 넓어져서 불안과 공포, 스트레스가 줄어듭니다.

■ 의식의 공간이 넓어짐은 전체를 보는 마음[心王]이 좋아졌다는 것입니다. 대상을 인식할 때 대상 전체를 보면서 동시에 대상의 부분[心所]을 보게 됩니다.

■ 의식의 공간이 넓어짐은 곧 마음에 눈이 생김을 뜻합니다. 마음의 눈은 감정, 생각을 객관적으로 볼 수 있고 자기감정과 생각으로부터 그만큼 자유로워지게 됩니다.

■ 집중력이 높아집니다.

■ 의식의 공간이 넓어짐은 곧 사물을 있는 그대로 거울같이 보는 힘이 생긴 것입니다.

■ 그러므로 마음이 쉬어지고 쉰 마음에 존재의 실상이 드러나서 지혜가 계발됩니다.

■ 또, 마음의 고요함 즉, 망상, 잡생각이 줄어들거나 사라져 삼매가 생기고 기쁨이 생깁니다.

6장

사마타와 위빠사나의 통합명상으로
마음을 멈추고 해체하는 행경선

발가락 끝, 손가락 끝, 정수리에 의식을 동시에 두고 걷다가 오르막이나 쉴 만한 장소에 이를 때마다 발가락 끝, 손가락 끝, 정수리에 의식을 두고 심장 뛰는 현상을 지켜보는 명상을 합니다.

1. 사마타로 마음 쉬고 멈춤을 이해하기

쉰다는 것은 대상에 반응하는 상카라[行]를 멈추고 쉬는 것입니다. 상카라는 형성력形成力으로서 선천적으로 일어나는 의도입니다. 의도가 감정이나 생각, 또는 의미 등과 결부되면 전혀 다른 것으로 왜곡되고 착각과 환영이 만들어집니다. 하지만 형성시키는 의도를 멈추면 마음이 평안해집니다. 그래서 마음을 쉰다는 것입니다. 의식의 공간이 넓어지면 마음이 쉬어져서 마음이 너그러워집니다. 즉, 발가락 끝, 손가락 끝, 정수리에 의식을 동시에 둠으로써 의도가 멈추어지고 의도가 멈추어짐으로써 의식의 공간이 온몸으로 넓어집니다. 그리하여 마음에 여유가 생기고 탐욕과 분노가 현저히 줄어들어서 마음을 쉬게 됩니다. 이와 같은 방법이 집중을 키워주는 사마타입니다.

또한 의식의 공간이 넓어짐은 곧 의식의 눈, 즉 마음의 눈이 생겼다는 것을 뜻합니다. 육안으로 볼 수 없는 감각, 생각, 감정 등의 심적 현상을 볼 수 있게 되는데, 심장이 뛰는 현상도 생김과 사라짐을 분명하게 볼 수 있습니다.

2. 위빠사나로 반응하는 마음 해체함을 이해하기 – 이치 이理로 잘못된 견해를 해체하기

발생과 소멸을 반복하는 심장의 뛰는 현상을 통해 우리의 몸은 그것을 이루는 팔과 다리, 몸통, 그리고 머리에 의존하고 있음을 알 수 있습니다. 마치 스스로의 힘으로 존재하는 것처럼 보이는 자신의 몸이 그것을 구성하는 각 부분인 팔, 다리, 몸통, 머리와 비교하여 같은지 다른지 점검해보면 명확해집니다.

이는 모든 현상에도 똑같이 적용됩니다. 우리는 위와 같은 방법을 통해 독자적인 현상을 찾을 수 없다는 것은 그 현상이 자신만의 힘으로 존재하지 않기 때문입니다. 따라서 자성이 무자성의 공으로 해체되며, 주재하는 자아인 유아有我가 무아無我로 해체됩니다. 또한 현상은 변치 않고 존재하는 것이 아니라는 것을 알게 됨으로써 유상有常이 무상無常으로 해체됩니다. 이때 자기 뜻대로 만족스럽지 않기 때문에 불만족스러운 고苦로 해체되는 고苦에 대한 지혜가 생깁니다. 이와 같이 무상·고·무아·공이라는 현상은 우리가 알고 있던 기존의 모든 현상과는 정반대의 모습을 보여줍니다.

그러나 이 말이 모든 유정이나 사물이 존재하지 않는다고 말하는 것은 아닙니다. 단지 유정이나 사물들이 우리 눈에 보이는 그 방식대로 존재하지 않는다는 의미입니다. 무엇인가를 잘 분석하고 명상할 때 우리는 사람들과 사물들이 우리가 실체적 존재로 인식해왔던 것과는 전혀 다른 방식, 즉 무상·고·무아·공이라는 방식으로 존재한다는 진실에 대해 잘 이해할 수 있을 것입니다. 그러한 이해가 없다면 현상의 진실인 무상·고·무아·공성과 겉으로 드러나는 모습은 서로 모순된 듯이 느껴집니다.[25] 이것이 사물과 사람 등이 항상하다는 유상有常, 즐거운 낙樂, 자아있음, 자체 성품이 있다는 자성自性이라는 견해를 해체시키는 위빠사나 명상의 역할이며 효과입니다.

이치 이理로 상카라(行)를 해체시키기

모든 현상은 생기고 머물고 소멸합니다. 물질적인 형태가 있고 색깔이 있는 것은 생기고 사라집니다. 정신적인 현상으로 느낌, 감정, 이미지나 생각도 생기고 사라집니다. 이를 항상함이 없어 무상無常이라고 합니다. 그러므로 지혜를 얻을 수 있는 방법은 생김과 사라짐, 즉 무상無常이라는 이치 이理를 관찰하는 것입니다.

심장 뛰는 현상을 통해 생김과 사라짐이라는 이치를 보게 됨으로써 잘못된 견해를 해체 시킬 뿐만 아니라 대상에 대한 애착을 일

---

25 달라이라마 가르침 / 편저 제프리 홉키스 / 옮긴이 이종복 『달라이 라마 죽음을 이야기하다』 p.p. 189~190 참조. 북로드

으키는 상카라를 해체시킵니다. 보이고 들리는 대상에 반응하는 것은 상카라입니다. 그 반응은 대상이 고정되고 분리되고 실체를 가지고 내 밖에 스스로 존재한다고 믿게 합니다. 또한 이 믿음이 진실을 모르는 무명無明을 다시 일으키며 이 무지에 의해 자연스럽게 일어나는 행行이 의도입니다.

일상생활에서 사람, 의복이나 책, 스마트폰 등의 전자기기, 자동차 등에 애착을 가지는 것은 상카라에 대해 구성된 것을 애착하는 것입니다. 왜냐하면 형성작용인 상카라는 사람과 물건에 감정과 견해를 덧붙이고 의미부여하고 다른 것과 결부시켜 실체와는 전혀 다르게 사람과 사물을 형성시키고 형성된 사람과 사물을 애착하기 때문입니다.

애착을 일으키는 상카라를 해체시키는 것이 곧 애착을 없애는 것입니다. 예를 들면 옷은 점점 색깔이 변하고 낡아서 언젠가는 버려야 할 물건이 될 것입니다. 이와 같이 옷은 오래 지속되지 않고 일시적인 무상無常이기 때문에 옷의 형상은 만족스럽지 않고 변한다는 불만족스럽다는 고苦로, 불만족한 것은 자기 뜻대로 주재할 수 없다는 것을 알아 불멸不滅의 자아가 있다는 유아有我를 고정불변의 실체가 없다는 무아無我로 해체하며, 고유한 실체로 인식되는 자성自性을 무자성無自性인 공空으로 해체합니다.

이와 같이 아는 지혜가 체득되면 물질적이든 정신적이든 어떠한 대상(모든 존재)을 만나더라도 반응하지 않고 모든 대상으로부터 자유로워집니다. 물론 겉으로는 대상에 반응하는 것으로 보이지만 그 반응은 바로 지혜입니다. 그러므로 의도(행-반응)를 해체시키는 방법은 모든 존재의 진실을 아는 지혜에 의해서 가능해집니다.

지혜가 일어나면 선천적으로 일어나는 형성력인 의도가 청정한 의도로 바뀌기 시작합니다. 깨달음을 얻어 성인의 경계에 들어가면 생사의 괴로움에 빠져 있는 유정들을 위해 원만한 깨달음으로 향하여 향상일로向上一路의 길로 가면서 청정한 의도는 계속 상승해갑니다. 그 원동력은 유정을 향한 연민심입니다.

3. 멈춤의 사마타와 해체의 위빠사나를 함께하는 심장 뜀을 알아차리기

발가락 끝, 손가락 끝, 정수리에 의식을 두고 심장 뛰는 현상의 생김과 사라짐을 관찰하는 것은 사마타와 위빠사나를 함께 수행하는 것입니다. 그런데 이는 한시적입니다. 오르막에서만 명상할 수 있는 방법이기 때문입니다. 그러나 멈춤의 사마타와 해체의 위빠사나를 경험할 수 있는 손쉬운 방법이기도 합니다.

『아비달마』에 의하면 의식은 심장을 토대로 움직인다고 합니다. 심장 뛰는 것을 지켜보는 것은 곧 의식에 영향을 줍니다. 그래서 심장이 빠르게 안정을 얻습니다. 마음이 있는 곳에는 기운의 흐름이 있기 때문입니다. 오르막에서 1차 명상은 첫 코스에서 실시하고 2차 명상은 두 번째 코스에서 합니다. 오르막이 없고 평탄한 곳이나 내리막에서는 멈춤의 사마타와 해체의 위빠사나를 함께하는 경선명상을 하지 않습니다. 오히려 '쉼명상'을 합니다.

1차 명상 - 온몸을 살펴 지혜 얻기

○ 산행 경선 중 오르막길을 오르다 숨이 차면 안전한 곳에 서서 잠시 휴식을 취합니다. 이때 숨을 들이쉬고 내쉬면서 어깨에 힘을 빼고 척추는 곧게 세우고 시선을 코끝에 잠시 두고 순간 집중합니다.

○ 심장 뛰는 것을 봅니다.

○ 몸통에 진동이 있는지 살피고 알아차립니다.

○ 다리에 진동이 있는지 살피고 알아차립니다.

○ 팔에 진동이 있는지 살피고 알아차립니다.

○ 목과 머리 부분에 진동이 있는지 살피고 알아차립니다.

○ 다시 심장 뛰는 곳에 마음을 두고 온몸의 진동을 살핍니다.

○ 심장이 뛰는 것은 변한다는 것으로 심장이 '나'라든가 '나의 것'이라고 할 수 있는가를 반문해 봅니다.

○ 심장이 뛰는 것(無常)을 마음대로 조절할 수 없음은 불만족스런 괴로움(苦)이며, 주재하는 '나'가 없음(無我)을 알아차립니다.

○ 온몸의 무상을 통하여 스스로의 힘으로 존재하는 것처럼 보이는 우리의 몸은 심장과 팔과 다리와 몸통과 머리로 각각 분리되어 있지 않고 상호의존함을 알아차립니다.

○ 몸을 구성하는 각 부분인 팔, 다리, 몸통, 머리로 따로 보는 것과 이를 총합하여 몸 하나로 보는 것과 비교하여 같은지 다른지 살펴봅니다. 우리의 몸이 눈에 보이는 그대로 존재하지 않음을 알아차립니다.

○마을과 도시도 심장이 뛰듯이 무상하고, 고苦이며, 무아이며, 상호의존함을 생각하고 이해합니다.

○지구도 심장이 뛰듯이 무상하고, 고苦이며, 무아이며, 상호의존함을 생각하고 이해합니다.

○우주도 심장이 뛰는 것처럼 무상하고, 고苦이며, 무아이며, 상호의존함을 생각하고 이해합니다.

□ 온몸의 사지는 분리되어 있지 않고 상호의존하며, 변하므로 일어나는 느낌, 감정, 생각도 '나'가 아니며 변화의 흐름일 뿐입니다. 변화의 일어나도 일어나는 자취가 없고, 사라져도 사라지는 자취가 없음을 알게 되면 형상의 허망함을 무의식적으로라도 알게 됩니다. 그러면 탐욕과 분노와 어리석음의 번뇌가 줄어들거나 없어집니다. 이는 대상이 있음과 없음에 반응하는 의도가 해체되기 때문입니다. 결국 무상·고·무아·공을 알아차리게 되고 생사가 없음을 아는 지혜도 얻게 됩니다. 이것이 자취가 없음에 머무는 것을 통해 생사에 머물지 않는 수행입니다.

2차 명상 - 온몸에는 자성自性 없음을 알아차리고 지혜 얻기

○심장이 뛰는 현상을 보면서 맥박을 자기 뜻대로 바꿀 수 있는지 살핍니다.

○심장이 뛰는 현상을 보면서 자기 마음대로 바꿀 수 없는 이것

또한 만족스러운지를 살핍니다.

○ 심장이 뛰는 것을 통해 생김과 사라짐을 동시에 봅니다.

○ 심장의 박동(생김과 사라짐)이 반복되면서 자성自性이라는 변하지 않는 실체가 있는지를 살피고 그런 것을 찾아도 자취를 찾을 수 없음을 봅니다. 즉, 무상즉공無常卽空입니다.

○ 자성의 자취 없음은 곧 어떠한 모양과 색깔이 없습니다. 움켜 쥘 수 없음을 알아차립니다.

○ 이제 자성自性의 자취 없음에 마음을 두고 생김과 사라짐이 반복됨을 봅니다.

○ 자취가 없는 것에 마음을 두고 생김과 사라짐을 관찰하면서 매순간 '자취 없음'이 점점 심화됨을 봅니다.

□ 어떠한 것에 대해서 자취 없음을 보게 되면 어떤 대상이든 자취가 없음을 알기 때문에 이와 같은 대상에 대하여 반응하는 것을 멈출 수 있게 됩니다. 생기고 사라지는 현상에 대해 자성이라는 흔적도 없음의 공空, 현상의 생기고 사라지는 변화[無常], 변화의 불만족[苦], 변하고 불만족스러움은 자기 뜻대로 할 수 없다는 무아無我의 지혜가 생기고 초연해질 때까지 명상을 합니다.

만일 '멈춤의 사마타와 해체의 위빠사나 명상'을 통하여 의식이 깨어있게 되고, 허공같이 의식의 공간이 넓어지고, 사물들이 거울에 나타나는 현상들처럼 나타난다면 지혜가 생기는 것입니다. 즉, '숨쉬지 않고 땀흘리지 않는 그 무엇'이 객관적으로 나타나고 있다고 말할 수 있습니다.

3차 명상 – 뛰는 심장 편안하게 하고 몸과 마음 쉬기

○ 의식을 발가락 끝에 두고 심장 뛰는 것을 봅니다.

○ 의식을 정수리에 두고 심장 뛰는 것을 봅니다.

○ 의식을 손가락 끝에 두고 심장 뛰는 것을 봅니다.

○ 의식을 발가락 끝과 정수리에 동시에 두고 심장 뛰는 것을 봅니다.

○ 의식을 정수리, 손가락 끝, 발바닥(발가락 끝)에 동시에 두고 심장 뛰는 것을 봅니다.

□ 의식을 발바닥에 둘 때나 손가락 끝에 두면 심장의 뛰는 움직임이 부드러워집니다. 마음도 안정되고 몸은 쉬게 됩니다. 집중이 좋아지면 의식을 발바닥에 둘 때, 심장의 움직임이 작아지고 차분해지고 정강이가 사라지는 현상이 생길 수 있습니다. 의식을 손가락 끝에 두어도 앞서와 같은 비슷한 현상이 생길 수도 있습니다. 그때는 몸이 무상함을 이해할 수 있습니다. 일상생활 속에서 대처 능력이 생긴 적이 있는지 살펴봅니다. 말하자면 어떤 사건이나 말 한마디에 순간적으로 화가 치밀어 오를 때 의식을 손끝과 발끝에 두고 화를 진정시키는 순발력을 발휘했다면 수행의 효과입니다.

4. 자가 점검으로 체험 알아차리기

■ 심장이 뛰는 것을 지켜봄으로써 자기 뜻대로 바꿀 수 없다는 사실을 알 때 이를 통해 무아임을 자각합니다. 이 자각이 무아의 지혜이며 이 지혜를 통해 주재하는 자아가 없음[無我]을 알아차림입니다.

■ 자기 뜻대로 될 수 없음은 곧 불만족스럽다는 것[苦]을 알아차리고, 형상 있는 것은 소유할 수 없어 만족스럽지 않다는 것을 알아차립니다. 만족스럽지 않다는 것은 곧 괴로움임을 자각합니다. 이 자각이 고苦의 지혜입니다.

■ 매 순간 변하는 것은 자취가 없어 고정된 상相이 없다는 것을 알아차리고 이것이 무소유의 무상無常임을 자각합니다. 이 자각이 무상의 지혜입니다.

■ 심장 뛰는 무상의 현상과 온몸은 분리되어 있지 않고 상호의존하며, 일어나도 자취가 없고, 사라져도 자취가 없음을 알면 주재하는 자아가 없고, 자성自性이 없어 공空하여 생사가 없음을 아는 지혜를 얻게 됩니다.

■ 의식의 공간이 온몸으로 넓어지며, 마음에 여유가 생기고 탐욕과 분노가 현저히 줄어듭니다.

■ 의식의 눈 즉, 마음의 눈이 생깁니다. 육안으로 볼 수 없는 감각, 생각, 감정 등의 심적 현상을 볼 수 있게 됩니다. 심장을 지켜보면 마음이 안정됩니다.

4차 명상

◯ 자가 점검 뒤에 다시 심장 뛰는 현상이 무상-고-무아-공임
을 알아차리기 하면 무상-고-무아-공의 지혜가 분명해집니
다. 특히 공-무아-고-무상 → 무상-고-무아-공의 순서대로
하면 지혜가 빨리 일어납니다.

7장

쉼을 의지하여 발생과 소멸을 관찰하는 사마타와 위빠사나 통합 좌경선

좌경선과 행경선에는 반드시 쉼경선이 들어갑니다. 쉼경선은 행경선과 좌경선을 도와주는 보조 역할을 합니다. 또한 행경선과 좌경선의 일부이기도 합니다. 무엇을 하려고 하는 마음의 움직임을 멈추고 내려놓는 것이 쉼명상입니다. 즉, 마음의 스위치를 끄는 것입니다. 마음을 쉬면 몸도 편안하게 휴식하게 됩니다. 비유하자면 음악에서 쉼표가 아름다운 음률을 만들듯이 마음도 휴식이라는 쉼표를 통해 더 맑고 깨끗한 마음으로 바뀔 수 있습니다.

통합 좌경선도 실외와 실내에서 하는 것이 다릅니다. 실외는 쉼경선과 함께합니다. 실내에서 하는 좌경선은 짧게는 10분, 최장 1시간을 수행합니다. 1시간 넘어가면 수행효과가 떨어질 수 있습니다.

1. 그냥 쉼으로 마음 멈추게 하는 좌경선 – 사마타

○ 나무 아래에 앉아 좌선 자세를 취합니다.

○ 숨을 들이쉬고 내쉬면서 어깨에 힘을 빼고 척추를 곧게 세웁니다.

○ 오감의 문을 엽니다. 마음을 수동적인 상태로 마치 문을 활짝

열듯이 합니다.

○ 의식을 시야에 들어오는 산 능선(멀리 있는 나무 등)에 둔 채로, 보이는 것에 보려고 하지 말고, 들리더라도 들으려고 하지 말고, 느낌도 느끼려고 하지 말고 생각하려고도 하지 말아야 합니다. 하려는 의도와 생각을 멈추고 단지 그냥 보고, 그냥 듣고, 그냥 느끼고, 감정이나 생각이 일어나더라도 그냥 알아차립니다. 즉, 보려고 들으려고 느끼려고 알려고 하는 의도를 멈추고 스위치를 끄듯이 멈추고 쉽니다. 10초에서 30여 초까지 의도를 멈추고 쉽니다.

○ 눈을 감으면서 오감의 문을 닫고 마음을 안으로 돌립니다.

○ 혀는 가볍게 말아 입천장에 붙입니다.

○ 발가락 끝과 손가락 끝과 정수리에 의식을 동시에 둡니다. 그리고 필요할 때는 추가로 배꼽에 의식을 두기도 합니다.

○ 온몸을 거울같이 비춰봅니다. 한 생각도 일어나지 않는 상태를 유지합니다.

○ 잡생각이 일어나면 세 곳에 의식을 동시에 두는 직전의 상태로 되돌아갑니다.

○ 이와 같이 온몸을 거울같이 지켜보면서 마음이 멈추는 느낌이 알아차려지거나 고요한 느낌이 발견되면 이제 이를 의지하여 생기고 사라지는 몸과 마음의 현상을 관찰하는 순수 위빠사나 명상을 합니다.

2. 해체의 좌경선 – 위빠사나

○ 시선을 코에 두고 숨을 들이쉴 때는 들어오는 숨을 놓치지 않습니다. 내쉴 때도 나가는 숨을 타고 나가면서 그 숨을 놓치지 않습니다. 이와 같이 숨을 따라가면서 숨이 길면 길다고 알아차리고, 짧으면 짧다고 알아차립니다.

□ 3분에서 5분 정도 시간이 지났다고 생각되면,

○ 시선을 배의 움직임에 둡니다. 호흡에 따라 배가 일어나고 사라지는 감각 현상을 알아차리면서 지켜봅니다.

□ 3분에서 5분 정도 시간이 지났다고 생각되면,

○ 바닥에 닿아 있는 엉덩이 부분과 다리 부분의 감각을 알아차립니다. 감각에는 맥박, 차거나 따뜻함, 밀고 당기는 현상, 찌르거나 욱신거리는 등의 다양한 통증 들이 있습니다. 또한 야외에서 하는 좌경선일 경우 온몸에 접촉되는 햇빛, 바람 등의 감각도 생김과 사라짐으로 알아차립니다. 이때 강한 자극 순으로 알아차립니다.

○ 감각관찰이 명확하지 않으면 다시 처음의 코호흡, 배호흡의 순서로 알아차림 합니다. 이와 같이 반복합니다.

3. 마음에 눈이 생겨 좌경선이 익숙하게 되면 방편을 버리고 순수 위빠사나 하기

○ 온몸이 한눈에 들어오면 의식을 발가락 끝과 손가락 끝과 정수리에 동시에 두는 사마타명상은 하지 않습니다.

○ 감각의 생김과 사라짐이 관찰되면 호흡 관찰을 버리고 감각의 발생과 소멸만 관찰합니다.

○ 세밀하게 감각을 알아차릴 때는 생겨남의 처음과 중간과 끝을 알아차립니다. 사라짐도 마찬가지입니다.

○ 감각의 생김과 사라짐이 잘 관찰되면 위와 같은 과정을 그만두고 감각을 과거·현재·미래로 관찰하여 위빠사나의 지혜를 얻는 명상을 계속합니다. 이를 통해 모든 현상은 생멸 변화한다는 이치를 아는 무상無常에 대한 지혜, 생멸 변화하는 것은 만족을 얻을 수 없다는 이치를 아는 고苦에 대한 지혜, 생멸 변화하는 현상은 내 뜻대로 바뀌지 않는다는 이치를 아는 무아無我에 대한 지혜를 얻게 됩니다.

특히 형상이 무상無常하다는 사실을 알고, 한 발 더 나아가서 무상을 통해 모든 형성된 것은 허망하여 어떤 것도 소유할 수 없음을 알아차립니다. 탐욕의 대상과 분노의 대상도, 어리석음의 대상도 이와 같은 것임을 알아차립니다. 그 결과 탐욕과 분노와 어리석음을 없애는 지혜가 일어납니다. - 숫타니파타

□ 야외에서 하는 좌경선의 호흡관찰[隨息觀]이 어렵게 느껴지면 들숨과 날숨에 숫자를 헤아리는 수식관數息觀이 도움이 될 수 있습니다. 야외의 좌경선은 길게 하지 않습니다. 길어도 10분이 넘지 않게 합니다. 하지만 수행 환경에 따라 1시간 이상 하기도 합니다.

○숨을 들이쉬고 내쉬면서 천천히 눈을 뜹니다. 오감의 문이 열리고 마음이 펼쳐집니다.

○보이면 보이는 대로 내버려 두고, 들리면 들리는 대로 내버려 두고, 느낌이 있더라도 내버려 두고, 감정과 생각이 일어나더라도 내버려 둡니다. 즉, 대상을 보고 듣고 느끼고 아는 반응을 멈춥니다. 마치 스위치를 끄듯이 합니다.

4. 실내에서 하는 좌경선

실내에서 하는 좌경선은 짧게는 10분 정도에서 길게는 1시간 정도까지 합니다. 처음부터 무리하게 오래 앉는 것보다 차츰 1시간 정도까지 시간을 늘려가는 것이 좋습니다. 좌경선에 들어가기 전에 10분 정도 행선을 합니다. 행선은 발바닥 감각 알아차리기입니다. 그다음 좌경선을 합니다.

먼저 좌선 자세를 취합니다. 코와 배 부분에만 집중되는 관찰에서 온몸에서 강하게 자극이 일어나는 부분부터 감각의 생김과 사라짐을 관찰하면 됩니다. 감각의 생김과 사라짐 관찰이 잘되면 코호흡과 배호흡의 생김과 사라짐을 관찰하지 않아도 됩니다.

1차 좌경선
○다리는 양반다리[26], 평좌, 반가부좌, 결가부좌 중 본인이 편안

26　양반다리는 가부좌 비슷한 자세로 양다리를 팔짱을 끼듯 한 자세를 말한다.

한 자세를 취합니다.

○ 온몸에 힘을 풀고 허리와 머리를 곧게 세웁니다.

○ 왼손바닥 위에 오른손바닥을 올리고 엄지손가락 끝을 맞대고 배꼽 아래에 내립니다. 즉, 법계정인 합니다.

○ 혀는 가볍게 말아 입천장에 붙입니다.

○ 눈을 감으면서 의식을 발가락 끝과 손가락 끝과 정수리에 동시에 둡니다. 또는 배꼽에도 의식을 두는 것을 추가합니다.

○ 온몸을 거울같이 비춰봅니다. 한 생각도 일어나지 않는 상태를 유지합니다.

○ 잡생각이 일어나면 세 곳에 의식을 동시에 두는 직전의 상태로 되돌아갑니다.

○ 이와 같이 온몸을 거울같이 지켜보면서 마음이 멈추는 느낌이 알아차려지거나 고요한 느낌이 발견되면 이제 몸과 마음에서 생기고 사라지는 현상을 관찰하는 순수 위빠사나 명상을 합니다.

① [수식관數息觀] 눈을 감고 시선을 코끝에 두고 들숨과 날숨을 한 번으로 하여 열 번까지만 알아차립니다. 알아차림이 잘되지 않으면 마음속으로 열까지 수를 헤아립니다. 방법은 들숨을 한 번으로 하여 수를 헤아리거나 날숨을 한 번으로 하여 수를 헤아려도 됩니다. 예를 들면 들숨을 중심으로 할 경우 숨을 들이쉬면서 '하나'라고 수를 헤아리고 날숨은 자연스

럽게 내쉽니다. 다시 들이쉴 때 '둘' 하고 헤아리고 내쉽니다. 다시 들이쉴 때 '셋' 하고 헤아리고 숨을 내쉬게 됩니다. 이렇게 열 번까지 헤아립니다. 날숨을 중심으로 수 헤아림도 이와 같이 하면 됩니다.

② [수식관隨息觀] 그런데 다음 수 헤아림이 시끄럽게 느껴지면 이제 마음속으로 숫자 헤아림을 멈추고 들이쉴 때는 들어오는 숨을 놓치지 않습니다. 내쉴 때도 나가는 숨을 타고 나가면서 그 숨을 놓치지 않습니다. 이와 같이 숨을 따라가면서 숨이 길면 길다고 알아차리고 짧으면 짧다고 알아차립니다.

– 수념隨念

③ 3분에서 5분 정도 시간이 지났다고 생각될 때 시선을 배의 움직임에 둡니다. 호흡에 따라 배가 일어나고 사라지는 감각 현상을 열 번 이내로 지켜봅니다.

④ 바닥에 닿아 있는 엉덩이 부분과 다리 부분의 감각과 발바닥 감각을 알아차립니다.

⑤ 배에서 발바닥으로 거울같이 시선을 두고 감각을 알아차립니다. 발바닥 감각 관찰이 명확하지 않으면 다시 처음의 코호흡, 배호흡의 순서로 알아차림 합니다. 이와 같이 반복합니다.

2차 좌경선

○ 온몸이 한눈에 들어오면 의식을 발가락 끝과 손가락 끝과 정수리에 동시에 두는 사마타명상은 하지 않습니다.

○ 감각의 생김과 사라짐이 관찰이 되면 수식관數息觀과 수식관隨息觀을 버리고 감각의 발생과 소멸만 관찰합니다.

○ 현상(감각)의 생김과 사라짐의 관찰이 분명해지면 생겨남에도 처음과 중간과 끝을 관찰하고, 사라지는 현상에도 처음과 중간과 끝을 관찰합니다. 더 나아가서 감각을 과거·현재·미래로 관찰하여 위빠사나의 지혜를 얻는 명상을 계속합니다. 이를 통해 모든 현상은 생멸 변화한다는 이치를 아는 무상無常에 대한 지혜, 생멸 변화하는 것은 허망하여 만족을 얻을 수 없다는 이치를 아는 고苦에 대한 지혜, 생멸 변화하는 허망한 현상은 내 뜻대로 바뀌지 않는다는 이치를 아는 무아無我에 대한 지혜를 얻게 됩니다.

주의할 점은 호흡에만 집중하면 지혜가 계발되지 않습니다. 호흡과 배의 생김과 사라짐을 관찰하다 보면 발바닥 등의 몸의 감각의 생김과 사라짐을 관찰할 수 있게 됩니다. 이와 같이 감각의 무상無常을 관찰하면 지혜가 생깁니다.

감각을 조건으로 괴로움이 일어나고
감각을 관찰하는 조건으로
감각은 남김없이 사라지네.

감각의 소멸이여

괴로움은 더 이상 발생하지 않아

불생불멸不生不滅에 머문다네.

8장

쉼경선

걷다가 휴식시간에 가지는 명상은 멈춤과 쉼입니다. 쉼은 평화이며 평안입니다. 우리의 심리는 시기, 질투를 버리고 평온과 평화를 바랍니다. 그래서 마음의 움직임을 멈추고 쉬는 것은 시기, 질투하고 싸우는 심리를 평화롭게 하는 것입니다. 쉼에는 지혜가 없습니다. 하지만 휴식에도 무상즉공無常即空의 지혜가 있으면 단순한 쉼이 아닙니다. 탐욕과 분노, 어리석은 감정과 극단적인 견해의 휴식입니다.

의도를 멈추면
의도 따라 일어나는
바람의 요소인 기운이 멈추고

기운이 멈추면
기운을 타고 움직이는 암시暗示가 멈추고
암시가 멈추면
몸과 입과 생각이 멈추고
고요가 주변을 덮어가면서 몸과 마음 쉬어집니다.

1. 그냥 쉼

그냥 쉰다는 것은 의도를 쉬는 것을 말합니다.

○ 숨을 들이쉬고 내쉬면서 어깨에 힘을 뺍니다.

○ 척추를 곧게 세우고 시선을 코끝에 잠시 둡니다.

○ 앞의 풍경을 봅니다.

○ 나무, 돌, 산 등의 풍경은 의도가 없다는 점을 알아차립니다.

○ 보이는 것에 보려고 하지 말고, 들리더라도 들으려고 하지 말고, 느낌도 느끼려고 하지 않으며, 생각하려고도 하지 말아야 합니다. 하려는 의도와 생각을 멈추는 것입니다.

○ 단지 그냥 보고, 그냥 듣고, 그냥 느끼고, 감정과 생각이 일어나더라도 단순히 그냥 올라오는구나 하고 알기만 하고, 강제적으로 억제하지 않고 그대로 둡니다. 생각이나 감정을 억누르면 불난 집에 기름을 붓듯이 '확~' 하고 감정이 올라오거나 생각이 왕성하게 올라옵니다. 만일 이렇게 하지 못하면 다음과 같이 합니다.

○ 바람이 그물 사이로 걸림 없이 지나가듯이 무심히 흘려보내면서 아무것도 하지 않습니다. 스위치를 끄듯이 가만히 있기만 합니다.

○ 주변 풍경의 의도 없음과 나의 의도 멈춤이 일치함을 유지합니다.

○ 마음의 고요가 주변을 덮어감을 그냥 보기만 합니다.

□ 이것이 마음을 쉬는 것이며 마음이 쉬면 몸도 같이 쉬어집니다. 내면의 평화가 찾아옵니다.

2. 반응하지 않고 내버려 두고 쉼

○ 보이더라도 내버려 두고, 들리더라도 내버려 두고, 느낌이 있더라도 내버려 두고, 생각이나 감정이 일어나더라도 반응하지 않고 내버려 두고, 스위치를 끄듯이 마음의 움직임을 끄고 평온과 평화를 실현하는 것입니다.

○ 의도가 멈추면 눈이 풀리고 시야가 흐릿해질 수 있습니다. 이 현상도 마음 쉼의 표현입니다. 이때는 깨어있었던 직전 상태로 되돌아갑니다. 그렇지 않으면 시야가 흐릿하다고 알아차리면 의식이 다시 깨어나면서 눈이 풀어지는 현상도 사라집니다.

쉼도 쉬어

그냥
보고 듣고 느끼고 알아
숨어버리는 의도

의도 따르는 기운도
잠든 아기 모습하고

넌지시 일러주는 기운 타는 암시도

몸도 입도 생각도 움직이지 못하니

고요함이여

풍광을 덮고 마음을 덮고 쉼도 덮어

3. 마음 쉴 때 나타나는 현상을 자가 점검하여 알아차리기

마음을 쉴 때 나타나는 현상으로

주변이 고요해집니다.

시야가 넓어집니다.

마음이 맑아집니다.

의식이 주변 환경과 한 공간을 이룹니다.

의식이 깨어납니다.

한 생각도 일어나지 않습니다.

몸이 매우 가벼워집니다.

이와 같은 현상이 있는지 자가 점검합니다.

첫째, '주변이 고요해진다'는 것은 의도가 멈춤으로 인해 의도에 의해 감정과 생각이 덧붙여진 여러 가지 감정과 생각이 일어나지 않기 때문에 나타나는 현상입니다.

둘째, '시야가 넓어진다'는 것은 어떤 대상을 보지 않기 때문에 나타나는 현상입니다. 볼 때 보고자 하는 의도가 있으면 의도는 대상을 제한하므로 시야가 좁아지지만, 의도를 멈추면 다른 것과 결부시키고 의미 부여하는 것이 멈추므로 시야의 제한이 풀어지고 무한히 넓어집니다.

셋째, '마음이 맑아진다'는 것은 의도가 멈춤으로 인해서 의도에 의해 올라오는 감정과 생각들이 올라오지 않고 도리어 감정과 잡생각들이 가라앉아서 마음이 차분해지는 것입니다.

넷째, 의식이 주변 환경과 한 공간을 이룬다는 것은 보이고 들리는 모든 것은 의도가 없기에 의도를 멈추면 저절로 주변 환경과 한 공간을 이루게 되는 것입니다. 심지어 서 있는 자기 몸도 의식의 한 공간 속에 들어 있음을 알게 됩니다.

다섯째, '의식이 깨어있게 한다'는 것은 의도가 멈추면 졸음이 올 수 있는데 이때 한 공간 상태로 돌아가면 졸음이 사라지고 의식이 깨어납니다. 또한 졸음을 알아차려도 의식이 깨어나게 됩니다. 다른 방법으로는 의도를 쉬기 직전의 깨어있던 상태로 되돌아가는 방법도 있습니다.

여섯째, '몸이 가벼워진다'는 것은 잡생각이나 감정이 일어나지 않는 것은 한 공간을 이루어 무분별 상태이기 때문입니다. 번뇌망상은 기운을 타고 움직이므로 밖으로 에너지의 소모가 생기지만 무분별 상태는 기운이 온전히 안으로 온몸으로 퍼지면서 몸이 가벼워집니다.

이와 같이 마음을 쉬면 비로소 보이는 것들이 있습니다. 의식의 공간이 넓어지고 사물 전체가 보입니다. 전체가 보이는 그 속에서 주변 사물들이 상호의존으로 보이고, 소리 등 움직이는 것은 머물지 않고 지나가면서 흔적을 남기지 않는다는 것도 보이기 시작합니다.

쉼경선이 잘 익어지면 사물을 직접 보고 전체를 인식하는 힘이 생기고, 알아차림 하는 힘도 증가합니다. 가슴에서 올라오는 분노 등의 감정과 머릿속으로 판단하고 결정하여 생기는 오류와 그에 따라서 오는 괴로움이 줄어들거나 없어집니다. 그리하여 판단해야 할 때, 사실을 직접 인식하는 힘에 의하여 정확한 추론이 가능하며, 일상대화에서 감정과 생각에 치우치지 않게 됩니다. 감정과 생각을 조절할 수 있게 되어 마음이 차분해지고 자유로워집니다. 특히 자가 점검하고 난 뒤 다시 쉼명상을 하면 쉼경선의 경계가 분명해집니다.

9장

걸으면서 발바닥과 온몸 감각의 생김과 사라짐을
분명하게 관찰하기

감각의 생김과 사라짐을 관찰해야 하는 이유가 무엇일까요? '심오한 이치를 사유하는 것이 더 좋지 않을까?'라고 말하는 이들도 있습니다. 하지만 그것은 감각을 알아차리고 관찰함의 중요성을 모르고 하는 말입니다.

깨달음을 얻는 두 가지 인식 방법이 있습니다. 알아차리는 직관과 사유분석하는 추론입니다. 이 두 가지를 함께 했을 때 깨달음이

옵니다. 판단한다는 것에는 직관과 사유 간에 질적 차이가 없습니다. 하지만 판단하는 힘에 있어서 양적 차이가 있습니다. 판단하는 힘은 곧 무상·고·무아의 지혜를 얻습니다. 그런데 직관은 체험과 지혜가 있지만 사유는 체험이 없고 지혜가 있습니다. 그래서 직관과 사유는 전후 순서가 있습니다. 즉, 명상하기 전에는 먼저 무상·고·무아의 이치를 듣고[聞] 사유하여[思] 지혜를 얻고 그 다음에는 듣고 사유하여 얻는 지혜를 의지하여 명상[修]합니다. 그리하여 지혜를 얻습니다. 걸으면서 발바닥 감각의 생김과 사라짐을 분명하게 관찰하기는 修하는 명상에 속하기 때문에 명상할 때는 사유하지 않습니다. 사유가 체험을 동반하는 지혜를 얻으려면 선정을 의지해서 사유했을 때 체험의 명상이 되고 선정과 깨달음을 이룰 수 있게 됩니다.

1. 감각을 알아차리고 관찰하여 지혜 얻기

첫째, 우리에게 시각, 청각, 후각, 미각, 촉각이 없다면 사물을 알 수 없습니다. 대상과 접촉하여 처음 반응하는 것이 감각이기 때문입니다. 그런데 감각은 순수하지 않습니다. 과거 경험과 자아 관념이 개입하고 있습니다. 그리고 감각은 판단기능이 없습니다. 그냥 받아들이기만 합니다. 그러므로 시각적으로 고정되어 보이고 분리되어 보이고 스스로 실체를 가지고 있는 것 같이 보이지만 사실은 감각을 통해 보이는 착각이고 환영입니다. 그래서 감각된 그 사물의 진실은 감각을 알아차리고 생기고 사라지는 무상 관찰을 통해

서만 알 수 있습니다.

둘째, 감각은 고통의 원인이며 윤회의 원인입니다. 모든 잡다한 부정적인 생각과 부정적인 감정이 이 감각으로부터 일어납니다. 즉, 감각에는 즐거운 감각과 싫은 감각과 무덤덤한 감각이 있는데 즐거운 감각은 탐욕을 일으키고 싫은 감각은 분노를 일으키고 무덤덤한 감각은 무지를 일으킵니다.

탐욕과 성냄과 어리석음을 일으키는 근거로서 이 세상은 대부분 있다는 관념과 없다는 관념에 의지합니다. 즉, 세상을 있다[有]는 관념으로 보는 것은 영원주의이며, 끊어져 없다[無]는 관념으로 보는 것은 허무주의입니다. 시각적으로 보이는 대로 있으면 있다고 느끼고, 안 보이면 끊어져 없다고 느낍니다. 있음을 느끼고 좋으면 탐욕이 일어나고, 그것이 없으면 싫어하거나 분노를 일으킵니다. 이와 같이 세상을 있음과 없음으로 보는 것은 어리석음입니다.

주객의 접촉으로 생겨나는 감각으로부터 다양한 심리와 견해가 일어나며, 그 감각을 통해 일체 모든 것을 인식합니다. 그래서 감각의 생겨남은 없다[無]는 관념과 사라짐은 있다[有]는 관념을 깨트려 탐욕과 분노와 무지를 없앨 수 있습니다. 이것이 발바닥의 감각이 생기고 사라지는 현상을 알아차리고 관찰하는 이유입니다.

셋째, 현상의 생기고 사라짐은 곧 모든 존재의 공통되는 현상입니다. 우리 인생을 생로병사生老病死라고 합니다. 새벽에 잠에서 깨고[生] 아침과 낮 동안 활동을 하다가 밤에 잠들어 의식이 사라졌다가[死] 새벽에 깨어나는 것도 생사이며, 재채기할 때 정신이 사라졌다가 다시 깨어나는 것도 생사입니다. 이와 같이 우리의 일생이 생사의 반복입니다.

마음의 움직임을 생주이멸生住異滅이라고 합니다. 줄이면 생멸生滅입니다. 우주는 성주괴공成住壞空을 반복합니다. 이 또한 줄이면 생멸生滅입니다. 즉, 생사와 생멸은 같은 뜻입니다. 생멸은 발생과 소멸로서 생김과 사라짐으로 번역합니다. 생기고 사라짐을 관찰하는 것은 곧 인생과 우주의 모든 존재를 아는 방법입니다. 『대념처경』에도 생기고 사라짐을 관찰할 때, '움켜쥘 수 있는 것은 없다'고 설합니다. 즉 생기고 사라지는 무상을 통해 무소유의 진실을 아는 지혜가 생깁니다.

넷째, 감각의 무상·고·무아를 아는 것은 알아차림(사띠)이 감각은 무상하고 불만족스럽고 무아임을 판단하는 힘이 있기 때문입니다. 그래서 알아차림이 무상·고·무아를 아는 지혜를 이끌어 냅니다. 지혜는 모든 존재가 고정되어 있고, 분리되어 있으며 스스로 존재하는 것으로 보는 잘못된 무지를 깨트리는 것입니다. 무지는 곧 생사生死를 반복하게 하는 잠입니다. 지혜는 무지의 잠에서 의식을 깨웁니다. 모든 존재의 본질을 꿰뚫어 보고, 일체 모든 것의 공통적인 이치를 아는 것입니다. 이와 같은 지혜로 감각의 본질을 꿰뚫어 봄으로써 잘못 알고 있는 견해로부터 일어나는 감정과 생각의 속박에서 벗어나 자유로워집니다.

걸으면서 발바닥 감각 알아차리기에서 지혜는 발바닥 감각의 생김과 사라짐을 분명하게 아는 것을 말합니다. 발바닥의 감각이 딱딱하다면 딱딱하다고, 부드러우면 부드럽다고, 통증이 있으면 통증이라고 즉각 알아차립니다. 이와 같이 알아차리다가 마침내는 다양한 감각이 생기고 사라지는 공통되는 현상을 알아차리게 됩니다. 이때 딱딱하다, 부드럽다, 통증이다 등의 개념이 사라지는 것은 생김과 사라지는 무상 관찰을 통해서 개념에서 벗어나는 것입니다.

또한 생기고 사라짐은 원인 없이 이루어지는 것이 아닙니다. 조건(간접원인)에 의해 일어나고 조건에 의해 사라집니다. 이와 같은 현상을 분명하게 아는 앎(pajānāti)인 지혜는 사띠(sati)로부터 생겨납니다.

빠자나띠(pajānāti)는 분명하게 알고 꿰뚫어 아는 앎인데 반야지혜의 동사형입니다. 이 지혜는 관찰하는 힘이 좋아질 때 일어납니다. 즉, 몸과 마음에서 일어나는 물질과 정신현상의 원인과 조건을 분명하게 관찰할수록 꿰뚫어 아는 지혜가 더욱 증장됩니다. 이 지혜를 바탕으로 몸과 마음이 생긴 원인을 추론하여 그 이치를 이해하게 됩니다. 그러므로 조건에 따라서 일어나는 현상을 바르게 아는 지혜에 의해서 그것을 잘못 아는 견해에서 벗어나고 의심에서 벗어나는 청정을 이룹니다. 더 나아가 생멸 현상의 관찰을 통해 무상無常에 대한 지혜를 얻고 고와 무아를 이해하는 지혜까지 이루면 분명하고 바르게 아는 앎인 sampajāna[正知]가 나타납니다. 이 정지正知는 사띠(sati)가 길 아님의 길로 갈 때, 이를 바로 잡아주는 앎이기도 합니다.

2. 분석 사유하여 얻는 지혜에 대하여 이해 얻기

감각을 가볍게 보고 깊은 이치를 사유해야 한다고 하는 이들이 있습니다. 하지만 무상·고·무아의 이치를 사유하는 것은 체험이 없지만 감각을 무상·고·무아의 이치로 관찰하는 것은 체험이 있습니다.

첫째, 머리로 무상·고·무아의 이치를 사유하는 것은 체험이 없습니다. 무상·고·무아의 이치는 직관으로 관찰할 때 체험하는 지혜가 생깁니다. 굳이 사유할 필요가 없습니다. 손으로 만질 수 없고 눈으로 볼 수 없는 공성이라면 사유가 필요합니다. 하지만 명상 전의 사유는 명상하기 위한 예비적인 단계일 뿐입니다.

둘째, 체험이 동반되는 사유는 오욕락이 없는 선정禪定에 의지해서 사유해야 공성의 이치가 드러나고 몸으로 체험되는 깨달음이 일어납니다. 오욕락이 없는 선정에 의지하지 않고서 이치를 사유함으로써 깨달았다고 해도 일상으로 돌아가면 대상에 반응하는 감정과 다양한 생각이 다시 일어납니다. 또한 사유라는 움직임이 있기 때문에 주객이 사라져 마음의 움직임이 없는 깨달음과는 거리가 멀고 체험이 없습니다.

셋째, 명상 중에 이해가 생기는 것도 수행의 현상입니다. 이해는 추리에서 옵니다. 현상을 알아차림에는 직관적 판단 능력이 있습니다. 그래서 물질현상과 정신현상의 다름, 또는 생김과 사라짐 등을 분명하게 아는 지혜가 생기면 이 직관적 알아차림을 통해 자기를 포함한 온 우주가 물질현상과 정신현상이나 생김과 사라짐에서 벗어나지 않는다는 이해가 생깁니다. 이와 같이 몸과 마음의 현상을 직관적 알아차림을 통해 자연스럽게 일체 모든 것이 추리되는 새로운 이해가 생깁니다. 그러므로 걸으면서 발바닥 감각의 생김과 사라짐을 분명하게 관찰하기는 굳이 사유하지 않고도 무상·고·무아·공을 알아차리고 관찰하여 지혜를 얻을 수 있습니다.

3. 행경선 – 위빠사나의 첫 걸음

위빠사나의 행경선은 현상의 생김과 사라짐을 관찰하여 무상과 고와 무아의 지혜를 얻어 불사에 이르는 지혜명상입니다. 행경선의 위빠사나는 발바닥 감각의 발생과 소멸인 생김과 사라짐을 관찰하여 지혜를 얻는 경선鏡禪입니다. 알아차림과 찰나삼매를 체험하고 익숙하게 하는 것이 중요합니다. 찰나삼매가 생기면 마음의 눈이 생겨 육안으로 볼 수 없는 느낌, 감정, 생각의 생기고 사라지는 현상을 사물 보듯이 객관적으로 볼 수 있습니다.

1) 걸으면서 발바닥 감각을 있는 그대로 알아차리기의 뜻

걸으면서 발바닥 감각 알아차리기는 지혜를 얻는 첫걸음입니다. 감각의 진실을 알지 못하면 즐거운 감각과 싫은 감각과 무덤덤한 감각으로부터 탐욕과 성냄과 어리석음이 일어나며 이 탐·진·치로 인하여 삶과 죽음의 괴로움에 빠지게 되는 이치를 알지 못합니다.

걷기가 명상이 되는 이치에는 다음과 같은 뜻이 있습니다.

첫째, 걸을 때 발과 땅의 접촉은 발과 땅이 서로 의존한다는 뜻입니다.

둘째, 발과 땅의 의존이 앞으로 나아가는 바탕이 되므로 움직이는 무상無常의 뜻이 있습니다.

셋째, 발과 땅이 접촉하여 갖가지 감각이 일어납니다. 접촉이 원인이 되어 감각이 일어나므로 발과 땅은 서로 의존하는 인과因果의 뜻이 있습니다. 즉, 원인은 결과를 의존하고 결과는 원인을 의존하는 인과의존因果依存입니다. 발과 땅의 관계도 이와 같으므로 곧 생명의 활동을 뜻합니다. 독자적으로 존립하는 생명체는 없기 때문입니다.

넷째, 발과 땅의 접촉은 걷고자 하는 의도가 있으므로 의도라는 뜻이 있습니다. 즉, 걷고자 하는 마음이 발과 땅의 접촉을 있게 하고, 접촉은 기운이라는 물리적 현상을 일으키고, 기운은 앞으로 나아가고자 하는 암시를 일으키고, 암시는 몸이 걸어가도록 하는 몸의 움직임으로 이어집니다. 이렇게 의도는 행위를 일으킵니다. 의도에는 갖가지 감정과 생각과 의미가 덧붙여질 수 있고 다른 것과 결부 될 수도 있습니다. 그러므로 다양한 번뇌망상이 생길 수 있습니다. 하지만 의식이 발바닥에 있기만 해도 머릿속에서 일어나는 번뇌망상이 줄어들거나 없어집니다. 따라서 발바닥 감각 알아차리기 명상으로 인하여 번뇌망상이 줄어들면서 없어집니다.

다섯째, 의도가 원인이 되어 행위라는 결과가 생기는데, 이 인因과 과果의 사이에는 독립된 개체로서 자아와 자성自性이 없으며,

사람과 동물 등의 차별이 존재하지 않습니다. 원인과 결과만 있기 때문입니다. 그러므로 걷기명상을 한다는 것 자체가 우리는 모든 존재와 상호의존과 인과의존 속에서 살아가는 생명임을 자각하는 것임을 이해하는 것이 중요합니다. 이것이 불평등에 의한 폭력과 환경파괴로 발생하는 기후변화, 성차별, 계층 간의 차별, 인종차별 등을 해결할 수 있는 평등의 표현이고 평화를 실현시키는 방법이기 때문입니다.

여섯째, 현대인은 사물을 간접적으로 인식하는 경향이 있습니다. 그러므로 인식의 오류가 생길 수 있습니다. 그러나 발바닥의 감각을 알아차림 하는 것은 직접 인식하는 것입니다. 땅의 조건에 따라 발바닥의 감각이 달라짐을 알아차리고, 발의 듦과 나아감의 조건에 의해 감각이 생기고 사라짐을 구분해서 알아차릴 때 지혜가 생깁니다. 생기고 사라지는 모든 현상은 무상無常하며, 이러한 변화하는 모든 현상은 결국 무너지므로 형상 있는 것은 불만족스러운 것이라는 뜻을 알고, 발과 땅의 상호의존 및 인과 속에서 자아가 없다는 것을 아는 무아의 지혜가 생기는 것입니다.

일곱째, 발바닥과 땅과의 접촉에서 발바닥에 다양한 감각이 나타납니다. 딱딱함, 부드러움, 통증 등 다양한 감각을 알아차리면 직관력이 생기며, 머리로 헤아리는 분별심의 오류가 그만큼 사라지며, 직접 인식한 결과를 근거로 하는 추론은 오류를 줄이고 정확성을 높일 수 있습니다. 이와 같이 단순히 발바닥 감각 알아차리기만으로도 매우 중요한 사실들을 알게(통찰력-지혜) 됩니다.

2) 걸으면서 의식이 발바닥의 감각을 생김과 사라짐으로 알아차리고 관찰하기

'발바닥의 감각을 생김과 사라짐으로 알아차리고 관찰하기'는 지혜를 얻는 경선鏡禪입니다. 알아차림과 찰나삼매를 체험하고 익숙하게 하는 것이 중요합니다. 알아차림은 비유를 들자면 수문장과 같아서 문으로 들어오고 나가는 사람을 지켜보듯이 대상을 알아차립니다. 또한 거미줄에 먹이감이 걸리면 거미가 쏜살같이 나아가 그 먹잇감을 잡듯이 대상을 알아차립니다. 마치 레이더에 걸린 적을 즉각 알아보는 것과 같습니다. 알아차림의 힘을 기르기 위해 초보 명상자는 중병환자가 걷듯이 천천히 걸어가면서 발바닥 감각 알아차림 하면 감각을 명확하게 알아차릴 수 있으므로 알아차림이 무엇인지 알게 됩니다.

또한 알아차림은 한 대상에 한 알아차림입니다. 두 개, 세 개의 대상을 한꺼번에 알아차리는 것은 알아차림의 훈련이 되지 않습니다. A라는 현상이 나타나면 즉각 A라는 현상을 알아차립니다. A라는 현상이 사라지면 A를 알아차리는 알아차림도 즉각 사라집니다. B라는 현상이 나타나면 즉각 B라는 현상을 알아차립니다. B라는 현상이 사라지면 B라는 현상을 알아차리는 알아차림도 사라집니다.

이와 같이 알아차림이 익숙해지면 대상인 객관과 알아차리는 주관이 함께 생기고 함께 사라지는 것을 제3자가 보듯이 알아차림이 되면 위빠사나 16단계 가운데 5단계의 경지에 이르는 것입니다. 그리고 걷기명상의 알아차림의 대상인 신수심법身受心法 가운데 발바닥의 감각 관찰이 기본이 됩니다. 하지만 알아차림이 잘 되면 걸어갈 때 발바닥만이 아니라 발목, 종아리, 무릎, 허벅지, 골반까지 근육의 움직임 하나하나까지 거울로 비쳐 보듯이 보이게 됩니다.

○ 먼저 걷기명상을 하기 전에 ①상호의존 ②무상 ③인과의존 ④번뇌망상이 줄어듦 ⑤평등, 평화의 실현 ⑥무상·고·무아의 지혜 ⑦있는 그대로 보는 직관의 힘이 생김 등의 뜻을 한 번 생각하고 시작합니다.

○ 걸을 때는 의식을 발바닥의 감각에 두고 걸어갑니다. 의식이 발바닥의 영역에서 벗어나지 않게 합니다. 이것이 사띠하는 방법입니다. 처음에는 의식을 발바닥에 두고 걷는다고 해도 의식을 발바닥에 두기가 쉽지 않습니다. 발바닥에 의식을 두고 걷는 것을 발바닥이 사물 보듯이 보일 때까지 익숙하게 합니다.

○ 시선을 무릎에서 발바닥으로 거울로 비추어보듯이 걷습니다. 발바닥이 영상화되어 보일 때쯤이면 발바닥 감각 알아차리기가 쉬워지고 감각을 통해 지혜가 생깁니다.

○ 시선을 어깨에서 발바닥으로 거울로 비추어보듯이 걸으면 의식이 발바닥을 떠나지 않게 됩니다.

○ 시선을 정수리에서 발바닥으로 거울로 비추어보듯이 걸어갑니다. 익숙해지면 온몸이 한눈에 들어옵니다. 온몸의 근육 움직임을 볼 수 있습니다.

○ 그 다음 자연스럽게 거울같은 마음이 나타나면서 발바닥의

감각을 알아차리기가 쉬워집니다. 발바닥의 감각이 순간순간 변하는 것을 관찰할 수 있습니다.

3) 의식이 몸과 한 공간 상태에서 온몸의 감각을 관찰하기

발바닥 감각 알아차리기와 감각의 생기고 사라짐이 관찰되면 걸어가면서도 앞서 이룬 몸과 한 공간 상태에서 온몸 감각의 발생과 소멸함을 거울같이 비춰보는 관찰이 어렵지 않습니다. 일상생활에서 사람과 사물, 사건을 접하게 되면 심리와 감정이 몸을 통해 나타납니다. 몸의 특정 부위가 경직되는 현상이 그것입니다. 이때 경직되는 감각을 생김과 사라짐으로 관찰하게 되면 몸이 이완되고 심리와 감정이 풀리게 됩니다. 또한 몸의 현상을 생김과 사라짐으로 관찰함은 의식이 과거와 미래로 가지 않고 지금 순간에 깨어나게 합니다. 의식의 깨어있음은 깨달음을 얻는데 중요한 조건이 됩니다.

한발 더 나아가 의식이 몸과 한 공간이 된 상태에서 온몸의 감각을 관찰하게 되면 알면서 행하는 경지까지 갑니다. 걸을 때 온몸의 근육 움직임, 생각과 감정의 움직임까지 손바닥 보듯이 한눈에 보고 알면서 걸어가게 됩니다.

4) 체험을 자가 점검하기

자가 점검은 내면을 반조返照하게 합니다. 마음의 본성에 갖추어진 한량없는 잠재능력을 드러낼 수 있고 잠재능력이 나타나 작용하고 있음을 확인할 수 있습니다. 마음에 본래 갖추어져 있는 본성으로서의 의식의 명료함이나 알아차리는 인식의 힘이 좋아진 것 등을 알 수 있습니다.

■ 발바닥에 의식을 두고 걸으면 시각화가 되어 발바닥을 실물 보듯이 보는 심안이 생깁니다. 심안은 육안으로 볼 수 없는 감각, 생각, 감정을 볼 수 있습니다. 감각, 생각, 감정을 볼 수 있게 되면 자제력이 생기고 마음이 유연해지는지 살핍니다.

■ 의식의 공간이 넓어집니다. 마음 상태가 넓어지면 불안감이 완화되고 조금만 건드려도 화를 내던 마음이나 좁고 팍팍하던 마음이 없어집니다.

■ 걷는 순간순간 마음이 과거로 갔다가도 현재로 되돌아오고, 미래로 갔던 마음도 지금 이 순간으로 되돌아오면서 순간의 감각에만 머무르게 되는지를 살핍니다.

■ 걸으면서 발바닥의 시각화를 통해 감각의 생김과 사라짐이 잘 관찰되는지 살핍니다.

■ 걸으면서 의식이 온몸과 한 공간을 이루면서 온몸 감각이 거울로 비춰보듯이 관찰이 되는지를 살핍니다.

■ 걸으면서 땅과의 상호의존과 발목, 종아리, 무릎, 허벅지, 골반, 몸통까지 우리의 신체 기관의 모든 것이 서로서로 맞물려 있고, 나아가 지구상의 모든 사람, 보이고 들리는 사물들과 자연환경도 서로서로 밀접하게 연결되어 있고, 더 나아가서 우주까지 연결되어 있어서 부분과 전체가 연결되어 부분

이 곧 전체이고 전체가 곧 부분임을 추론하여 이해하게 되는지 살펴봅니다.

■ 순간순간 변하는 발바닥 감각을 관찰하면서 눈으로 보이지 않지만 내 몸, 도시, 국가, 지구, 삼라만상 온 우주도 순간순간 변하고 있다는 것을 유추할 수 있습니다. 그래서 고정된 실체가 없음이 인식되거나, 형상 있는 것은 생김과 사라짐을 반복하여 계속 변해간다는 생각이 들거나, 생生과 사死의 연속 속에서 삶은 계속 흘러간다는 생각이 들거나, 이와 같은 생각이 발전하여 태어남과 죽음도 실체가 없음을 유추하게 되는지 살핍니다.

5) 현재 순간에 깨어있기

현재 순간에 깨어있기는 생사의 꿈에서 벗어나는 방법입니다. 의식이 발바닥에서 벗어나지 않게 하는 것부터 시작합니다. 이것이 익숙해지면 발바닥의 감각을 알아차리기가 쉬워집니다. 감각이 괴로움의 원인임을 인식하고, 생기고 사라지는 현상을 분명하게 꿰뚫어 알도록 합니다. 더 나아가 의식이 온몸과 한 공간을 이룬 상태에서 발바닥뿐만 아니라 온몸 감각 현상을 과거와 미래와 현재로 관찰하여 머물지 않아 자취가 없음을 바르게 알아서 지금 이 순간에 늘 깨어있도록 합니다. 깨어있음은 의식의 명료성이며 대상을 인식하는 앎이 민첩해지고 꿰뚫어 보는 힘이 여기에서 나옵니다. 만일 지금 이 순간 깨어있다면 '숨쉬지 않고 땀흘리지 않는 그 무엇'이라는 마음거울의 본성이 나타나기 시작하는 것입니다.

○ 의식이 발바닥에서 벗어나지 않게 합니다.
○ 발바닥의 갖가지 부드러움, 딱딱함, 통증 등의 감각을 알아차립니다.
○ 온몸의 감각도 알아차립니다.
○ 여러 가지 감각의 공통되는 현상으로서 감각의 발생과 소멸을 관찰합니다. 발생과 소멸은 곧 생기고 사라짐을 말합니다. 생김과 사라짐을 알기 시작할 때 비로소 제대로 관찰한다고 말할 수 있고 명상에 입문했다고 할 수 있습니다.

□ 생기고 사라지는 현상을 알 때부터 지혜가 생깁니다. 생기고 사라지는 것을 아는 지혜는 이미지와 생각 등을 조작하는 형성작용[상카라-行]을 해체 시킵니다. 예를 들면 귀신의 형상이 보이거나 속삭이는 소리가 들리는 등의 현상이 일어나더라도 지혜가 이런 조작들을 해체시킵니다. 만약 이때 일상생활에서 집착하지 않고 동요하지 않게 된다면 이는 바로 위빠사나 지혜의 힘입니다. 감각의 생김과 사라짐을 아는 것은 지혜를 얻는 위빠사나입니다.

특히 사라지는 현상을 관찰하고는 '있음'을 찾을 수 없고 생기는 현상을 관찰하고는 '없음'을 찾을 수 없음을 아는 지혜가 생기면 있음과 없음을 근거하는 영원주의와 허무주의를 해체시킵니다. 위빠사나 지혜는 생로병사에서 벗어나는 첫 걸음이기도 합니다. 생사라는 무지의 잠에서 완전히 깨어나는 대자유가 명상의 목적입니다.

○ 지나간 감각은 돌아오지 않아 없음을 알아차리고, 미래의 감각도 아직 오지 않아 없음을 알아차립니다.

○ 과거와 미래의 감각이 없음을 알아차리면서 현재의 감각도 머물지 않음에 마음을 머물게 합니다. 그러면 지금, 이 순간에 늘 깨어있게 됩니다.

○ 감각의 생기고 사라지는 현상이 허망하여 만족할 수 없어 괴로움이며, 생김을 사라지게 할 수 없고 사라짐을 일어나게 할 수 없습니다. 그래서 주재하는 '나'라고 할 만한 것이 없어 무아임을 알아차립니다.

○ 감각의 생김과 사라짐을 아는 지혜를 통해 생사의 괴로움에서 완전히 벗어나는 불사 不死의 대자유를 얻을 수 있음을 생각합니다.

사라지는 현상은
있음을 찾을 수 없게 하고
생기는 현상은
없음을 찾을 수 없게 하네.
있음과 없음이 관찰됨은

유무有無의 견해 무너뜨리고

바른 견해 세워지네.

있음과 없음이여

밖에서 찾을 수 없으니

자기 마음에서 나타난 현상임을 관찰하라.

분별심 쉬어지고 고요함에 머물러

깨어있는 마음 가릴 수 없고

불생불멸不生不滅이 드러나리라.

6) 체험을 자가 점검하기

■ 의식이 발바닥에 가 있으므로 혹사하는 머리를 쉬게 할 수 있
고, 상기병上氣病이 없어집니다. 즉, 과도한 업무로 뇌를 많이
쓸 때, 대부분의 부정적인 감정은 체열을 머리로 끌어 올리므
로 이 상태에서 열감을 내리기 어려운데, 걷기명상을 통해 의
식이 발바닥으로 가면 그 열감이 아래로 내려가므로 상기증
이 해소되어 몸과 마음이 원만하게 회복됩니다.

■ 정신현상과 물질현상이 구별되는지를 살핍니다. 구별이 가
능하다면 견해가 청정해집니다. 몸과 마음의 현상의 생김과
사라짐이 구별되는지를 살핍니다. 이것이 가능하다면 의심
에서 벗어나는 청정을 얻습니다.

■ 이와 같은 지혜로 인하여 온 우주가 물질과 정신에서 벗어나
는 것이 없고 생성과 소멸에서 벗어나지 않는다는 추론이 일

어납니다.

■ 알아차리는 힘이 좋아져서 감각, 생각, 감정의 변화[無常]·불만족[苦]·뜻대로 되지 않음[無我]을 볼 수 있는 지혜가 생깁니다.

■ '길과 길 아님을 알아보는 청정'의 경지에 이르러 명상 수행의 길이 아닌 비윤리적인 부정적 감정과 생각이 없어집니다.

■ 무분별의 거울같이 비추는 명료한 마음이 나타납니다.

■ 의식이 깨어 있다면 눈을 감고 있어도 눈이 떠 있는지 확인합니다. 즉, 눈꺼풀이 덮고 있을 때에도 눈이 떠 있는지를 확인해 봅니다. 또한 눈을 뜨고 감고 반복하면서도 보는 마음이 바뀌지 않습니다.

□ 행경선의 첫 단계는 감각의 발생과 소멸을 알아차리는 데에 있으며 좌경선과 그대로 이어집니다.

4. 쉼경선과 함께하는 좌경선

모든 마음의 움직임에는 의도가 들어가 있으며 의도 자체가 마음의 움직임입니다. 존재와 사물의 진실을 모르는 무지라는 잠 때문에 의도가 일어납니다. 이 의도는 대상을 있는 그대로 보지 못하게 의미를 부여하고, 감정과 생각을 덧붙이고, 다른 것과 결부시킵니다. 왜곡과 착각과 환영을 일으키게 합니다. 따라서 의도를 멈추고 쉬게 함을 통해 왜곡과 착각과 환영을 일어나지 않게 합니다. 의도를 멈추고 쉬게 되면 그때 진실이 보이기 시작합니다. 모든 존재가 있는 그대로 모습을 드러내는데, 시간적으로 무상하고 공간적으로 상호의존하는 이치를 알게 됩니다. 특히 좌경선 중 몸과 마음의 생기고 사라지는 현상을 통해 무상을 바르게 알아차리고 지혜를 얻는 데에 의도를 멈추고 쉬게 하는 쉼경선이 도움을 줍니다.

1) 좌경선 시작 직전의 쉼경선

○ 나무 아래에 앉아 좌선 자세를 취합니다.

○ 숨을 들이쉬고 내쉬면서 어깨에 힘을 빼고 척추를 곧게 세웁니다.

○ 오감의 문을 엽니다. 마음을 수동적인 상태로 마치 문을 활짝 열듯이

○ 의식을 시야에 들어오는 산 능선(멀리 있는 나무 등)에 둔 채로 보이면 보이는 대로 보고, 들리면 들리는 대로 듣고, 느낌이 있으면 있는 대로 느끼고, 알아차릴 대상이 있으면 있는 대로 알아차리면서 그냥 가만히 있습니다. 보려고 들으려고 느끼려고 알려고 하는 의도를 멈추고 스위치를 끄듯이 멈추고 쉽니다. 10초에서 30여 초까지 의도를 멈추고 쉽니다.

2) 좌경선 - 순수 위빠사나

○ 눈을 감으면서 오감의 문을 닫고 마음을 안으로 돌립니다.

○ 혀는 가볍게 말아 입천장에 붙입니다.

○ 바닥에 닿아 있는 엉덩이 부분과 다리 부분의 감각을 알아차

립니다. 또한 야외에서 하는 좌경선일 경우 온몸에 접촉되는 햇빛, 바람 등의 감각도 생김과 사라짐으로 알아차립니다. 이때 강한 자극 순으로 알아차립니다.

○ 세밀하게 감각을 알아차릴 때는 생김의 처음과 중간과 끝을 알아차립니다. 사라짐도 마찬가지입니다.

○ 또한 감각의 생김과 사라짐이 관찰될 때는 감각을 과거·현재·미래로 관찰하여 위빠사나의 지혜를 얻는 명상을 계속합니다. 이를 통해 모든 현상은 생멸 변화한다는 이치를 아는 무상無常에 대한 지혜, 생멸 변화하는 것으로는 만족을 얻을 수 없다는 이치를 아는 고苦에 대한 지혜, 생멸 변화하는 현상은 내 뜻대로 바뀌지 않는다는 이치를 아는 무아無我에 대한 지혜를 얻게 됩니다.

□ 야외에서 하는 좌경선은 길게 하지 않습니다. 10분에서 길어도 1시간이 넘지 않게 합니다.

3) 좌경선 끝난 직후의 쉼경선

○ 천천히 눈을 뜨면서 오감의 문을 엽니다. 마음이 펼쳐진 상태로 가만히 멈추어 쉽니다.(10초에서 30초 이상)

○ 보이면 보이는 대로 보고, 들리면 들리는 대로 듣고, 느낌이 있으면 있는 대로 느끼고, 알아차릴 대상이 있으면 있는 대로 알아차리면서 그냥 가만히 있습니다. 보려고 들으려고 느끼

려고 알려고 하는 의도가 일어나면 스위치를 끄듯이 의도를
멈추고 쉽니다.

4) 자가 점검하기

■ 현상을 생각하지 않고 아는 힘이 생겼는지 살펴봅니다.

■ 딱딱하면 딱딱하다고 알아차리고 부드러우면 부드럽다고 알
아차리는 등 현상을 알아차릴 때 잡생각이 개입되어 알아차
림이 끊어지는 일이 없고 알아차림만 있는 경계가 있는지 살
핍니다.

■ 딱딱하다. 부드럽다. 통증 등의 현상이 생김과 사라짐으로 관
찰되는지 살핍니다. 관찰된다면 딱딱하다. 부드럽다. 통증 등의
말과 생각에서 벗어나 실제 체험의 세계로 들어온 것입니다.

■ 몸에서 생기고 사라지는 물질 현상과 이를 알아차리는 정신
현상이 구분되는지 살펴봅니다.

■ 감각과 감정, 생각의 일어남과 사라짐이 구분되는지 살펴봅
니다.

■ 감각의 생김과 사라짐을 통해 유무有無의 관념이 사라졌는지
살펴봅니다.

■ 마음이 과거와 미래로 가지 않고 현재 이 순간에 깨어있는지
살펴봅니다.

■ 무상無常 · 고苦 · 무아無我를 이해하는 지혜가 일어나는지를
살핍니다.

10장

마음의 시냇가를 앞두고 아무것도 하지 않고
그냥 걸어가면서 자가 점검하기

■ [그냥걸어가기] 그냥 걸어가기는 숙달의 힘을 확인하기 위해서입니다. 앞서 수행했던 것이 익숙해진 것이라면 그냥 걸어가도 익어져 있는 수행을 하게 됨을 알게 됩니다. 그래서 '그냥 걸어가기'는 자가 점검하는 방법입니다

■ [쉬면서 걸어가기] 아무것도 하지 않고 그냥 걷습니다. 의식을 발에 두지도, 발의 감각을 알아차리지도 않습니다. 그러나 새로운 것이 보이면 마음의 동요 즉, 생각이나 감정이 올라옵니다. 그때 보이는 것에 보려고 하지 않고 쉬면서 걸어갑니다.

- **[그냥 흘러버리기]** 의미 부여하거나 감정과 생각을 덧붙이려고 하면 물 흘려보내듯 흘려보내면서 그냥 바라봅니다. 감정이나 생각의 여운이 있으면 바람같이 지나간 것은 오지 않음을 알아차리고 그냥 흘려보내면서 걷습니다. 들리는 것도, 후각을 자극하는 향기나 냄새도, 몸의 감각도 이와 같이 흘려보내면서 아무것도 하지 않고 걷습니다.
- **[저절로 알아차리기]** 만일 저절로 알아차림이 되면 효과를 보는 것이며 몸과 의식이 가벼우면 더 좋습니다.
- **[의식의 공간 확장]** 의식이 확장되어 보이고 들이는 것이 전체적으로 보이고 들린다면 참으로 좋습니다.
- **[지혜]** 지나간 것은 돌아오지 않아 없음을 깊이 알고(지혜), 보이고 들리는 것 등에 자유로우면 더욱 좋습니다.

1. 참여하는 대중과 함께 명상할 때

참여하는 대중과 함께 명상할 때는 개인이 수행할 때와 같은 과정을 가집니다.

1) 미소 지으며 자연과 사람 모두와 소통하기

땅, 물, 나무, 산, 하늘, 햇빛 등을 보고 미소 지어 소통합니다. 마지막 끝에는 참가한 사람들과 미소 지으며 소통합니다. 일상생활에서도 힘들거나 각박하게 느껴지거나 하면 이렇게 미소로써 소통합니다. 소통의 의미는 모든 존재가 상호의존하고 있으며 무아, 무자성임을 깨우치고 일상에서 늘 의식을 깨어있게 하는 데에 있습니다.

2) 이웃에게 축원하여 행복 주기

사랑은 이웃에게 이익을 주는 능력이며, 연민은 이웃이 겪는 고통을 없애주는 마음입니다. 이와 같은 이타심은 다른 이들의 행복과 평안을 기원해 주는 축원을 통해 증장됩니다.

이제 자비경선을 마치면서 다 같이 축원합니다.

"강물이 흘러 바다에 이르듯,

기운 달이 둥근 달을 이루듯,

'지각 있는 모든 존재들'이

평안하고 행복하기를 기원합니다!"

2. 체험정보 공유하고 소통하고 소감 나누기

경선을 하고 모여서 각자 체험한 바를 서로 공유하고 소감 나누기를 합니다. 길잡이는 간단한 피드백을 통해 코칭을 해주면서 깨달음의 길을 안내합니다. 수행자는 수행을 함께 하고 체험을 공유할 때, 의식이 깨어나는 상승효과가 나타납니다. 즉, 수행의 바른 길을 알게 되고, 분명한 앎과 바르게 아는 지혜가 생기고, 불사不死의 길을 스스로 찾아갈 수 있는 능력이 생깁니다.

11장

탐진치의 시냇물 건너 마음 본성 들어가기

　둘레길을 걷거나 산행할 때 시냇물을 만날 수 있습니다. 시냇물
은 마음 흐름의 상징입니다. 거울같이 맑고 허공같이 투명하게 비
어있음은 마음의 본성입니다. 하지만 본성이 드러나기 전의 시냇
물은 탐욕과 분노와 어리석음의 흐름입니다. 색깔은 탁하고, 들끓
고, 냄새나고, 검게 오염되어 있습니다. 아직 시냇물을 건널 징검다
리가 없습니다. 이와 같이 오염된 마음을 정화하는 방법은 시냇가
를 배경으로 무소유의 오두막 다실과 아름다운 정원을 상상하고,
오두막집의 경선다실에서 '초대하여 용서하기 명상'을 통하여 탁

한 탐심과 부글부글 끓어오르는 붉은 성냄과 까만 어리석음 마음이 사라져가면서 보시布施, 지계持戒, 인욕忍辱, 정진精進, 선정禪定, 지혜智慧, 여섯 개의 징검다리가 서서히 드러남을 영상화하여 명상합니다.

경鏡단계의 자량도에서 환幻단계의 가행도 끝인 중간 목적지에 이르는 것을 비유한 것이 마음의 시냇물 건너기입니다. 시냇물 건너기의 비유는 시냇물을 건너듯이 깨달음도 이와 같이 이룸을 의미합니다. 즉, 오염된 마음의 시냇물을 건너는 것은 의욕을 가지고 힘써 행하는 유형의 육바라밀 징검다리를 건너는 것입니다. 이는 작은 깨달음이며 중간 목적지에 이른 것입니다. 작은 깨달음에서 다시 미세한 생사의 꿈을 품고 있으므로 아직 끝이 아닙니다. 다시 청정한 마음의 시냇물을 건너는 것은 마음의 깨어있는 본성인 무형의 육바라밀로써 징검다리를 건너는 것입니다. 이를 건넌 것은 완전한 깨달음이며 구경의 목적지입니다.

자량도에서 가행도로 가는 가행도 단계는 번뇌를 끊기 위해 다시 힘을 내어 수행하는 단계입니다. 아직 공성을 직접적으로 통찰하지는 못하지만, 더 이상 지성적인 이해나 개념적인 이해에 머물지 않고, 공성을 점진적으로 더 깊고 세밀하고 명료하게, 보다 체험적으로 이해하게 됩니다.

가행도의 수행은 지관쌍수입니다. 정正사마타를 의지하여 몸과 마음[五蘊]을 분석하여 공성空性을 드러내면서, 공성을 이해하려고 개념을 매개체로 사용하는 일이 점점 사라집니다. 주관과 객관, 관습적인 존재와 내재하는 실재 등의 이원론적인 지각이 모두 사라질 때 견도見道의 단계로 들어갑니다.

1. 시냇물은 마음의 상징

시냇물은 마음의 상징입니다. 거울같이 맑고 허공같이 투명하게 비어있음은 마음의 본성입니다. 본성이 드러나기 전의 시냇물은 탐욕과 분노와 어리석음의 흐름입니다. 색깔은 탁하고 들끓고 냄새나고 검게 오염되어 있습니다. 이 마음을 정화하는 방법은 육바라밀을 수행하는 일입니다. 육바라밀의 상징은 여섯 개의 징검다리입니다.

여섯 개의 징검다리는 세간(시간과 공간)에서 출세간(시간과 공간을 벗어남)으로 건너가는 육바라밀의 다리입니다. 바라밀은 '건너는 과정'과 '완전히 건너간' 두 가지 뜻이 있는데 바라밀은 괴로움에서 벗어남을 의미합니다. 보시·지계·인욕·정진·선정·반야라는 여섯 가지로써 괴로움을 건너는 방법이 있습니다. 모두 자량도에 속합니다.

2. 완급조절로 물 흐르듯 상속시키는 것이 정진의 방법

가행도는 지관쌍수하므로 지止와 관觀의 균형과 지속적인 정진의 힘이 필요합니다. 정진의 힘은 균형입니다. 잠을 자지 않고 심하게 정진하면 몸과 마음이 무뎌지며 연속적으로 힘이 빠지게 됩니다. 이럴 때는 쉬어야 합니다. 정진은 너무 격렬하게 애쓰거나 너무 느슨하게 해도 안됩니다. 이 두 가지 극단을 버리고 물이 끊임없이 흐르듯이 계속 상속하게 해야 합니다. 비유하자면 현絃의 줄을 너무 팽팽하게 하거나 느슨하게 하지 않고 알맞게 조율할 때 아름다운 선율이 나오는 것과 같습니다. 이와 같이 정진하는 것이 불사不死에 이르는 바른 방법입니다.

정진으로 불사不死에 이르려면 반드시 사띠(sati)와 정지正知가 필요합니다. 사띠는 모든 존재의 끝을 알 수 있는 공통의 수단입니다. 사띠를 잃으면 모든 법의 궁극을 모르게 됩니다. 그러므로 사띠의 경지를 '바른 앎'으로써 잘 식별하고, 다음에 그 사띠로써 지켜야 합니다. 왜냐하면 사띠 그 자체는 취사선택의 능력이 없기 때문입니다. 그래서 반드시 바른 앎인 정지正知로써 무슨 현상[法]인가를 식별한다면 바르지 못한 길을 버리고 올바른 길로 가게 됩니다.[27] 따라서 사띠[正念]와 정지正知에 의지한다면 불사不死에 이르는 원만한 수행을 할 수 있게 됩니다.[28]

3. 착각에서 벗어나기

마음의 시냇물까지 왔다면 몸의 거친 영역에서 미세한 마음의

---

27 바른 앎sampajānāti은 관찰 속에서 분명한 앎이 익숙해지면 분명한 앎에 의해서 대상의 본질을 꿰뚫어 보게 되고 일체 모든 것의 공통되는 현상인 무상無常 · 고苦 · 무아無我를 바르게 아는[바른 앎sampajānāti] 것이다. 바르게 아는 힘에 의해서 바르게 불사不死의 길이 열린다.

28 사띠sati의 확립이 될 때 제대로 된 정진이 된다. 정지正知은 사띠의 확립에 속한다.

영역으로 들어가는 것입니다. 즉, 몸사라짐의 지혜를 얻는 경지에 이르렀을 것입니다. 하지만 몸사라짐과 몸사라짐의 지혜는 그 경지가 다릅니다. 마음의 상징인 시냇가에 이르면 이제까지 명상한 효과로서 집중력에 의해 몸사라짐의 현상이 생깁니다. 이때 무아無我를 체득하거나 공空을 깨달았다고 착각하기도 합니다.

하지만 몸사라짐의 현상은 허공의 요소가 나타난 것이며 거친 무아의 현상으로 진정한 무아의 체득이 아닙니다. 단순히 몸사라짐과 몸사라짐의 지혜를 얻는 것은 다릅니다. 그냥 몸이 사라졌다고 하면 이는 집중력이 좋아서 사라지는 것입니다. 위빠사나 16단계 가운데 무상·고·무아를 이해하는 지혜가 제3단계에서 일어난다면 몸사라짐의 지혜를 얻는 것은 제5단계에서 일어납니다.

이와 같은 현상을 어떻게 이해하고 몸사라짐의 지혜를 얻었는지를 어떻게 알 수 있을까요? 현상이 일어나면 그에 상대하여 알아차림도 일어납니다. 그 현상이 사라지면 알아차림도 사라집니다. 다시 다른 현상이 생기면 그 즉시 알아차림도 일어납니다. 이처럼 주객이 함께 생기고 함께 사라지는 현상이 반복되는 것이 수행입니다. 마치 세 사람이 풀장에 가서 두 사람이 물속으로 뛰어들 때, 세 번째 사람이 그것을 지켜 보고 알듯이 주객의 현상과 알아차림이 함께 생기고 사라지는 현상을 제 삼자가 보듯이 알아차리는 경계가 위빠사나 5번째 단계입니다. 이와 같이 그냥 몸사라짐의 경계는 지혜가 없습니다. 몸사라짐의 지혜를 얻는 단계와는 확연히 다릅니다.

그리고 몸사라짐은 공이 아닙니다. 자성自性을 부정하는 것이 공空이기 때문입니다. 예를 들면 반야심경의 색즉시공色卽是空 공즉시색空卽是色으로 배대配對해 보면 색이라는 몸이 사라짐은 곧 공이라고 생각할 수 있으나 공즉시색으로 보면 분명하게 다르다고 할 수 있습니다. '몸사라짐은 곧 색이다'라고 할 수 없습니다. 왜냐하면 몸사라짐인 허공은 그저 허공일 뿐 몸인 색이 될 수 없기 때문입니다. 색즉시공과 공즉시색은 공과 색이 다르지 않다는 뜻입니다. 그런데 허공은 공이 아닙니다. 몸사라짐은 공이 아니라는 것을 알 수 있습니다.

4. 마음의 영역으로 들어가기를 이해하기

오염된 마음의 시냇물을 건너 사유통찰의 경선정원으로 들어갑니다. 사유통찰의 경선정원은 곧 의식이라는 마음 문 앞에서 드디어 마음의 본성으로 진입하여 깨닫는 것을 말합니다. 밖으로 모든 반연攀緣을 쉬고 안으로 헐떡거림이 없을 때 마음의 문으로 들어갈 수 있습니다. 즉, 무심상태[禪定]가 되어야 마음의 문으로 들어가는 것입니다.

사람은 몸과 마음의 결합체이며 몸과 마음은 번뇌가 일어나는 장소입니다. 몸의 형상이 사라지게 되면 번뇌망상이 일어나는 것이 현저히 줄어듭니다. 또한 몸의 거친 영역에서 마음의 미세한 영역으로 들어갑니다. 마음의 미세한 영역에서도 거친 마음과 미세한 마음이 있습니다. 마음이 미세해질 때 비로소 공성을 깨달을 수 있습니다. 공空은 안과 밖이 없고, 높고 낮음과 가고 옴이 없으며, 마음의 움직임이 없습니다. 그러므로 마음의 영역으로 들어가야만 공성을 깨칠 수 있습니다. 거친 번뇌가 마음의 영역에서 몸과 상대해서 미세하다고 하지만 거친 번뇌는 여전히 일어납니다. 생기고 사라지는 물질과 정신 현상을 무상·고·무아로 잘 관찰했을 때 마음은 더욱 미세해집니다. 더 나아가서 눈으로 볼 수 없고 만질 수 없는 공성을 사유분석하여 드러낼 수 있습니다.

5. 내면에 잠자고 있는 거칠고 무거운 속박인 그림자를 용서하기와 서원 세우기

시냇물을 건너기 위해서는 장애를 일으키는 내면의 그림자 또는 트라우마를 해소하는 것이 좋습니다. '내면에 잠자고 있는 거칠고 무거운 속박인 그림자를 용서해 주기'는 마음의 시냇물을 건너는데 장애가 되는 부정적인 심리를 풀어내는 것입니다. 현재 의식을 발목 잡고 삶을 힘들게 하는 것은 잠재적 성향으로 있는 탐욕과 분노와 어리석음과 연관되어 있는 부정적인 과거 인연입니다. 즉, 얽히고설킨 심리입니다. 풀어내는 방법은 과거 인연을 초대해서 용서해 주는 것입니다. 초대된 사람은 바로 초대하는 수행자의 잠재되어 있던 심리입니다.

과거 인연을 초대하여 용서해 주는 경선鏡禪명상은 과거 얽히고설킨 인연에 대한 내면의 부정적인 감정들을 해체시키는 것입니다. 해체로 인하여 속박에서 벗어나는 해방의 길이 나타납니다. 탐진치의 오염된 시냇물을 건널 수 있는 깨달음의 길인 징검다리가 그것입니다. 초대된 사람의 이미지를 영상화하여 그 얼굴을 봅니다. 얼굴에는 심리가 잘 나타나 있기 때문입니다. 초대하여 용서하는 과정의 이미지를 마치 영화를 보듯이, 거울로 비춰보듯이 하여 명상하므로 거울명상인 경선鏡禪이라고 합니다.

◎ 상상의 경선다실로 초대하기 명상으로 나타나는 깨달음의 길, 징검다리

○ 오솔길 끝에는 시냇물이 흐릅니다.

○ 탐욕과 분노와 불선업의 징검다리를 건너기 위해 시냇가에 앉아 마음속으로 시냇가를 배경으로 소박한 무소유의 오두막집과 아름다운 정원을 상상합니다. 오두막집의 경선다실로 들어가는 장면을 영상화합니다. 경선다실의 공간은 창문을 통해 햇빛이 들어와 환하게 밝고 벽에는 경환공화鏡幻空華의 족자가 걸려 있습니다.

잠재적 성향으로 남아 있는 부정적인 심리의 그림자를 줄이고 제거하기 위해 차상 위에 차포를 펼치고 다관과 명상찻잔 등을 마련하여 차 도구의 이미지를 영상화합니다.

○ 상상 속의 경선다실은 마음거울에 비춰진 영상입니다. 이 경선다실로 상처받은 나와 나를 화나게 하거나 마음을 아프게 한 분을 같이 초대합니다. 초대된 분의 얼굴을 살핍니다. 얼굴은 감정과 생각의 표현입니다. 즉, 상대의 심리를 알 수 있

습니다. 차상에 간단하게 차 도구를 갖추고 초대된 나와 나를
화나게 하고 마음 아프게 한 사람에게 차를 권합니다. 함께
차를 마시고 다음과 같이 축원해줍니다.

당신이 나를 화나게 하고
마음에 상처를 주었지만
당신을 용서합니다.
건강하고 행복하길 바랍니다.

○그리고는 서로 안아주면서 서로 이야기합니다.

"행복하세요.
당신은 소중한 분이십니다.
존중합니다.
사랑합니다."

초대하기 명상에서 초대된 분들은 바로 명상자 자신의 심리가
반영되어 마음거울에 비친 것입니다. 상처받은 나와 상처준 상대
방을 용서해 주고 화해하여 맺힌 감정과 생각을 풀어버립니다.

○마음의 상징인 시냇물은 심리의 표현이므로 '초대하여 용서
하기'로 맺힌 심리를 풀어냅니다. 이를 통해 부정심리의 시냇

물을 건너면서 긍정의 심리로 전환됩니다. 그리하여 청정하고 온전한 전체의식이 회복됩니다.

○ '초대하여 용서하기 명상'을 통해 번뇌가 일시적으로 사라지면서 여섯 징검다리가 나타남을 시각화합니다.

□ 본래부터 징검다리가 있었지만 번뇌망상으로 보이지 않다가 '초대하여 용서하기 명상'으로 번뇌로 가려졌던 징검다리가 나타나는 것입니다.

12장

서원 세우고 쉼명상하고 징검다리 건너기를 명상하기

1. 징검다리 건너기 명상을 이해하기

탐욕과 부도덕과 분노가 일어나면 대상이 고정되어 보이고 다른 것과 분리되어 보이고 스스로 존재하는 실체로서 보입니다. 그러므로 마음 시냇물이 흐르지 않고 탁하고 냄새가 나고 부글부글 끓는 것입니다. 이와 같은 시냇물을 징검다리를 통해 건너면 사물을 보는 시각이 변화하고 상호의존하며 내재하는 실체가 없어 스스로 존재하지 않음을 압니다. 그리하여 시냇물이 힘차게 흐르기 시작합니다. 수행하는 마음의 흐름이 생기는 것입니다. 그리하여 사마타 명상을 통하여 번뇌망상이 사라지면서 주객의 마음이 하나 되면서 명경지수같이 마음이 맑아지면서 움직임이 최소화됩니다. 그래서 마음 시냇물이 멈춘 것 같이 됩니다. 나아가 위빠사나를 통해 명경지수明鏡止水같은 선정禪定의 마음 바탕에 비쳐지는 모든 것이 실재하지 않는 환영과 같음을 알게 됩니다. 즉 지혜가 생기면서 번뇌의 뿌리를 잘라 무지에서 해방됩니다. 이때 지혜에 의해 대상이 사라지고 마음이 완전히 멈춰지면 마음의 움직임이 사라져 주객이 물에 물을 탄 것 같이 경계가 없어지고 깨달음이 일어납니다.

2. 서원을 굳게 세우기

사마타의 무분별 수행으로 얻는 선정과 위빠사나의 사유분석 명상으로 얻는 반야를 쌍수雙修하면 가행도에 속합니다. 여기서는 오염된 마음이 명상을 통해 청정으로 전환되는 것을 보여줍니다. 오염된 시냇물 마음을 건너기 위해 서원을 세웁니다.

'집중명상이여
징검다리 건너지고
분석명상이여
마음 물이 맑고 밝아지길.'

3. 쉼명상을 하고 징검다리 건너기를 명상하기

○아담한 한옥 앞으로 가로질러 흐르는 시냇물을 건너는 여섯
　개의 징검다리 앞에 섭니다.

○숨을 들이쉴 때 어깨에 힘을 빼고 척추를 곧게 세웁니다.

○그냥 쉽니다.

○반응하지 않고 내버려 두고 쉽니다.

○여섯 개의 징검다리를 건넙니다.

먼저, 보시라는 징검다리를 건널 때는 탐욕이 없어져 시냇물의
탁함이 점점 맑아집니다.

두 번째, 지계라는 징검다리를 건널 때는 도덕성이 살아나 시냇
물의 더러운 냄새가 향기로 살아납니다.

세 번째, 인욕이라는 징검다리를 건널 때는 분노의 감정이 사라
져 들끓어 오르는 시냇물이 잔잔해집니다.

네 번째, 정진이라는 징검다리를 건널 때는 시냇물의 흐름이 빨
라집니다. 이는 보시·지계·인욕을 행하여 정진이 가속되기 때문
입니다. 정진은 어린아이들이 노는 것에 싫증을 내지 않듯이, 만족
하지 않는 마음을 일깨우고 또 일깨우도록 노력합니다. 선정의 이
익과 깨달음의 내용을 숙고하면 작은 것에 만족하지 않고 정진할
마음이 일어나며 전진하게 합니다.

다섯 번째, 선정이라는 징검다리를 건널 때는 번뇌가 일어나지
않아 흐름을 멈춘 것 같이 잠잠해지고 거울같이 맑고 투명해집니다.

여섯 번째, 지혜라는 징검다리를 건널 때는 무지가 사라져 모든

형상이 맑은 거울같은 시냇물에 반영되어 환영임이 드러나고, 마음이 햇빛 비치는 허공같이 됩니다.

표 1 마음의 시냇물을 건너는 여섯 개의 징검다리

여섯 개의 징검다리 (육바라밀)	시냇물 상태(마음의 상징)의 전환	마음 청정
보시	탁함 → 맑아짐	탐욕이 없어짐
지계	더러운 냄새 → 향기가 남	도덕성이 살아남
인욕	들끓음 → 잔잔해짐	분노의 감정이 사라짐
정진	흐름이 빨라짐	선한 마음이 증장됨
선정	흐름이 잠잠해지고 맑고 투명해짐	번뇌가 일어나지 않음
지혜	물에 비치는 것이 환영과 같음을 앎	무지가 사라짐

이와 같이 여섯 개의 징검다리를 건너는 것은 명상하는 것이며, 명상의 내용은 오염된 마음이 청정한 마음으로 전환되는 과정과 결과를 보여줍니다. 즉, '명상의 방향'이 오염된 마음을 제거하고 텅 빈 청정한 비추는 마음거울임을 분명히 알 수 있습니다. 그래서 보리심을 내어 보시·지계·인욕·정진바라밀의 도움을 받아서 사마타[止]와 위빠사나[觀]를 쌍수합니다. 사마타와 위빠사나 통합수행은 곧 자량도資糧道에서 가행도加行道로 들어가서 물에 물을 타면 경계가 없듯이 '숨 쉬지 않고 땀 흘리지 않는 그 무엇'인 마음거울을 깨닫는 길입니다.

사유통찰의
경선정원

- 잠속의 꿈을 제거하는
'환幻에서 공空으로 가는 길'

제3부

삼라만상 온 우주는 생멸生滅하나

생멸을 뒤집어 보면 멸은 불생不生이며 생은 불멸不滅이니

불생불멸不生不滅이

여如의 본모습이며 마음의 본래 성품이네.

잠 속의 꿈을 제거하는 것은 생사라는 꿈을 제거하는 것입니다. 꿈은 생사生死로 돌고 돌게 하는 번뇌망상입니다. 잠속의 꿈을 제거하는 것이 '환幻에서 공으로 가는 길'이며, '사유통찰의 경선정원에서 이루어지는 경선'입니다.

'환幻에서 공으로 가는 길'은 무지無知라는 잠속에서 지은 오온五蘊의 집을 깨트리고, 어린아이 수준의 깨달음을 얻기 위한 의식을 깨우는 길입니다. 즉, 가행도加行道부터 견도見道까지 선정 속에서 관계성 사유통찰을 통해 경각정鏡覺亭이 완전 사라지는 이미지는 '내재하는 고유실체가 없다'는 뜻으로 공空을 상징합니다. 공은 꿈을 깨트리는 지혜라는 무기이며, 잠에서 완전하게 깨어나게 도와줍니다. 공의 뜻은 깨달음의 뜻이므로 가행도부터 견도까지 경각정의 이미지가 사라져가는 과정은 깨달음에 이르는 과정입니다. 말하자면 십우도十牛圖의 소를 타고 공성의 고향집으로 되돌아가는 기우귀가騎牛歸家의 경계를 가리킵니다.

1. 견도의 뜻과 서원

자량도의 사마타 수행은 무분별을 유지하여 선정을 얻습니다. 가행도 단계에서는 주관과 객관이 분리되지 않아 무분별 상태인 사마타 삼매를 의지하여 위빠사나 수행을 합니다. 최종 위빠사나에 이르게 되면 몸과 마음의 경안이 생기고 위빠사나 삼매가 생깁니다. 이 삼매와 사마타 삼매가 하나가 됩니다. 그 삼매를 공삼매라고 합니다. 주관적인 경험과 대상이 섞여 마치 물에 물을 부은 것처럼 되고, 개념의 매개 없이 직접적으로 공성에 대해 명상하게 됩니다.

즉, 지관쌍수 하는 과정에서 궁극적인 분석을 통하여 내재하는 그 어떤 것도 없다는 공성을 직접 체험하는 그 상태에서는 공성만 있습니다. 그 외에는 아무것도 인식하지 못합니다. 공성과 공성을 아는 지혜 사이에 경계가 무너지면서 마음속에는 주체와 객체가 사라지고 없습니다. 이 경계가 견도의 경계입니다. 견도見道에 들어간 사람은 모든 사물들과 사건들이 독립적인 실재를 전혀 갖고 있지 않는, 오직 공성일뿐임을 직접적으로 지각합니다.

여기서는 여섯 징검다리[29]를 건너 경선정원으로 들어갑니다. 경선 명상정원의 나무숲에서 나무를 보고 관계성 사유통찰하기에 앞서 서원을 세웁니다.

---

29 육바라밀

변화 속에 고통 일어나니

비겁한 생각으로 피하고자 하나

지각 있는 존재들 고통 생각하면

참고 견딜만 하다네.

연민심은 나의 힘

괴로운 일체 유정 어찌 구제하지 않으리.

2. 사유통찰하기 전에 알고 갖추어야 할 수행 덕목

가행도는 집중명상과 분석명상을 함께 수행하는 단계입니다. 즉, 오욕五慾이 사라진 청정한 선정禪定을 의지하여 일체 모든 것에 대해 사유 분석하여 통찰하는 위빠사나 명상을 합니다. 사마타와 위빠사나를 함께하는 수행의 끝에 공삼매가 일어나고 공삼매 속에서 깨달음이 일어납니다. 선정은 깨달음의 바탕입니다.

1) 선정禪定의 이익

○ 선정의 열 가지 이익에 대해 『대승기신론』은 다음과 같이 일러줍니다.

"진여삼매의 수행에 온 마음을 기울여 부지런히 정진하면 지금 세상에서 열 가지 이익을 얻는다. ①언제나 항상 모든 부처님과 보살님들의 보호를 받는다. ②모든 마구니와 악귀들이 겁을 주지 못한다. ③아흔 다섯 가지 외도와 귀신들이 미혹하게 하거나 어지럽

히지 못한다. ④붓다의 심오한 법을 비방하지 않게 되고 무거운 허물이 점차 가벼워진다. ⑤모든 의심과 나쁜 견해가 사라진다. ⑥여래의 경계에 대한 믿음이 증장된다. ⑦근심과 걱정이 없어지고 생사 가운데서 용맹스럽게 정진하며 생사에 대해서 겁내지 않는다. ⑧마음이 부드럽고 평온하며 잘난체하는 마음을 버리게 되어 다른 사람을 괴롭히지 않는다. ⑨비록 선정을 얻지 못했다 하더라도 삶의 모든 경계에서 번뇌를 줄일 수 있고 세간의 삶을 즐기지 않는다. ⑩삼매를 얻으면 바깥 인연의 모든 소리에 놀라지 않는다."[30]

2) 선정禪定의 열 가지 공덕功德 생각하기

○ 선정禪定에는 열 가지 공덕功德이 있습니다.

① 안주의식安住儀式으로 '심신이 정화되고 안정되어서 행동이 안온하여진다.'

② 행자경계行慈境界로 '자비심이 증장된다.'

③ 무번뇌無煩惱로 '번뇌가 일어나지 않아서 없다.'

④ 수호제근守護諸根으로 '감각기관을 청정하게 보호하여 시비분별, 망상으로 흐르지 않도록 한다.'

30　『대승기신론』「止수행편」 復次精勤專心修學此三昧者 現世當得十種利益. 云何爲十. 一者常爲十方諸佛菩薩之所護念. 二者不爲諸魔惡鬼所能恐怖. 三者不爲九十五種外道鬼神之所惑亂. 四者遠離誹謗甚深之法 重罪業障漸漸微薄. 五者滅一切疑諸惡覺觀. 六者於如來境界信得增長. 七者遠離憂悔 於生死中勇猛不怯. 八者其心柔和捨於憍慢 不爲他人所惱. 九者雖未得定 於一切時一切境界處 則能減損煩惱 不世間. 十者若得三昧 不爲外緣一切音聲之所驚動.

⑤ 무식희락無食喜樂으로 '경안각지輕安覺支, 희각지喜覺支가 일어나 몸과 마음이 가볍고 기쁨이 일어나 음식 등에 집착하지 않고 선善을 행함을 즐거워한다.'

⑥ 원리애욕遠離愛慾으로 '모든 애욕을 떠난다.'

⑦ 수선불공修禪不空으로 '선정을 닦는 것은 만족스러운 것으로 공하지 않다.'

⑧ 해탈마견解脫魔羂으로 '마음을 얽어매는 모든 삿된 것에서 자유로워진다.'

⑨ 안주불경安住佛境으로 '붓다의 위없는 행복의 경계境界에 편안히 머문다.'

⑩ 해탈성숙解脫成熟으로 선정 속에서 깨달음의 마음이 성숙하게 되고 완전한 깨달음에 이를 수 있다.[31]

'사유통찰의 경선정원'에서 깨달음을 얻기 위해서는 반드시 의식이 깨어있는 경계를 얻어야 합니다. 깨어있음의 경계가 없으면 '깨달았다'고 좋아하는 순간, 그 깨달음이 순식간에 사라지기 때문입니다. 그래서 깨어있음은 매우 중요한 수행경계입니다. 즉, 깨달음을 이루었다면 그 깨달음이 바뀌거나 없어지지 않아야 합니다. 깨달음의 체득을 지속시키는 것이 깨어있음이기 때문입니다. 특히 사유를 통해 깨달음을 얻었다면 그 깨달음은 지속되지 않을 수 있

---

31 『월등삼매경月燈三昧經』7에 있는 내용이다.

습니다. 사유 분석은 마음의 움직임이기 때문에 그 깨달음이 사라질 수 있습니다. 마음의 움직임이 최소화된 선정禪定을 익히고, 선정에 의지해서 사유통찰해야 하는 이유이기도 합니다.

또한 깨달았다고 하면서 그 체험이 점점 약해지고, 다시 그 체험을 되살려야 하는 경우가 있거나 심지어 사라지기까지 한다면 깨달았다는 체험의 경지가 완벽하지 않았거나 수행자의 착각일 수 있습니다. 눈을 뜨나 감으나, 몸을 움직이거나 움직이지 않거나 늘 마음이 깨어있고, 낮이나 밤이나 늘 의식이 깨어있을 때라야 깨달았다는 그 체험은 바뀌지 않을 뿐만 아니라 깨달았다는 흔적도, 체험했다는 자취도 없습니다.

깨어있음은 일상생활에서 깨어있는 경계를 말합니다. 의식이 미세해지는 과정으로 동정일여動靜一如-몽중일여夢中一如-숙면일여熟眠一如, 또는 오매일여寤寐一如가 있는데 모두 깨어있는 경계입니다. 특히 오매일여寤寐一如는 24시간 깨어있는 경계로 깨달음을 이루는 전제 조건이 됩니다.

'사유통찰의 경선정원'에서는 '마음 의식의 공간을 넓히는 경선鏡禪 수행'이 바로 의식을 깨어있게 하는 방법입니다. 먼저 마음 공간 넓히고 깨어있기 쉼경선을 하고 그 다음에 시각의식과 청각의식의 공간 넓히기 순으로 경선을 합니다.

1장

깸경선
– 의식의 공간 넓히고 깨어있기 위하여 깸경선하기

시냇물이 있으면 시냇물을 건너고, 의식의 공간을 넓히고 깨어
있기 위하여 깸경선을 합니다. 또한 시냇물을 건넌 후 사유통찰의

경선정원으로 들어왔다고 생각하고 의식의 공간을 넓히고 깨어있기 쉼경선을 합니다.

의식을 확장한 상태에서 쉼경선함은 깸경선입니다. 왜냐하면 확장된 의식의 공간을 유지하려면 의식이 깨어있어야 하기 때문입니다.

○ 산 능선에 의식을 둔 상태에서 정수리에도 의식을 두고 이어서 발바닥에도 의식을 두어서 한 공간을 이루게 합니다. 이때 의식을 산 능선의 좌우로 길게 두면 시야의 폭이 넓어지고 의식의 공간도 넓어집니다.

○ 몸과 산 능선 사이의 공간을 의식하면서 아무것도 하지 않고 쉼경선을 합니다.

○ 자가 점검을 해봅니다. 주위가 고요한지, 시야가 넓어졌는지, 의식이 산 능선과 한 공간을 이루는지, 한 공간을 이룰 때 몸까지 그 영역에 들어오는지, 의식이 깨어있는지를 살핍니다.

2장

깸경선
- 시각, 청각의식의 공간 넓히기로 모든 현상의 이치를 분명하게 알기

나무에 기대어 시각의식과 청각의식을 확장하는 경선을 합니

다. 의식의 공간이 넓어지면 보이고 들리는 것이 달라집니다. 마음의 여유가 생기고 분별심이 줄어들고 감정의 기복도 안정되며 사물의 본질을 꿰뚫어 볼 수 있는 공간이 생깁니다.

시각의식과 청각의식의 공간을 확장하는 것은 마음을 깨어있음과 무분별 상태로 가져가기 위해서입니다. 무분별 상태에서는 호흡이 매우 미세한 상태가 되는 것입니다. 이는 선정禪定을 얻는 좋은 조건이 됩니다.

시각의식의 공간이 확장된 상태에서 보이는 사물들이 상호의존함을 인식합니다. 상호의존의 인식을 통해 독립되고 분리되고 스스로 존재하는 것 같이 보이던 것은 물에 뜬 달과 같고 꿈과 같이 모두 마음이 착각하여 만든 환영임을 알게 됩니다. 환영을 통해 마음이 보이기 시작하면 그 마음에 머무는 명상을 합니다.

청각의식을 확장하여 소리의 무상을 관찰하고, 과거는 지나가서 없고 미래는 오지 않아 없으며 현재도 머물지 않음을 알아 '지금 순간'에 늘 깨어있도록 합니다. 시청각의 의식을 허공같이 넓혀서 현상의 이치를 분명하게 알아차리는 이유가 여기에 있으며 그 결과는 깨달음입니다.

1. 시각의식의 공간 넓히기

시각의식이 확장된다는 것은 의식의 공간이 넓어지는 것을 말합니다. 의식의 공간이 넓다는 것은 특별한 의미가 있습니다. 예를 들면 죄수가 난동을 부리면 벌칙으로 주변에 대화할 사람이 없는

밀폐된 작은 공간 속에서 지내게 합니다. 이렇게 하면 죄수는 며칠을 지내기 어려워지고 아마 정신이 피폐해져서 공황장애가 올 것입니다. 반면 의식의 공간이 넓은 사람이 밀폐된 작은 공간 속에 들어가서 지낸다면 어떨까요? 물질적인 장벽에 구애 받지 않기 때문에 공황장애 따위는 오지 않을 것입니다.

위의 예를 통해 알 수 있는 것처럼 의식의 공간이 넓다는 것은 욱 하고 올라오는 감정과 소유하고자 하는 감정을 내려놓게 하며, 대상에 반응하여 조작하는 마음을 멈추게 하며, 시비를 분별하는 분별심이 일어나지 않게 하며, 마음을 쉬게 합니다.

이와 같이 의식의 공간이 넓어지면 잡생각이 현저히 줄어들고 삼매를 얻기가 쉬워집니다. 또한 마음의 움직임이 멈추고 평온한 상태가 되면서 보이고 들리는 사물과 소리의 본성을 꿰뚫어 보는 지혜가 생깁니다. 즉, 사물을 볼 때 부분이 곧 전체, 전체가 곧 부분으로 보이고 소리를 들을 때에도 소리가 지나가면서 자취 없는 소식을 듣게 됩니다.

1) 시선을 산 능선에 두고 시각의식 확장하기

[앞뒤의 능선]
○ 앞산의 능선에 시선을 두고 10여 초를 주시하고, 몸을 돌려 뒷산의 능선에 시선을 두고, 이제 보이지 않는 앞산의 능선을

기억하여 시각화하여 봅니다.

○ 뒷산의 능선에 시선을 두고 10여 초를 주시하고, 다시 몸을 돌려 앞산의 능선에 시선을 두고, 이제 보이지 않는 뒷산의 능선을 기억하여 시각화하여 봅니다.

○ 그리고 앞산 능선과 뒷산 능선을 동시에 보면서 의식의 공간을 확장합니다.

[좌우의 능선]

○ 왼쪽 산 능선에 시선을 두고 10여 초를 주시하고, 몸을 돌려 오른쪽 산의 능선에 시선을 두고, 이제 보이지 않는 왼쪽 산의 능선을 기억하여 시각화하여 봅니다.

○ 오른쪽 산 능선에 시선을 두고 10여 초를 주시하고, 다시 몸을 돌려 왼쪽 산의 능선에 시선을 두고, 이제 보이지 않는 오른쪽 산의 능선을 기억하여 시각화하여 봅니다.

○ 그리고 왼쪽 산 능선과 오른쪽 산 능선을 동시에 보면서 의식의 공간을 확장합니다.

[시계방향으로 돌면서 능선 전체를 보기]

○ 이것이 잘 되면 이제는 앞산 능선을 보고 시계 방향으로 몸을 돌려 제자리로 돌아오는 과정에서 몸을 시계 방향으로 돌리는 순간순간 앞의 능선을 보면서 뒤의 산 능선을 같이 보면서 제자리로 돌아옵니다.

○ 한 바퀴 도는 순간순간 전후좌우의 모든 산 능선이 동시에 다 보이는지 살핍니다.

○ 서 있는 자리에서 전후좌우의 모든 산 능선을 동시에 보는지를 확인합니다.

□ 모든 산 능선이 동시에 다 보일 때까지 여러 번 반복하거나 날마다 명상해야 합니다. 서 있는 자리에서 앞산은 잘 보이고 좌우는 잘 보이지 않고 뒷산 능선은 안보이지만 한 바퀴 돌면서 동시에 다 볼 수 있는 것은 오로지 마음의 눈으로 보기 때문입니다.

2) 시각의식의 공간 확장이 익숙할 때 사물의 상호의존을 보기

○ 산 능선을 보는 시각의식의 공간이 확장된 상태를 익숙하게 합니다.

○ 시각의식의 공간이 확장된 가운데 보이는 사물들이 서로 의존함을 봅니다.

○ 한발 더 나아가서 사물들이 상호의존함을 보면서 독립된 사물이 없고 관계 속에서 실체 없음을 이해하고 봅니다.

○ 고정되고 독립되어 보이는 사물, 분리되어 보이는 사물, 실체를 갖고 스스로 존재하는 것 같이 보이는 사물은 꿈과 같고 물에 뜬 달과 같아 모두 마음이 만든 환영임을 이해합니다.

○ 환영을 통해서 실체 없음을 보는 마음만이 보이면 그 마음에

머뭅니다. 만일 마음에 머물 수만 있다면 마음의 본성으로 들어갑니다.

3) 자가 점검하기

■ 전체의식이 분명해집니다. 의식의 공간이 크기 때문입니다. 의식의 공간이 커지면 탐욕, 우울증, 분노 등의 부정적인 감정이 줄어듭니다.

■ 주변이 고요해지고 보이는 경관이 넓게 확장됩니다. 전체의식이 고요하고 공간이 넓기 때문입니다. 고요와 공간이 넓어짐으로 보이는 것이 연기 공성으로 보일 수 있습니다.

■ 방의 공간이 크다면 몸의 움직임의 반경이 커지고 그만큼 자유로워집니다. 마찬가지로 의식의 공간이 크게 되면 의식이 매우 자유로워집니다. 작은 것에 대한 과민반응이 없어지며 같은 일이라도 의식이 넓어진 만큼 스트레스를 덜 받게 됩니다.

■ 전체의식이 더욱 분명해지면서 전체의식 속에서 나타나는 감정과 생각을 거울같이 알아차릴 수 있습니다.

2. 청각의식 확장하기와 소리의 무상을 관찰하기

청각의식은 동서남북, 상하 팔방 어디든 소리를 들을 수 있습니다. 그래서 소리를 통해 청각의식을 무한히 확장할 수 있습니다. 의식의 공간이 넓어지기만 하면 우울증이 완화되고 분노가 줄어들

고 분노로부터 벗어납니다. 무엇보다 소리의 무상을 통해 이치를 알게 되면 귀에 들리는 소리로 인한 스트레스를 받지 않게 됩니다. 예를 들어 요즘 사회문제가 되고 있는 아파트 층간소음과 같은 문제에서도 자유로울 수 있습니다. 즉, 소리가 순간순간 변하므로 소유할 수 없음을 알게 되고 소유할 수 없는 소리로부터 자유로워지기 때문입니다. 궁극에는 마음의 본성이 생로병사가 없는 불사不死임을 깨달을 수 있습니다.

1) 청각의식 확장한 그 상태로 가만히 머물기

① 소나무에 기댑니다. 숨을 들이쉬고 내쉬면서 어깨에 힘을 빼고 허리를 펴줍니다. 눈을 반쯤 감고 시선을 코끝에 잠시 둡니다.

② 눈을 감고 새소리 등 여러 소리를 듣되 가까이 들리는 소리를 먼저 듣고 차츰 멀리 들리는 소리를 듣습니다.

③ 멀리서 나는 소리를 들으면서 공간적으로 그곳까지 의식이 확장됨을 인식합니다. 확장된 청각의식 그 상태로 가만히 있습니다.

④ 전체를 들으면서 부분들도 함께 동시에 듣습니다.

⑤ 집중하고 있는 모습을 알아차립니다(마음 거울이 생김). 알아차림을 통하여 찰나삼매가 생기면 집중하고 있는 모습을 실물을 보듯이 볼 수 있습니다.

2) 머물지 않음에 머물러 의식 깨어있기

① 소나무에 의지하여 다양한 소리를 관찰합니다. 다양한 소리
는 고정되지 않고 변한다는 사실을 알아차립니다.

② 소리를 잡을 수 있는지, 머물게 할 수 있는지 시험 삼아 시도
해봅니다.

③ 10초 내지 30여 초까지 한 후에 다시 소리가 지나가도 따라
가지 않고 소리를 들으면서 지나가는 소리가 흔적을 남기지
않음을 살핍니다.

④ 과거의 소리는 지나가서 없음을 관찰합니다. 특히 소리가 되
돌아오는지를 살펴봅니다. 곧, 과거의 소리는 번갯불과 같은
데 마음이 있다고 착각하여 만든 환영임을 알아차립니다. 즉,
지나간 뒤가 없어 끊어집니다.

⑤ 미래의 소리는 오지 않아 없음을 살핍니다. 곧 미래의 소리도
잡을 수 없는 바람과 같은데 마음이 있다고 착각하여 만든 환
영임을 알아차립니다. 즉, 오는 앞이 없어 끊어집니다.

⑥ 과거의 소리도 없고, 미래의 소리도 오지 않아 없음을 알고,
앞과 뒤가 끊어짐[32]을 알아차립니다.

⑦ 현재의 소리도 머물지 않아 중간도 끊어져 없음이 관찰될 때,
관찰하는 마음이 포착되면 그 마음에 머물러 봅니다. 즉, 잡
생각 등의 모든 생각의 흐름이 뚝 끊어지듯이 멈추어서 모든

32　조주무자趙州無字와 같다.

것은 '과거, 현재, 미래가 있다'고 착각한 마음이 만든 환영임을 꿰뚫어 보는 관찰을 통해서 마음만이 보이면 그 마음에 머물러 봅니다. 마음에 머물 수만 있다면 마음의 본성으로 들어갑니다. 즉, 눈을 뜨나 감으나 보는 마음이 바뀌지 않는 경지에 이를 수 있으며, 죽지 않음을 알아 죽음의 공포로부터 벗어납니다.

3) 이치를 알아차려 이해하기

① 대상과 하나로 합일함과 대상과 동일시함에 대해

소리의 부분과 전체를 동시에 듣는 것은 청각의식의 확장이 일어나기 때문입니다. 그러나 전체와 부분을 동시에 들음이 대상과 하나 되려고 하는 것은 아닙니다. 대상과 하나 됨을 깨달음이라고 하는 견해도 있지만, 그것은 잘못된 견해입니다. 그 이유는

첫째, 모든 존재는 상호의존하여 한 번도 분리된 적이 없기 때문입니다. 이분법적인 생각 때문에 분리되어 보일 뿐입니다.

둘째, 대상과 하나 되는 합일을 의도함은 대상과 동일시하는 것이며, 대상과 동일시하는 것은 대상의 좋고 나쁨을 같이 하는 것이기 때문에 차별심을 낳습니다.

셋째, 대상과 하나 되기 위해 감정이입을 하게 됩니다. 알아차림이 동반되지 않으면 대상에 영향을 받아서 자기 마음도 따라 흔들립니다.

넷째, 사물의 이치를 망각하기 때문에 무지하게 됩니다. 무지로

인하여 탐욕과 분노가 일어날 수 있습니다.

② 분별에서 이 순간 깨어있기에 대해 이해하기

명상을 반복하면 새로운 이해가 생깁니다. 새로운 이해도 명상의 현상으로 봅니다.

가까운 곳[내 몸에서 나는 소리까지 포함]과 먼 곳의 소리를 동시에 들으면 의식이 확장되어 지금 이 순간에 멈추게 되고 깨어있게 됩니다. 깨어있어 분별이 없는 상태를 유지하면 좋은 소리, 나쁜 소리의 구분이 없어집니다.

4) 자가 점검하기

- 가까운 소리, 먼 소리를 동시에 들음은 좋은 소리, 나쁜 소리 구분이 없어지게 합니다. 이것은 무분별에 의해서 일어납니다.

- 시각의식과 청각의식의 공간이 넓어짐으로 곧 전체의식이 분명해집니다. 부분만을 인식할 때는 마찰과 오해와 착각이 생깁니다. 전체의식 속에서 부분을 인식하면 이와 같은 일들은 줄어들고 생기지 않습니다.

- 잘못된 기억과 과거와 미래로 왔다 갔다 하는 생각, 똑같은 생각이 반복되는 망념妄念, 의도하지 않았는데도 저절로 일어나는 이미지와, 생각인 망상妄想이 현저하게 줄어듭니다.

- 집중력이 향상되며 전체를 듣는 힘이 생기고 의식이 명료하게 깨어있게 됩니다. 즉, 좋은 소리, 나쁜 소리의 구분이 없

어지면서 무분별 상태가 유지됩니다. 이때, 마음거울이 생기고, 소리를 듣는 단계에서 발전하여 소리를 보는 단계로 나아갑니다.

■ 소리의 무상無常을 관찰하면 좋은 소리, 나쁜 소리 모두가 변함으로 꿰뚫어 아는 앎[지혜]에 의해 구분이 없어집니다.

■ 무상 속에서 모두 실체가 없음을 아는 깊은 지혜가 생깁니다. 즉, 소리의 무상함 속에서 자아 없음과 자성自性 없음을 꿰뚫어 아는 지혜가 생깁니다.

■ 과거, 미래, 현재의 소리가 아지랑이와 같은데 소리를 아는 마음도 있다고 착각하는 것이 아닌지 반문할 수 있으면 깊이 꿰뚫어 보는 지혜가 생깁니다. 더 나아가 소리와 소리를 듣는 마음이 있다고 착각하는 것은 착각하는 마음이 만든 환영임을 알게 됩니다.

3. 시각의식과 청각의식을 통합한 의식 확장과 몸과 마음의 쉼 경선하기

시각의식과 청각의식을 통합한 주변 환경과 한 공간을 이루는 의식 확장으로 의식은 깨어나 있습니다. 이어서 하는 몸과 마음을 쉬는 쉼경선도 상카라를 멈추므로 인하여 의식을 깨어있게 하는 쉼경선입니다. 물론 시각과 청각이 확장되지 않는 상태에서도 쉼명상을 할 수 있습니다.

시각의식과 청각의식을 통합한 의식 확장이 되면 자연스럽게 몸과 마음이 쉬어집니다. 의식이 확장된 상태는 허공과 같습니다. 그래서 잡생각과 감정이 일어나지 않는 상태로 고요합니다. 왜냐하면 시각적 대상과 청각적 대상인 소리로부터 몸과 마음의 반응이 멈추어진 상태이기 때문입니다. 반응으로부터 일어나는 잡생각과 감정도 멈추어서 고요해지므로 몸과 마음이 쉬어지는 것입니다. 이와 같은 상태가 익숙해지도록 명상해야 합니다.

1) 시각과 청각의식이 확장된 상태에서 쉼경선하기

걷는 중에 휴식할 수 있는 장소를 만났거나 휴식할 시간이 되었을 때, 특히 의식을 확장하는 상태의 쉼경선을 했다면 시각의식과 청각의식을 통합한 상태에서 순수한 쉼 경선을 합니다.

○ 보이고 들리는 모든 것은 의도가 없음을 생각합니다.

○ 숨을 들이쉬고 내쉬면서 어깨에 힘을 빼고 허리를 쭉 펴줍니다.

○ 시각의식이 확장된 상태에서 청각의식을 확장합니다. 또는 시각의식과 청각의식을 동시에 통합하여 의식의 공간을 확장합니다.

○ 일체 모든 것은 의도가 없습니다. 조건에 의해 일어나고 사라질 뿐임을 생각하면서 보려고 하지 말고, 들으려고 하지 말고, 몸의 느낌을 느끼려고 하지 말고, 감정과 생각이 일어날 때는 일어나는 감정과 생각을 억누르거나 없애려고 하지 말

아야 합니다. 그 즉시 보이는 대로 그냥 보고, 들리는 대로 그냥 듣고, 느끼는 대로 그냥 느끼고, 감정과 생각을 알아차리는 대로 그냥 알아차립니다.

○ 한발 더 나아가 보려고, 들으려고, 느끼려고, 알아차리려고 하는 의도가 발견되면 숨을 들이쉬고 내쉬면서 마치 스위치를 끄듯이 의도를 멈춥니다.

○ 나무, 바위 등 주위가 고요하고 좌우로 시야가 넓어지고 동서남북 상하로 소리가 들리면서 무상을 나타내면 마음의 동요가 없습니다. 이때는 마음 쉼이 이루어지는 순간입니다. 이것이 수행자 자신의 마음임을 알아차리면서 이 마음이 거울같이 인식되는지 살펴봅니다.

□ 쉼경선은 '하려고 하는 마음을 내려놓고 멈추는 방법'입니다. 즉 마음의 스위치를 끄는 것입니다. 비유하자면 음악에 쉼표가 아름다운 음률을 만들 듯이 마음도 휴식이라는 쉼표를 통해 더 맑고 깨끗한 마음으로 바뀔 수 있습니다. 이 쉼에는 지혜가 없습니다. 하지만 휴식에도 무상즉공無常卽空의 지혜가 있으면 단순한 쉼이 아닙니다. 탐욕과 분노, 어리석은 감정과 극단적인 견해를 해체시키는 휴식입니다.

2) 마음이 쉴 때 저절로 드러나는 진실

처음에는 의도적으로 마음을 쉬지만, 마음 쉼이 익어지면 의도도 쉬게 됩니다. 의도 없는 마음 쉼 상태에서는 첫째, 주위가 고요해지고, 둘째, 보이는 모든 것이 한눈에 다 들어오며, 셋째, 의식이 한 공간을 이루어서 주객이 없어진 듯하고 안과 밖의 경계선이 없어진 듯하며 넷째, 의식이 깨어있으며 다섯째, 전체가 상호의존의 모습으로 나타나고, 여섯째, 들리는 소리들이 무상無常으로 나타납니다. 이러한 현상이 나타나면 마음 쉼 속에서 지혜가 생겨납니다.

그래서 『선가귀감』에서는 '일체 분별을 다 놓아버리고 오직 자심自心으로 비춘다면 여염집 아낙들의 재잘거림도 다 평상平常의 정법正法을 속삭이는 것이며, 네거리 골목길에 뛰어노는 아이들이 모두 깊은 실상實相을 드러내고, 새들의 지저귐이 모두 천기天機를 누설漏洩하며, 소 울음, 닭 소리가 모두 정법을 번역飜譯하는 것이다'[33]고 설하는 경계로 나타납니다.

3) 자가 점검하기

■ 생각이나 감정이 올라오면 없애려고 하지 말고 그냥 자연현상으로 알아차리고 쉬기만 하고 있는지를 살펴봅니다. 만일 없애려고 하면 불난 집에 기름을 붓듯이 생각과 감정이 확하고 일어나기 때문입니다.

■ 이렇게 쉬면 의식이 자유롭게 되고 공간이 확장되면서 사물이 입체적으로 보이고 느껴지고 들리며 전체적으로 보는 시

---

33   청허당 휴정 지음 / 일장 옮김『禪家龜鑑』上 불광출판사 2005년 p. 22

각이 생기는지 살펴봅니다.

■ 쉼경선으로 좌우로 의식의 공간을 넓혀졌는지 살펴봅니다. 이유는 부분을 보면서 생기는 분별하는 마음이 줄어들고 마음의 움직임이 멈추고 쉬기 때문입니다.

■ 마음이 멈추고 쉬는 현상으로 감정과 생각이 일어나지 않는 고요한 상태가 되는지 살펴봅니다. 이는 곧 삼매 현상입니다. 삼매는 지혜가 의지하는 바탕이기 때문입니다.

■ 시각의식의 공간이 넓혀졌을 때 사물의 상호의존성이 보이는지 살펴봅니다. 연기緣起의 지혜를 얻을 수 있기 때문입니다. 즉, 부분을 인식할 때는 사물의 상호의존을 알 수 없습니다. 그러나 의식의 공간이 넓어지면 전체를 보면서 부분적인 사물이 상호의존임을 알아차릴 수 있게 되는데, 바로 이를 통해 연기의 지혜가 생깁니다.

■ 시각의식의 확장과 함께 청각의식도 확장되는지 살피면서 소리의 자취 없음이 보이는지 살핍니다.

■ 의식의 공간 확장으로 생기는 삼매와 지혜가 '지각 있는 존재'의 괴로움을 해소할 수 있는 것이라는 이해가 생기는지 살펴봅니다. 이해하는 마음은 곧, 자비심입니다.

■ 전체의식 속에서 부분을 인식하게 되고 거울같이 비추는 전체의식이 깨어나는데 마음거울로 나타나는지 살펴봅니다. 이는 곧 마음의 본성으로 들어갈 수 있는 길이 열린 것입니다.

걸으면서 한 공간 이루고 지나온 길을 되돌아보아 무아無我의 아我를 체험하기

앞서 '시각의식의 공간 넓히기'로 의식의 공간이 넓어진 상태에서 상호의존의 이치로 공함에 깨어있고, 깨어있는 상태에서 '청각의식을 확장하기'와 '소리의 무상관찰하기'로 과거의 소리는 지나가서 없고, 미래의 소리는 오지 않아 없으며, 현재의 소리는 머물지 않아 자취를 남기지 않는 그 자리에 청각의식을 머물게 하는 명상을 통해서 현재 순간에 깨어 있습니다.

이와 같이 시청각 의식의 공간 확장으로 의식을 깨우고, 정적인 쉼경선을 통해 의식을 심화시켰다면 이번에는 동적인 행경선行鏡禪으로 한 공간을 이루고 지나온 길을 되돌아보아 '무아의 아'를 체험하여 잠재되어 있는 과거의 유아有我의 번뇌를 제거합니다. '무아의 아'의 체험에서 일체 모든 것이 고정되고 분리되고 스스로 존재하는 것이 없는 공성을 깨침으로 나아갑니다.

행경선에서는 걸으면서 시각, 청각, 후각, 미각, 촉각의 오감을 열고 '접촉되는 모든 것과 한 공간 이루기'를 합니다. 한 공간 이루기란 의식이 몸과 주변 자연환경과 한 공간이 됨을 말합니다. 한 공간이 되면 마음의 공간이 넓어지면서 심리적인 여유와 안정을 얻습니다. 분노조절장애도 줄어들고 우울증도 호전됩니다. 접촉되는 대상에 대해 순차적으로 오감을 열어가면 의식이 몸과 한 공간을 이루는 것도 순차적으로 일어납니다. 순차적으로 오감을 열어가는 것이 익숙해지면 자연스럽게 오감이 통합되어 한순간에 의식이 몸과 한 공간을 이룹니다.

소나무 숲에 이르렀을 때는 나무 밑에서 정좌하고 한 공간을 이룬 상태에서 지나온 길을 되돌아보면서 '무아無我의 아我'를 체험합니다.

1. 순차적으로 오감을 열어가면서 감각 알아차리기

○ [시각] 걸으면서 산, 하늘, 풀, 나무, 돌 등을 보면서 동시에 몸의 감각을 알아차리면서 걸어갑니다.

○ [청각] 접촉되는 소리를 들으면서 동시에 몸의 감각을 알아차리면서 걸어갑니다.

○ [후각] 나무, 풀, 꽃향기 등을 맡으면서 동시에 몸의 감각을 알아차리면서 걸어갑니다.

○ [미각] 입안의 맛을 보면서 동시에 몸의 감각을 알아차리면서 걸어갑니다.

○ [촉각] 접촉되는 햇빛을 알아차리면서 걸어갑니다.

○ 접촉되는 공기[바람]를 알아차리면서 걸어갑니다.

○ 접촉되는 공간을 알아차리면서 걸어갑니다.

○ 걸으면서 흙과 발의 접촉으로 생기는 감각을 알아차리면서

흙과 발의 상호관계를 체험합니다.

○ 의식이 발바닥에서 벗어나지 않도록 하면서 햇빛, 공기, 공간을 알아차리면서 걸어갑니다.

2. 통합한 오감으로 즉각적으로 주변 풍경과 한 공간 이루고 거울같이 걸어가기

○ 걸어가면서 시각, 청각, 후각, 미각, 촉각의 오감을 통합하여 의식이 발바닥에서 벗어나지 않게 합니다. 이어서 자연스럽게 몸과 풍경이 한 공간 속에서 이루어져 감을 알아차리고 거울같이 비춰보면서 걸어갑니다.

○ 오감이 열린 상태에서 걸어가는 순간순간 오감이 바뀌어 감을 알아차리고, 바뀌어가는 오감을 거울같이 비춰보면서 걸어갑니다.

○ 바뀌어 가는 오감이 자취를 남기지 않음을 알아차리고, 오감의 자취 없음을 거울같이 비춰보면서 걸어갑니다.

○ 보이지 않는 자취 없음과 보이는 사물, 들리는 소리 등을 동시에 거울같이 비춰보면서 걸어갑니다. 보이고 들리는 소리 등이 환영과 같음을 알아차리면서 걸어간다면 더욱 좋습니다.

3. 지나온 길을 되돌아보고 무아無我의 아我를 체험하기

걷기선禪명상을 하면서 소나무 숲에 도착합니다. 소나무 밑에 정좌하고 지나온 길을 시각화하여 되돌아보면서 '무아無我의 아

我'를 체험하고, 현재 이 순간에 깨어나는 명상을 합니다. 일체 모든 것을 공성 하나로 꿰뚫어 볼 수 있는 조건을 갖추기 위해 자비희사慈悲喜捨의 한량없는 마음을 동서남북 사방팔방 상하로 충만하게 하여 공성을 깨치는 데 걸림이 되는 탐욕과 분노 등의 번뇌와 분별심을 제거하는 경선을 할 준비를 합니다.

○ 걸어가면서 과거가 지나가서 없기에 뒤의 자아가 없으며 미래는 오지 않아서 앞의 자아는 존재하지 않으며, 현재도 지금 걷고 있는 순간이므로 머물지 않으므로 자아가 없어 무아이지만 걸어가는 아我는 있으므로 '무아無我의 아我'임을 자각하면서 걸어갑니다.

○ 소나무 숲속의 소나무에 이르러 정좌[또는 나무에 기대고]하고 이제까지 걸어온 과거의 길을 되돌아봅니다. 코스마다 명상한 걷기선禪과 시청각의 의식공간을 넓히고 오감을 통합하고 주변의 풍경과 한 공간을 이루면서 걸어온 길을 시각화하여 살펴봅니다. 앞서 지나오면서 명상하여 온 길의 모든 과거는 기억으로만 존재함을 알아차립니다.

○ 미래는 오지 않아 없으며 현재 나무 밑에서 정좌하고 있는 이 순간의 '무아의 아'만이 존재함을 알아차립니다. 이제까지 살아온 인생도 기억으로만 존재하는 것이며 미래도 오지 않아 없으며 '지금 이 순간' 정좌하고 있는 것이 진실임을 알아차립니다. 이제 '지금 이 순간'에 마음을 두고 머물러 봅니다.

4장

행경선
– 걸으면서 사랑, 연민, 기쁨, 평정을 온 우주에 가득 채우기

공성은 의식이 미세해질 때 깨달을 수 있습니다. 그래서 자비희사 경선을 통해 의식을 온 우주로 확장하여 분별심을 없애고 탐욕과 분노 등의 잠재될 수 있는 거친 번뇌를 제거하여 의식을 미세한 상태로 나아가게 합니다.

자비희사慈悲喜捨의 네 가지 마음을 동서남북, 사방팔방, 상하로 온 우주 공간을 확장하여 한량없는 마음 상태가 될 때까지 경선鏡禪하여 상相없음을 관찰하여 지금 이순간에 늘 깨어있는 조건을 만드는 것입니다.

○ 주변에 그냥 무엇이라도 주고 싶은 사람이 있다면 그 사람에 대한 '사랑하는 감정'이 있기 때문입니다.

■ 이 '사랑의 감정'을 주변 환경으로 확장합니다.

■ 더 나아가 그 '사랑의 감정'을 모든 생명을 가진 존재가 행복하기를 바라는 마음[慈]으로 확장하고 충만하게 합니다.

■ 한발 더 나아가서 동서남북, 사방팔방, 상하에 있는 모든 세간을 충만케 하면서 모든 생명을 가진 존재들이 행복하기를

바라는 '사랑의 감정'이 탐욕과 성냄을 소멸시킬 때까지 반복하여 걸어가면서 경선鏡禪을 합니다.

○ 가족이나 친구나 주변에 고통받고 있는 사람에게 그 고통에서 벗어나게 하고자 하는 사람이 있다면 이는 그 사람에 대한 '연민의 감정'입니다.
■ 이 '연민의 감정'을 주변 환경으로 확장합니다.
■ 더 나아가 그 '연민의 감정'을 고통받고 있는 모든 존재가 고통에서 벗어나기를 바라는 마음[悲]으로 확장하고 충만하게 합니다.
■ 한발 더 나아가서 동서남북, 사방팔방, 상하에 있는 모든 세간을 충만케 하면서 남이 고통에서 벗어나기를 바라는 '연민의 감정'이 해치려는 마음을 소멸시킬 때까지 반복하여 걸어가면서 경선鏡禪을 합니다.

○ 가족이나 친구 등 주변에 베풀기를 좋아하고 좋은 일에 기뻐하는 것을 보고 함께 기뻐하는 감정이 있다면 그 사람에 대한 '기쁨의 감정'입니다.
■ 이 '기쁨의 감정'을 주변 환경으로 확장합니다.
■ 더 나아가 그 '기쁨의 감정'을 모든 생명을 가진 존재와 함께 기뻐하려는 마음[喜]으로 확장하고 충만하게 합니다.
■ 한발 더 나아가 동서남북, 사방팔방, 상하에 있는 모든 세간

을 충만케 하면서 남이 즐거우면 함께 기뻐하려는 감정이 해치려는 마음을 다 소멸시킬 때까지 반복하여 걸어가면서 경선鏡禪을 합니다.

○ 가족이나 친구 등 주변에 또는 신문이나 TV를 통해 불평등한 대우를 받는 사람에 대한 이야기를 읽거나 보면서 그에 대해 평등의 마음이 일어난다면 이는 그 사람에 대한 '평등·평정의 감정'입니다.

■ 이 '평등·평정의 감정'을 주변으로 확장합니다.

■ 더 나아가 그 '평등·평정의 감정'을 모든 생명을 가진 존재와 함께 남을 평등하게 대하려는 마음[捨]으로 확장합니다.

■ 한발 더 나아가 동서남북, 사방팔방, 상하에 있는 모든 세간을 충만케 하면서 남을 평등하게 대하려는 마음이 흔들리는 마음과 교만한 마음을 다 소멸시킬 때까지 반복하여 걸어가면서 경선鏡禪을 합니다.

○ '자비희사慈悲喜捨 한 공간 이루기 경선鏡禪'을 통해 탐욕과 분노와 남을 해치려는 마음과 미워하는 마음과 유정有情이라는 생각이 점점 약화되어 평온에 이르게 됩니다. 그러므로 자비희사慈悲喜捨의 평정[捨] 상태로 경선鏡禪할 때, 상相 없음을 관찰하면서 지금 이 순간에 깨어있게 하고 최종에는 공성空性을 깨칠 수 있는 조건이 생깁니다.

5장

행경선
– 걸으면서 순간순간 상相 없음을 관찰하여 지금, 이 순간에 깨어있기

걸으면서 주변 환경과 한 공간 상태에서 발바닥과 온몸의 지나간 감각은 없으며, 미래의 감각도 없으며, 현재의 감각도 머물지 않아 상相 없음을 알아차려 지금, 이 순간에 깨어있는 상태에서 소나무 숲으로 나아갑니다. 공은 상相이 없습니다. 그러므로 상相 없음의 경선을 통해 공과 상응하도록 합니다. 그리하여 공성이 드러나면 상相은 저절로 사라집니다.

○ 의식의 공간 확장으로 깨어있는 상태에서 걸으면서 발바닥과 온몸 감각이 순간순간 생겨도 생김이 없고, 사라져도 사라짐이 없음을 관찰하고 자취 없음의 영역에 머물기를 명상합니다. 생겨남의 자취 없음은 생겨난다는 개념에서 벗어나는 것이며, 사라지는 순간순간 자취 없음은 사라짐이라는 개념에서 벗어나는 것입니다.

○ 지금, 이 순간에 깨어있기 경선鏡禪에서 '숨 쉬지 않고 땀 흘리지 않는 그 무엇'이 걸을 때 나타날 수 있습니다. 집중이 필요한 약간 높은 고개를 올라갈 때 몸은 숨을 몰아쉬고 땀을

흘리지만 숨 쉬지 않고 땀 흘리지 않는 '그 무엇'이라는 현상이 나타날 수 있으며, 도리어 '그 무엇'은 숨 쉬고 땀 흘리는 몸을 지켜볼 수 있습니다. 아직 깨달음은 아닙니다. 몸과 몸을 주시하는 그 무엇이 주객으로 살아있기 때문입니다. 하지만 '그 무엇'은 일상으로 돌아오면 곧 깨어있는 상태이며 전체의식임을 체험적으로 알게 됩니다.

○ 일상생활에서 잡생각이나 감정이 일어나지 않고 깨어있기만 하는 상태가 될 수도 있습니다. 눈을 감고도 즉, 눈꺼풀이 덮고 있을 때 눈이 떠 있는지를 확인해 봅니다. 의식이 깨어있는지 여부를 알 수 있습니다.

6장

좌경선
– 상相 없음에 머물러 선정禪定을 이루고 사마타를 성취하기

행경선을 통해 상相 없음을 체험하더라도 지속적으로 상없음에 머물 수 없고, 상없음에 머물 수 없음으로 일체 모든 현상을 관통하는 하나의 맛[一味]인 공성을 힐긋 볼뿐입니다. 하지만 좌경선을 통해 상없음에 머물고 오직 마음뿐이요 다른 경계가 없고, 마음의 모습을 찾을 수 없음을 알고 깨어있는 의식상태에서 비로소 선정을 얻습니다. 선정에 의지해서 일체 모든 것을 분석 사유할 때 공성이 드러나고 공성을 지각할 수 있습니다. 공의 뜻이 깨달음의 뜻이므로 공성 자체가 될 수 있는 조건을 갖춥니다.

상없음에 머물러 깨어나는 마음에 집중하기 위해서는 호흡과 형상과 허공과 흙, 물, 불, 바람의 사대四大현상과 보고, 듣고, 느끼고, 아는 견문각지見聞覺知에 의지하지 않습니다. 이것이 상相에 머물지 않는 방법입니다. 상相에 머물지 않으면 객관이 사라지면서 깨어있는 전체의식이 분명해지고, 깨어있는 상相 없음에 머물 수 있으면 인식 작용도 사라지면서 주관의 마음도 찾을 수 없어 주객이 하나 되는 선정禪定에 들어갑니다. 이것이 숙달되면 선정을 얻고, 선정 속에서 경안輕安이 일어나고, 사마타가 성취됩니다. 그 이전

사마타는 수순隨順 사마타입니다.

1. 상相 없음의 텅 빔에 머무는 좌경선

[집중하여 들어가는 상태]

1차) 상相 없음에 머무는 좌경선 방법을 듣고 텅 빔에 머묾 – 청
  문聽聞의 힘

○ 상相 없는 깨어있는 마음에 머물기 위해 호흡과 형상과 허공
  과 흙, 물, 불, 바람의 사대四大 현상과 보고, 듣고, 느끼고, 아
  는 견문각지見聞覺知에 의지하지 않으면 마음이 안으로 머물
  기 시작합니다. 상相 없어 텅 빔에 머무는 마음이 안으로 모이
  면 마음이 안으로 모이는 상태를 생각으로 붙들고 '집중하여
  들어갑니다.' 이와 같은 상태가 익어지는 것이 기억입니다.

[끊어짐이 있는 집중을 이어가는 상태]

2차) 기억으로 상相 없음의 텅 빔에 머묾 – 생각과 알아차림[正念]
  의 힘

○ 생각으로 상에 의지하지 않고 상 없음에 머묾이 익어지면 곧
  기억된 것입니다. 그래서 기억으로 상相 없음의 텅 빔에 머뭅
  니다. 상없음에 머물 때 마음은 깨어있습니다. 끼어드는 잡
  생각을 알아차리면 사라집니다. 하지만 '사라졌다는 흔적'마
  저 용납하지 않습니다. 철저하게 '사라졌다는 무형의 상相[자

취]'에도 머물지 않습니다.

상相 없음의 텅 빔에 머물러 깨어있는 마음을 유지할 때 번뇌의 침범이 있어 집중이 끊어집니다. 그러나 상相 없음의 텅 빔에 머무는 깨어있음을 기억으로 이어갑니다.

3차) 이理로써 상相 없음의 텅 빔에 머묾 – 알아차림[正念]의 힘

○ 하지만 상 없음을 기억하여 잊지 않는 수행을 하더라도 여러 현상이 여전히 일어납니다. 이때는 이치[理]로써 상에 의지하지 않고 상相 없음의 텅 빔에 머무는 수행을 합니다. 이것이 상相 에 머물지 않는 방법입니다. 즉, 딱딱하거나 부드럽거나 거친 현상, 아름다운 동산이나 천국같은 영상, 불쾌한 이미지 등이 나타나거나 잡생각과 감정 등이 일어나도 일어나는 자취가 없음을 알아차리고, 사라져도 사라지는 자취가 없음을 알아차립니다. 자취 없음은 곧 생기고 사라지는 현상이 없음을 말합니다. 그래서 자취 없음에 초점을 맞추고 있으면 일어나는 현상들이 순간순간 자취없는 불생불멸不生不滅 임을 이해되는 지혜가 일어납니다. 이 지혜에 의해서 생멸이 없는 자리는 곧 상相 없는 텅 빈 자리와 같다는 사실을 알게 됩니다.

○ 생은 불멸이고 멸은 불생입니다. 불생불멸不生不滅임을 '체험으로 이해되는 지혜'로 인하여 감각, 영상, 생각, 감정, 개념 등을 움켜쥘 수 없어서 놓아버림의 느낌이 올 때, 상相 없음의 텅 빈 상태가 불현듯 떠오를 것입니다. 이 텅 빔에 익숙

해질수록 의식이 명료하게 깨어있음이 자연스럽고 뚜렷하게 드러납니다.

○이와 같이 수행을 계속해 가면 지혜에 의해 상相이 일어나지 않아 분별이 없어 텅 비어지고 한 덩어리의 깨어있는 마음만 남습니다. 이제 이 전체의식에 초점을 맞추고 수행해 갑니다.

4차) 이理로써 상相 없음의 텅 빔에 머물면 생기는 바른 앎 - 바른 앎[正知]의 힘

○지혜에 의해 상相이 일어나지 않아 분별없이 텅 빈 전체의식의 깨어있는 마음에 초점을 맞추지만 집중하는 마음은 습관적으로 텅 빔에 흥미를 잃을 수 있습니다. 그래서 흥미를 찾아 마음 밖의 모양과 색깔을 탐애하는 들뜸이 발생할 수 있습니다. 들뜸이 집중을 방해하는 요인임을 알아차리고[正念] 해결책을 적용할 필요가 있다는 것을 바르게 압니다[正知]. 그 해결책은 마음이 밖의 대상으로 헤매어 들뜨면 형상의 허망함과 선정禪定의 공덕을 생각하고 안으로 알아차림의 직관이 깨어있는 전체의식에 초점 맞추는 것으로 되돌아오게 하는 것입니다.

○이때 안으로 전체마음에 집중하는 힘 때문에 혼침이 올 수 있습니다. 이때의 혼침도 집중을 방해하는 요인임을 즉각 알아차리고[正念], 해결책을 적용할 필요가 있다는 것을 바르게 압니다[正知]. 그 해결책으로는 햇빛이나 달빛 또는 전등 불

빛이 자신에게 비추는 광명의 표상[광명상光明想]을 떠올립니다. 또 의식을 혼침으로부터 깨우기 위한 분명한 해결책으로 생각들이 실체가 없어 주재하는 자아 없음인 무아無我이며, 환幻과 같아 공空임을 분명하게 이해합니다. 분명하게 이해하는 공 지혜로 인하여 마음 의식이 다시 깨어나게 됩니다.

○ 다시 '상相 없음'의 텅 빔에 머물러 드러나는 깨어있는 전체 의식에 초점을 맞추고 수행해 갑니다. 깨어있음을 확인하려면 눈을 뜨나 감으나 보는 마음이 바뀌지 않으면 의식이 깨어 있습니다.

○ 이처럼 무아無我의 지혜와 공성空性의 이해가 분명해지면 수행의 길이 바르고 바르지 못한지를 분명히 알고 수행할 수 있게 됩니다. 이는 곧 윤리적인 것과 비윤리적 것을 분명히 알아 바른 길로 가는 것과 같습니다. 즉, '길과 길 아님을 보고 아는 바른 앎'이 생깁니다.

○ 마음이 고요하여 평정을 이루고 있는지 살핍니다.

5차) 평정을 얻음 - 정진의 힘

○ 전체의식을 알아차리는 이 알아차림에 마음을 두어 주객이 하나 되는 삼매三昧 상태로 갑니다.

○ 주객이 하나가 되어 마음뿐인 상태에서 보이는 현상을 찾을 수 없고 마음의 모습도 찾을 수 없는지 살핍니다.

○ 주객이 하나 되는 삼매 경계를 익숙하게 수행합니다.

○ 혼침이 있으면 즉각 알아차려 혼침에서 벗어납니다. 또는 전체의식의 깨어있음을 자각하여 혼침에서 벗어납니다.

○ 이제 미세한 들뜸과 혼침이 일어나더라도 정진하고자 하는 마음을 내면 곧 사라지는지를 살핍니다.

[끊어짐 없이 집중을 이어가는 상태]

○ 주객이 하나 된 상태의 삼매가 익숙해지면서 끊어짐 없이 집중을 이어가는 정진이 이루어집니다. 주객이 하나 된 상태의 '깨어있는 마음의 상相 없음'의 텅 빔에 머무는 정진을 이어갈 수 있습니다.

○ 정진의 힘으로 공성에 깨어있는 의식상태가 끊어짐 없이 익숙하게 됩니다. 더 나아가서 일상생활에서도 몸과 전체의식과 '깨어있는 마음의 상相 없음'이 하나 된 상태로서 오직 마음뿐인 경계가 되어 가도 가는 줄 모르고 와도 오는 줄 모르고 음식을 먹어도 먹는 줄 모르는 상태가 되는지 살핍니다.

○ 이와 같은 상태를 익숙하게 합니다.

[노력하지 않아도 집중이 이어지는 상태]

6차) 주객이 하나 된 상태로 숙달되는 등지等持 – 숙달의 힘

○ 몸의 형태가 사라져 없고, 호흡은 있는 둥 없는 둥 미세하며, 마음이 뜨고 가라앉음이 없이 평등한 상태가 지속되는지 살핍니다. 노력하지 않아도 집중이 지속되면 이 상태는 등지等

持로서 선정입니다.

○등지 상태에서 몸과 마음의 경안輕安이 생기는지 살핍니다.

2. 선정禪定 속에서 몸과 마음의 경안 체험하고 사마타를 성취하기

알아차림이 확립되어 평정 상태에서 대상을 알아차리는 성성惺惺한 알아차림에 머물 때 주객이 하나가 되는 선정 상태로 들어갑니다. 이것이 숙달되면 일상생활에서도 알아차리는 정념에 머무는 방편을 잊지 않습니다. 이는 몸과 마음과 화두가 하나된 상태인 타성일편打成一片과 같으며, 전주일취專住一趣라고도 합니다. 전주일취가 익어지면 등지等持라는 선정을 얻고, 등지에서 경안輕安이 일어나면서 오욕락이 없는 선정을 얻습니다. 이것이 사마타의 성취입니다.

이 사마타 삼매[禪定]를 의지하여 몸과 마음과 환경과 온 우주의 일체를 분석 사유하여 공성을 통찰해 내며 더 이상 사유할 수 없는 경계까지 가면 위빠사나의 경안이 일어나고 삼매가 일어납니다. 사마타 삼매와 위빠사나 삼매가 하나로 공삼매를 이루면 이 공삼매 속에서 깨달음이 일어납니다.

수행자가 명상하기 시작하면서부터 몸과 마음이 편안하고 가벼워지는 경안이 일어나기 시작합니다. 경안이 드디어 욕계심欲界心의 선정禪定인 등지等持 속에서 일어나면 미묘합니다. 경안에는 몸과 마음의 경안이 있는데 몸과 마음의 조잡함과 무거움, 두 가지를 여읜 것을 말합니다. 몸 경안[身輕安]의 특징 중에 흙·물·불·바람의 사대四大 요소의 기운이 온몸에 가득 퍼지는 현상이 있는데, 이는 몸의 조잡성을 격퇴하여 여의게 된 것입니다. 몸의 모든 조잡성은 번뇌를 끊음과 기쁨에 장애가 되는 번뇌들을 일으킵니다. 그래서 몸 경안에 의해 몸 조잡성이 사라지므로 몸 감능[身堪能]이며, 사마타를 이룰 수 있는 조건을 갖추게 됩니다.

이때 몸 안에 최대의 기쁨이 일어나는데, 이것을 의지해서 마음에도 최고의 기쁨이 일어나게 됩니다. 그런 다음 몸 경안은 처음에 일어났던 힘이 점점 적어지면서 아주 미세한 것으로 변하게 됩니다. 그리하여 경안은 마치 형체를 따르는 그림자처럼 얇아져 움직이지 않는 삼매와 병행해서 일어나게 됩니다. 마음의 기쁨도 점점 줄어들며, 마음이 대상에 견고하게 머무르며, 큰 기쁨으로써 동요하는 부적정不寂靜을 벗어나 마음이 지止로써 견고하게 거두고 유지하게 되며, 큰 적정寂靜의 모습으로서 대상에 머무르게 됩니다.

이렇게 몸 경안은 마음이 대상에 장애 없이 들어가게 되는 바탕이며 조건이 되어 마음의 감당할 수 있는 능력[心堪能]이 생기게 합니다. 마음 감능堪能은 바른 사유에 들어가는 마음의 유쾌함과 가볍게 되는 원인을 일으켜, 이것을 다른 법으로 변하게 하는 모든 것들입니다. 이것을 갖추면 대상에 장애 없이 들어가게 되기 때문에 심감능성心堪能性이라고 합니다.[34]

사마타의 성취로서의 선정은 다음 네 가지가 갖추어지면 인정됩니다.

첫째, 비가 오고 난 뒤 먼지 하나 없이 맑은 가을 하늘 같은 명경지수明鏡止水입니다.

둘째, 무회無悔입니다. 악惡을 짓지 않아서 후회가 없습니다. 그래서 피곤하고 싫어함이 없습니다.

셋째, 마음이 수행자가 바라는 대로 대상에 장애 없이 들어갑니다.

넷째, 희락喜樂입니다. 마음의 기쁨과 몸의 안락이 생깁니다. 등지等持에서도 갖추지 못하는 것입니다.

---

34 쫑카파 지음 / 청전 옮김 『깨달음에 이르는 길』 지영사 2010년 3월 p.p. 687~690 참조

7장

상호의존[緣起]을 사유통찰하여 공空의 지혜 얻기

공空은 연기緣起를 통해 쉽게 알 수 있습니다. 사유가 인식수단이 됩니다. 사유는 눈으로 확인할 수 없는 대상을 추론하여 드러내고 아는 것입니다. 즉, 소나무로부터 온 우주까지 시간적으로 변하고 공간적으로 인과의존因果依存하고 상호의존함을 사유합니다. 이와 같이 사유하여 일체 모든 것이 원인과 결과가 서로 의존하여 독립된 실체가 없으며 공간적으로 상호의존하므로 고정된 실체가 공空함을 통찰하는 것입니다. 통찰한 지혜로 공이 드러날 때, 드러난 공을 직관하여 들어가면 공 자체가 되어 공을 깨닫는 것입니다.

또한 소나무부터 온 우주까지 사유 통찰하는 과정을 상상 속에서 시각화합니다. 그리하여 의식이 온 우주와 한 공간을 이루며, 사유통찰을 자유롭고 꿰뚫어 보게 하는 효과가 있습니다. 때문에 상호의존의 연기緣起와 연기의 여如와 여의 공空을 깊고 넓게 그리고 세밀하게 사유 통찰하여 공의 지혜가 생기게 하는 것입니다.

1. 지혜의 뜻을 이해하기

지혜는 첫째, 모든 것을 꿰뚫어 하나로 보고, 그 궁극을 봅니다. 둘째, 시간과 공간의 제약을 받지 않습니다. 즉, 세월이 흐르고 환경이 바뀌더라도 이 지혜는 불변입니다. 셋째, 몸과 마음을 속박하고 있는 모든 것으로부터 대자유를 얻습니다. 지혜가 생기면 무지가 사라지고, 무지가 사라지니 번뇌가 사라지고, 번뇌가 사라지니 습관이 바뀌고, 습관이 바뀌니 괴로움이 사라집니다. 넷째, 삶과 죽음의 굴레에서 벗어납니다. 다섯째, 완전한 깨달음을 얻습니다.

2. 청정한 마음空을 깨닫기 위한 공조경선空照鏡禪 하는 과정 살 피기

공조경선空照鏡禪이란 텅 비면서도 온 우주를 비추는 마음의 청 정본성인 본각을 깨치기 위한 명상입니다. 소나무를 통해 수행자 와 온 우주의 무상無常과 인과의존, 상호의존을 사유함으로써 바 뀌지 않는 여如와 공空과 일미一味가 드러나게 통찰하고 직관으로 써 청정한 마음空을 체험하는 명상입니다. 공조경선空照鏡禪을 통해 몸과 마음의 현상을 알아차리고, 현상의 생기고 사라짐을 관 찰하면 무상無常 · 고苦 · 무아無我의 지혜가 생깁니다.

여기서 한발 더 나아가 공성을 체험하기 위해서는 분석 사유하 여 통찰해야 합니다. 즉, 무상無常 · 고苦 · 무아無我를 통해 현상의 개념에서 벗어나 일체 모든 것이 환영임을 아는 지혜를 근거하고 선정禪定에 의지해서 분석 사유합니다. 사유통찰의 힘으로 자생自 生 · 타생他生 · 자타생自他生 · 무인생無因生인 자성自性이 환영이며, 이 환영의 끝에는 그 어떤 것도 없는 부재인 공空을 찾아내고 이제 공상空相에 집중하여 분석 사유합니다. 사유할 수 없는 경지까지 이르면 위빠사나 삼매가 일어나고, 경안輕安이 생기면서 정과 혜 가 원융하게 되고, 정혜원융의 공삼매 속에서 마음의 청정하고 텅 빈 본래 성품을 깨닫습니다. 이 과정에서 사유로써 파악되는 공에 는 깨달음이 아직 없습니다.

3. 일체 모든 것을 사유로서 통찰하여 공을 드러내는 명상의 과정 숙지하기

맑고 텅 빈 거울명상은 마음의 청정한 본성인 맑고 텅 비면서 두루 비추는 거울[공조경空照鏡]을 깨닫는 데 있습니다. 그 방법은 사유통찰과 공조경空照鏡에 머무는 집중의 명상 수행으로서 맑은 거울명상입니다. 공조경空照鏡을 사유통찰함과 머무는 과정은 마음에 비유되는 경각정鏡覺亭이 사라지고 다시 환원되는 과정입니다.

4. 존재의 근원을 4단계로 사유통찰하여 꿰뚫기 위해 소나무를 통하여 통찰하기

사유통찰의 경선정원에서 사유 통찰함은 일체 모든 것을 사유통찰의 대상으로 삼습니다. 왜냐하면 번뇌는 무명無明으로부터 일어나는데, 무명은 일체 모든 것에 대한 잘못된 인식에서 비롯되기 때문입니다. 몸과 마음의 생기고 사라지는 현상을 관찰하면 있음과 없음의 잘못된 견해를 제거할 수 있지만 눈에 보이는 대상은 고정되어 보이고, 분리되어 보이고, 스스로 존재하는 것같이 보이므로 세상을 있음과 없음으로 보는 무지무명을 일으킵니다. 그래서 일체 모든 것을 공성空性으로 분석 사유하여 있음과 없음으로 잘못 보는 무명을 제거하는 것입니다.

사유통찰하는 방법은 마음의 움직임이 최소화된 상태인 선정禪定을 의지하여 능정사택能正思擇과 최극사택最極思擇, 주편심사周徧尋思, 주편사찰周徧伺察로 분석사유하여 공성의 지혜를 얻습니다.

첫째, '능정사택能正思擇'은 맑은 행으로 반연하는 경계에서나, 좋은 방편으로 반연하는 경계에서나, 번뇌를 맑게 하는 경계에서나 전체적으로 포괄하는 현상계의 모든 차별상을 바르고 깊이 분별하여 모든 것이 시간적으로 변하는 무상과 공간적으로 상호의존하는 연기緣起를 선택하는 것을 말합니다.[35]

둘째, '최극사택最極思擇'이란 모든 것을 대상으로 하여 모든 것의 궁극적인 본질인 진여眞如를 최극으로 사유 분별하여 진여의 공성을 선택하는 것을 말합니다.[36]

셋째, '주편심사周徧尋思'는 거친 사유를 뜻합니다. 관찰 대상인 공성의 경계에 대하여 지혜가 행을 갖춤으로 말미암아 분별 있는 작의로서 공空의 상相을 취하여 두루 살피고 잘 생각하는 것을 말합니다.[37]

넷째, '주편사찰周徧伺察'이란 세밀하게 분별하고 살피는 정신작용을 말합니다. 공성 경계에 대하여 진실한 뜻[공성]을 잘 살피고 추구하여 두루두루 세밀하게 사유통찰합니다.[38] 더는 사유할 수 없는 데까지 분석 사유하여 공성을 통찰합니다.

---

35 『대승기신론 해동소』. 云何名爲 能正思擇 謂於淨行所緣境界 或於善巧所緣境界 或於淨惑所緣境界 能正思擇 盡所有性

36 위의 책, 云何名爲 最極思擇 謂卽於彼所緣境界 最極思擇 如所有性

37 위의 책, 云何名爲 周徧尋思 謂卽於彼所緣境界 由慧俱行 有分別作意 取彼相狀 周徧尋思.

38 위의 책, 云何名爲 周徧伺察 謂卽於彼所緣境界 審諦推求 周徧伺察 乃至廣說. 네 단계 사유 통찰함은 『유가사지론』「성문지」에서 이 내용들을 자세히 설명하고 있다.

이같은 네 단계의 사유통찰과 깨달음을 경각정鏡覺亭의 해체와 환원되는 과정으로 비유합니다. 즉, ①지붕이 사라짐 ②네 기둥이 사라짐 ③난간과 바닥나무와 주춧돌이 사라짐 ④경각정의 바닥마저 사라짐 ⑤모두 사라진 인우구망人牛俱忘의 경계 ⑥반본환원返本還源의 경계로서 깨달음의 표현으로 황금빛 경각정鏡覺亭의 지붕, 기둥 등이 원상태로 되살아납니다.

네 가지 사유통찰은 ③난간과 바닥나무와 주춧돌이 사라지는 경계까지입니다. 이후는 사유의 영역을 떠난 체험의 영역입니다. 해체는 ④경각정의 바닥이 사라지고 ⑤모두 사라진 인우구망人牛俱忘의 근본지根本智인 깨달음의 경계이며 환원은 ⑥반본환원返本還源인 반야지般若智의 경계입니다.

경각정의 해체와 환원의 비유는 곧 밖에서 안으로, 형상에서 무형상으로, 거친 마음에서 미세한 마음으로, 미혹에서 깨달음으로 들어가는 과정이며 동시에 결과입니다.

5. 일체 모든 것이 무상無常과 인과의존, 상호의존임을 사유통찰하기

소나무를 통해 존재의 근원을 꿰뚫어 보는 사유통찰을 합니다. 수행과 깨달음의 상징으로서 경각정鏡覺亭의 이미지를 영상화하여 본격적으로 4단계를 사유통찰하기 위해서입니다.

○소나무에 기대어 숨을 들이쉬고 내쉬면서 어깨에 힘을 빼고

허리는 펴줍니다. 그리고 눈을 감고 아무것도 하지 않고 가만히 있기만 합니다.(10초~20초)

○ 눈앞의 소나무는 시각적으로 고정되어 있어 보이고, 다른 것과 분리 독립되어 보이고 실체를 가지고 본래부터 스스로 존재하는 것처럼 보입니다.

○ 소나무는 땅을 의지하고 있기 때문에 흙 없이 살 수 없습니다. 소나무 뿐만 아니라 흙으로 이루어진 대지 위의 마을 → 시 → 도 → 대한민국 → 일본 → 중국 → 동남아시아 → 인도 → 아프리카 → 유럽 → 아메리카의 모든 국가는 지구라는 땅 위에 있으므로 지구를 영상화하여 보면서 의식의 공간을 넓힙니다. 대지 위에 모든 나라들이 흙의 요소인 대지大地를 의지하고, 대지 위에 각 나라가 상호의존하고 있음을 사유합니다.

○ 지구의 모든 나라에 물의 요소인 강과 바다 등을 떠올리고, 불의 요소인 차갑거나 따뜻한 온도를 떠올리고[39], 이어서 산소, 질소, 수증기 등 에너지인 바람의 요소가 지구를 감싸고 있는 이미지를 입체적으로 영상화하여 보면서 물·불·바람의 요소를 의존하고 있음을 사유합니다. 각 나라와 사람들과 생명체가 서로 의존하고 있음을 사유통찰합니다. 물·불·바람의 요소는 발생과 소멸을 반복하는 무상입니다. 즉, 지구는 무상無常을 의존하고 있습니다. 또 지구 전체는 허공에 의존

---

39 따뜻한 온도만이 아니라 차가운 온도도 불의 요소로 봅니다.

하고 있음을 입체적으로 보면서 사유합니다.

○ 이와 같이 소나무가 공간[허공의 요소]이 없으면 자랄 수 없듯이 자기 자신과 지구의 모든 사람, 마음 있는 생명체들을 떠올리고, 내 주변의 공간에서 사람, 동물, 식물 등이 활동하는 지구 주위를 영상화하여 입체적으로 의식을 확장하여 보면서, 모든 존재는 독립되고 분리되고 스스로 존재하지 않고 무상無常하게 변하고 상호의존하여 고유한 자체 성품이 없어 무자성無自性이며 실체가 텅 빈 공空임을 사유통찰합니다.

○ 지구의 동서남북 사방팔방 상하를 고루 비추는 태양의 이미지를 시각화하고, 나아가서 태양계의 모든 행성을 고루 비추는 태양의 이미지를 입체적으로 시각화하여 봅니다. 태양계는 온 우주에 의존함을 사유통찰합니다. 소나무, 생명체 등 부분이 모여 태양계와 온 우주를 이루므로 부분이 전체이고, 온 우주에 의존해서 소나무 등 부분이 존재하므로 전체가 곧 부분임을 사유통찰합니다.

○ 일체 모든 존재가 본래적인 존재가 아님을 통찰하여 무상하고 상호의존의 연기緣起를 드러냅니다. 이와 같은 이치의 표현으로 소나무를 안아주고, 땅을 가볍게 톡톡 치면서 고마움을 행동으로 표현합니다.

소나무 숲속에서 일체 모든 것이 무상無常, 인과의존, 상호의존하고 있는 것의 상징적인 비유가 경각정鏡覺亭입니다. 이 경각정鏡

覺후을 4단계로 사유통찰하여 드러나는 수행과정과 깨달음을 영
상화하여 해체와 환원을 나타냅니다.

8장

처음 명상할 때부터 지금까지
명상 과정도 원인과 결과임을 되돌아보기

숲이나 나무 밑에서 좌선 자세를 취하고 상상의 경각정鏡覺亭에
올라 명상 초기부터 지금까지의 명상의 과정도 원인과 결과임을 이
미지화하여 되돌아보고, 현재 자신의 명상 경계를 점검해 봅니다.

9장

경각정鏡覺亭의 해체와 환원을 통하여
수행과정을 알고 마음의 근원을 깨닫기

경각정鏡覺亭의 이미지는 대상에 대한 반응으로 나타난 것을 상징합니다. 반응은 행(行, Sankara)입니다. 행行은 형성력입니다. 이행行에 감정과 생각이 덧붙여지고 의미부여가 되면 새로운 현상으로 나타납니다. 고정되어 있고 다른 것과 분리되고 스스로 실체를 가지고 존재하는 이미지로 형성되어 나타납니다.

이와 같은 현상들의 흐름이 가정, 사회, 국가, 세계를 형성합니다. 착각이고 왜곡이며 환영입니다. 그래서 세상은 괴로움이 넘쳐 나고 인생은 괴롭다고 하는 것입니다. 대상에 반응하는 현상을 무상無常과 고苦와 무아無我와 공空으로 관찰하여 형성력을 해체해 가는 것이 경각정의 이미지를 해체해 가는 과정으로 상징됩니다.

그 과정의 끝은 현상들의 지속적인 발생을 넘어서 발생하지 않는 상태로 들어갑니다. 현상들의 발생 그 너머는 생사生死의 괴로움에서 벗어나 불사不死의 행복과 해탈解脫의 대자유를 체험하는 것입니다. 말하자면 십우도十牛圖의 소를 타고 공성의 고향의 집으로 되돌아가는 기우귀가騎牛歸家의 경계가 환幻에서 공空으로 가는 길입니다.

1. 일체 모든 것이 무상無常, 상호의존임을 반복 사유통찰하기 (能正思擇)

[이미지를 영상화하기] 첫 번째, 마음 속으로 소나무와 우주가 원인과 결과[因果]로 연결되어 있다는 무상無常과 상호의존을 영상화하여 보면서 반복하여 이치를 사유통찰하고, 소나무와 마찬가지로 경각정鏡覺亭도 이와 같음을 사유통찰합니다.

이제 깨달음을 상징하는 정자에 정좌正坐하고 소나무를 통하여 일체 모든 것을 상호의존이라는 진실 하나로 꿰뚫었습니다. 더 깊이 들어가서 흙·물·불·바람의 요소로 이루어진 형상들은 무상無常이요 상호의존함을 사유통찰하고, 경각정鏡覺亭도 같음을 사유

통찰합니다. 명상 초기부터 지금까지의 명상 과정을 되돌아보고 명상을 통한 집중과 지혜는 명상의 정견正見을 의지하여 생긴 결과임을 알아차립니다. 이것이 사유통찰하는 맑은 마음거울명상[空照鏡禪]의 첫 번째 단계입니다.

2. 일체 모든 것이 공호함의 여如임을 두루 사유하여 통찰하기 (最極思擇)

◎ 경각정의 지붕 이미지가 사라지는 상징

[이미지를 영상화하기] 두 번째, 경각정의 지붕 이미지가 사라지는 상징은 일체 모든 것이 무상無常함과 상호의존[緣起]함을 이미지화하여 두루 사유통찰함으로써 현상들이 무상이라는 지붕의 생멸이 없는 여如를 사유통찰하여 공성空性의 여如를 드러냅니다.

○ 경각정의 지붕이 사라지는 비유로써 흙·물·불·바람의 요소로 이루어진 지붕의 나무와 기와 등이 상호의존하고 있어서 본래부터 독립된 것이 없음을 두루 사유통찰하고, 상호의존하므로 시간적으로 변하는 무상無常임을 두루 사유통찰합니다. 한발 더 나아가 경각정의 지붕이 상호의존하여 독립된 그 어떤 것도 없어서 무상하게 변하고, 생김이 곧 소멸함을 알아 생멸하는 순간순간 자취를 남기지 않음을 사유통찰합니다. 더 나아가서 생함은 멸함이 없고[不滅], 소멸함은 생기는 것이 없습니다[不生]. 역설적이게도 생멸은 곧 불생불멸不生不滅을 나타냅니다. 생멸의 자취 없는 그 자리는 생하는 순간 불멸이요, 멸하는 순간 불생이라 불생불멸의 자리는 바뀌지 않는 여如임을 사유통찰하여 여如를 드러냅니다. 이와 같은 경각정의 지붕이 사라지는 경지는 사유통찰하는 맑고 텅 비면서 두루 비추는 마음거울명상[空照鏡禪]의 두 번째 단계입니다.

◎ 공空한 여如의 상相에 머물러 여의 마음을 드러내는 좌경선 하기

[이미지를 영상화하기] 경각정을 통해 무상無常과 상호의존하는 현상은 생멸하는 환幻이며, 환인 생멸이 불생불멸하는 여如이며, 여상如相에 머물러 여如가 곧 마음임을 드러내고 깨달음의 상징인 경각정의 지붕이 사라짐을 영상화하여 지켜봅니다.

　공空의 여상如相에 머무는 명상은 무상無常과 상호의존을 통해
생멸하는 현상은 환영과 같음을 보고, 환영 같은 그곳은 자취 없는
불생불멸不生不滅의 여如임을 보고, 여상如相에 머물러 자취 없음
의 여실如實함을 들여다보는 것입니다. 이와 같이 보게 되면 여실
한 마음이 보입니다.

　　삼라만상 온 우주는 생멸生滅하나
　　생멸을 뒤집어보면
　　멸滅은 불생不生이며 생生은 불멸不滅이니
　　불생불멸不生不滅이
　　여如의 본모습이며 마음의 본래 성품이네.

　보이는 마음은 본래 깨달음[覺性]인 공조경空照鏡의 마음입니
다. 이 마음은 거울과 같이 나타내 보이는 성질이 있음과 동시에

마음거울에 나타나는 일체 현상이 환幻임을 보여줍니다. 마음거울에 나타난 일체 현상이 공함을 나타내므로 지혜[마음]이며 이 지혜는 수행하여 얻는 지혜가 아니므로 지체智體입니다. 그러므로 지혜가 곧 공이며, 공이 곧 지혜로서 공과 지혜가 다르지 않습니다. 공의 여如가 드러나면 무지와 번뇌망상이 사라지므로 지혜입니다. 이 지혜는 공조경空照鏡에 본래 갖추어져 있는 수단으로서 무지와 번뇌망상을 없앱니다. 이와 같이 여상如相에 머물러 여실한 마음을 드러냄은 곧 공조경空照鏡의 지혜마음이 드러나게 합니다. 이 또한 사유통찰하는 텅 비면서 두루 비추는 마음거울명상[空照鏡禪]의 두 번째 단계입니다.

3. 공의 여상如相에 머물러 공空을 두루 깊게 사유통찰하기(周徧尋思)

◎ 경각정의 네 기둥이 사라지는 상징

[이미지를 영상화하기] 세 번째, 경각정을 통해 공空의 여상如相에 머물러 마음에는 자작自作(自生)-타작他作(他生)-자타작自他作(自他生)-무인작無因作(無因生)인 네 기둥의 자성自性이 없어 공空함을 영상화하여 사유통찰하고 마음뿐인 공성의 여상如相에 머무는 공조경空照鏡 명상을 합니다.

경각정의 네 기둥이 사라지는 상징은 소나무를 통하여 얻는 공의 여상如相에 의지하여 자성이 없는[無自性] 공성을 사유통찰합니다.

◎자생自生이라는 첫 번째 기둥을 부정하는 공성을 사유통찰합니다. 즉, 공의 여상如相에 머물러 경각정鏡覺亭이 소나무와 같이 흙, 물, 나무, 돌 등이 없이 경각정 스스로가 만들어 결정하고 존재한다는 자작自作도, 자생自生도 부정[無自性]함을 사유통찰합니다.

◎타생他生이라는 두 번째 기둥을 부정하는 공성을 사유통찰합니다. 즉, 경각정이 직접적으로 인연이 없는 다른 사람과 다른 사물과 인연관계를 갖고 만들어진 것이라면 현실에서 증명할 수 없는 인과因果의 현상이 일어납니다. 말하자면 나란 존재가 나의 부모님이 아닌 다른 부모에게 태어날 수 없는 것과 같습니다. 이와 같이 타생他生이라면 경각정이 물에서 만들어질 수 있고, 행복은 부도덕에서 발생할 수도 있을 것입니다. 하지

만 그러한 일은 일어나지 않습니다. 타생他生은 곧 실체가 없으므로 무자성無自性하여 공합니다.

◎자타생自他生이라는 세 번째 기둥을 부정하는 공성을 사유통찰합니다. 즉, 경각정이 자自의 자성과 타他의 자성으로 지어진 것이라면 어떻게 될까요? 자성은 다른 것과 독립되고 분리되고 변하지 않는 실체이므로 자타가 서로 합하여 하나로 짓고 하나로 생生할 수 없습니다. 그러므로 자타의 자성이 함께 공하여 평등하며 무자성으로 하나의 공임을 사유통찰합니다.

◎무인생無因生이라는 네 번째 기둥을 부정하는 공성을 사유통찰합니다. 즉, 경각정鏡覺亭이 무인생無因生이라면 이는 원인 없이 생기거나 지어진 것임을 말합니다. 하지만 어떤 것이든 직접원인[因]과 간접원인[緣]이 만나 결과를 이루므로 원인 없이 존재하는 것은 없습니다. 경각정도 하늘에서 갑자기 떨어진 것이거나 땅에서 솟아난 것이거나 갑자기 평하고 나타난 것은 아닙니다. 그래서 무인생이라는 자성은 처음부터 존재하지 않으므로 부재함을 사유통찰합니다.

◎①자생自生 ②타생他生 ③자타생自他生[共生] ④무인생無因生은 자성이므로 모두 있음[有]의 견해를 근거한 영원주의이며, 없음[無]을 실체화하여 자성으로 삼는 영원주의입니다. 이제 이 네 가지 자성을 주장하는 영원주의의 견해를 공空의 여상如相에 머물면서 공의 이치를 사유통찰하여 영원주의를 근거로 하는 무지와 번뇌를 제거합니다.

이 같은 경계는 네 기둥의 자성을 사유통찰하고 무자성無自性을 드러내는 맑고 텅 비면서 두루 비추는 마음거울명상[空照鏡禪]의 세 번째 단계입니다.

4. 공의 여상如相에 머물러 공을 두루 세밀하게 사유통찰하고 공空을 체험하기[周徧伺察]

◎ 난간과 바닥나무와 주춧돌이 사라지는 이미지를 상징

[이미지를 영상화하기] 네 번째, 경각정을 통해 공의 여상如相에 머무는 이미지를 영상화하여 자성自性의 네 기둥을 받치고 있는 유有와 무無를 근거로 하는 영원주의와 허무주의의 견해를 버리고 이와 같은 두 견해에 의하여 생긴 갖가지 잘못된 견해를 상징하는 난간과 바닥나무와 주춧돌이 사라지는 이미지를 연상합니다.

경각정의 영역에서는 경각정을 통하여 드러나는 공空의 여상如相을 의지하여 사유통찰합니다. 그 결과로서 일체 모든 것이 있음의 유有와 없음의 무無로 보이는 것을 공의 일미를 통하여 유무는 단지 마음이 투사된 환영임을 사유통찰합니다. 그래서 유무를 근거한 모든 견해는 마음이 만든 무지에 지나지 않음을 알아 오로지 텅 비고 맑은 거울 마음뿐임을 알고 텅 비고 맑은 마음거울의 공한 여상如相에 머무는 공조경선空照鏡禪을 합니다. 이것이 네 번째 사유통찰의 공조경선입니다.

10장

위빠사나 삼매[觀三昧]

경각정을 통해 공성을 사유 통찰함을 통하여 일체 모든 것이 맑은 거울 마음에 나타난 것이며 나타난 일체 모든 것이 실체가 없어 환 같아 공 한가지 맛인 일미─味임을 알았습니다. 더이상 분석 사유하려야 할 수 없는 궁극상태로 이르면 경안이 먼저 생깁니다. 공의 지혜가 생기지 않으면 이미지를 영상화하여 그 이미지를 관觀하는 좌경선坐鏡禪을 합니다.

◎ 몸과 마음의 경안

사마타의 삼매를 의지하여 위빠사나 지혜를 얻는 지관쌍수止觀双修로 공의 여상如相에 머물러서 분석하려 할 수 없는 데까지 이른 상태로 들어가서 마음에는 기쁨이 일어나고 몸은 하늘을 날듯 무게감이 사라진 매우 가벼운 상태입니다. 즉, 몸과 마음의 경안輕安이 생기고 위빠사나 삼매가 일어납니다.

11장

정혜쌍운定慧雙運의 공삼매空三昧

공삼매는 경각정의 바닥마저 사라짐을 상징합니다. 마음의 투사인 경각정이 모두 사라지고 마음만 남아 있는 그 상태에 머뭅니다. 경각정이 사라지는 상징은 마음의 움직임이 거의 멈추고 앞뒤가 끊어진 상태까지 갑니다. 십우도十牛圖의 망우존인忘牛存人의 경계입니다. 하지만 이와 같은 경지에 이르지 못하면 이미지를 영상화하여 그 이미지를 관觀하는 좌경선坐鏡禪을 합니다.

위빠사나 삼매가 생김은 그 앞에 공성의 지혜를 얻은 상태이기

때문입니다. 이때 선정과 지혜가 함께 움직이는 정혜쌍운定慧雙運이 됩니다. 정혜가 결합되어 있는 상태에서 네 가지 상相이 있습니다. 첫째, 무분별 둘째, 명료함 셋째, 청정함, 넷째 미세함입니다. 그것은 저절로 작동하며 수행자는 의욕작용 없이 여소유성如所有性의 무분별에 머물게 됩니다. 이것이 지관쌍운止觀雙運의 도道입니다.[40] 지관쌍운의 도道은 사마타 삼매와 위빠사나 삼매가 하나된 상태인 공삼매空三昧입니다.

공삼매 속에서 무분별 지혜가 일어나는데, 첫째 무분별 지혜는 가행도이며, 둘째 무분별 지혜는 견도의 깨달음이며, 셋째 무분별 지혜는 수도修道입니다. 여기서는 첫 번째 무분별의 지혜이고 아직은 번뇌와 무지가 삼매와 지혜로 바뀌어 가는 가행도加行道입니다.

공삼매는 일행삼매一行三昧 또는 진여삼매眞如三昧의 다른 이름입니다. 십우도十牛圖의 소는 사라지고 사람만 남아 있는 망우존인忘牛存人의 경계입니다. '소를 타고 고향에 돌아오니 소는 사라지고 주인만 남았네'라는 표현은 소를 타고 있을 때는 주객이 하나된 상태로 고요한 사마타의 심일경성心一境性의 상태를 가리킵니다. 마치 두통이 생기면 머리가 인식되면서 머리만 따로 부각되는 것과 같습니다. 두통이 사라지면 머리도 인식에서 사라집니다. 그러나 두통이 생기기만 하면 분리현상이 생깁니다. 따라서 처음부터 두통이 없다면 머리는 인식되지 않습니다. 이와 같이 깨달음의

40　쫑카파 지음 / 청전 옮김 『깨달음에 이르는 길』 지영사 2010년 3월 p.971

향기마저 없을 때 진정한 일미一味의 맑고 텅 비면서 두루 비추는 마음인 공조경空照鏡을 깨닫는 것으로 견도見道라고 할 수 있을 것입니다.

번뇌 망상이라는
　　거친 꿈에서 깨어나는
깨달음〔見道〕

제4부

깨친 마음 그 크기 허공계와 같이 두루하고

그걸 한 몸으로 보는 깨달음이여 출세간의 경지라

모든 희론 적멸하고 지극히 청정하여라

반야 지혜여

바람에 방해받지 않는 촛불처럼 흔들림 없네.

滅

명상의 중간 목적지

이치를 증득한 마음이여 생멸을 멀리 떠나
무시무종無始無終이라 출입하는 마음 없다네.
없다 하여 형상을 부정하고
아무것도 없는 허공이라 말하지 말라.

공삼매 속에서 혜정원융慧定圓融하여 깨달음의 불꽃 피어나고
스승의 말 한마디 제자와 줄탁동시라 깨달음의 굉음이여
중생의 눈멀게 하고 귀먹게 하네.

깨친 마음 그 크기 허공계와 같이 두루하고
그걸 한 몸으로 보는 깨달음이여 출세간의 경지라
모든 희론戱論 적멸하고 지극히 청정하여라
반야 지혜여
바람에 방해받지 않는 촛불처럼 흔들림 없네.

공심안空心眼으로 일체가 법공法空임을 잘 통달하였기에
생명과 환경, 한 공동체로서 법계法界를 보아
법공의 몸으로 일체중생 이롭게 함을 주저하지 않으니
중생을 사랑하는 청정한 의욕 끝없어라.

다함이 있음[生死]에 떨어지지 않으면서
다함이 있음에 떨어지는 이를 구제하니
신령스러운 거북이 발자국 남기지 않듯이
유정을 돕는 큰 연민의 행을 하더라도
번뇌의 불에 타지 않고 자취를 남기지 않네.

현상의 다함이 있는[有爲] 생사에 머무르지 않고
함이 없는[無爲] 불멸不滅에도 머무르지 않네.
지하와 지상과 천상의 생존 세계[三界]에 들어가
세간의 집에 태어나며 일체 유정의 수용을 따르면서 유정을 돕는
다네.

1장

경각정鏡覺亭의 깨달음

견도見道의 깨달음은 공삼매 속에서 두 번째 무분별의 지혜입니다. 십우도十牛圖의 소와 사람이 모두 사라진 인우구망人牛俱忘의 경계입니다.

정혜쌍운定慧雙運에서 한발 더 나아가서 공성의 바른 지혜를 얻어 즉각 공성의 여如인 평등함에 들어갈 때 지혜와 선정이 원융[혜정원융慧定圓融]하여 평등의 진리에 들어갑니다.[41] 즉, 물에 물을 타

---

41 은정희 송진현 역주. 원효의 『金剛三昧經論』 謂得正智 入平等時 慧定圓融 無別

듯이 주객이 사라진 깨달음입니다.

『대승기신론』에서 깨달음을 다음과 같이 말합니다.

"앞에서 말한 바, 각覺의 뜻이란 심체가 염念을 떠난 것을 말하니, 염念을 떠난 모습은 허공계와 같아서 두루 하지 않는 바 없어 법계가 하나의 모습이며 바로 여래의 평등한 법신이니, 이 법신을 의지하여 본각이라고 이름한다. 왜냐하면 본각의 뜻은 처음 깨침의 뜻[始覺義]에 대응하는 말이다. 이는 처음 깨침이 바로 본각과 같기 때문이다."[42]

이와 같이 깨달음의 뜻은 첫째, 심체가 념念을 떠난 모습으로 마음의 움직임이 없습니다. 둘째, 허공계와 같이 두루 하여 법계의 하나된 모습으로 모든 것은 삼라만상 온 우주 그대로 공동체임을 말합니다. 셋째, 가고 옴이 자유로운 늘 깨어있는 님의 평등한 지혜 몸[法身]으로 '지각 있는 모든 존재'에 대해 큰 사랑과 큰 연민을 가집니다. 넷째, 깨닫고 보면 우리는 본래부터 깨달음입니다. 그래서 누구나 깨달을 수 있습니다. 이 넷은 깨달음의 뜻으로 하나입니다.

行相 方是眞入於平等諦 일지사 2000년 11월 p. 581

42　所言覺義者 謂心體離念 離念相者 等虛空界 無所不徧 法界一相 卽是如來平等 法身 依此法身說名本覺 何以故 本覺義者 對始覺義說 以始覺者 卽同本覺.

2장
줄탁동시啐啄同時의 깨달음

　스승이 제자가 깨달음의 조건을 갖춘 것을 보고 가르침을 줄 때, 제자는 그 법문을 듣는 즉각 깨달음을 이루거나, 명상 수행에 대해 코칭을 받고 오래지 않아 깨달음을 이룹니다. 이를 줄탁동시啐啄同時라고 합니다.

나에게 무한 잠재력이 있으니

알이라고 불러주오.

어미 선지식이 품어주는 가르침의 온기로

알 속 병아리 무럭무럭 자라나

껍질 번뇌망상 깨는 부리 지혜가

날카롭게 자라나네

알 속 병아리 무한 가능성,

모든 문제 해소하는 깨달음이라오.

병아리 수행자 부리 지혜로 쪼아서

줄啐하고 신호를 보내니

어미 선지식이 즉각 알아차려

탁啄하고 쪼아 주어

하늘무명 무너지고 땅 번뇌 부서져

삐약 깨달음 터져나오니 줄탁동시로다.

뒤뚱뒤뚱 깬 병아리 수행자를

어미 선지식이 마구니로부터 보호하네.

3장

반본환원返本還源의 경계

[이미지를 영상화하기] 깨달음의 표현으로 황금빛 경각정鏡覺亭의 지붕, 기둥 등이 원상태로 되살아납니다. 순금純金으로 팔찌 등 장신구를 만들어도 순금純金의 성품은 바뀌지 않습니다. 원상태로 돌아온 경각정도 그와 같음을 영상화하여 연상합니다.

공삼매에서 나왔을 때는 십우도의 반본환원返本還源의 경계입니다. 반본환원의 무분별 지혜는 수도修道의 경계로서 반야지般若智이며 후득지後得智입니다.

사라진 경각정의 이미지가 다시 원상복귀 됩니다. 반본환원返本還源하는 이미지는 무상無常과 상호의존이고 인연 따르는 무자성無自性임을 상징합니다. 즉, 깨달은 눈으로 세상을 보면 공空 아님이 없습니다. 즉, 공의 뜻이 깨달음의 뜻이므로 깨달음 아님이 없습니다. 그래서 깨달음은 번뇌가 없는 청정 덩어리며 지혜 덩어리입니다. 이를 지신智身 또는 법신法身[法空身]이라 합니다. 그러나 아직 원만한 법신은 아닙니다. 잠재되어 있는 망념妄念이 남아 있으므로 부분 청정의 법신입니다.

이理를 증득한 마음이여
생멸을 멀리 떠나
무시무종無始無終이라
출입하는 마음 없다네.

없다 하여 형상을 부정하고
아무것도 없는 허공이라 말하지 말라.
공성空性의 이理는 형상 그대로 인정하면서도
내재하는 그 어떤 것도 부정하니
인연 따르는 무자성無自性이며
반본환원返本還源의 이理 자체라오.

4장

자비경선 걷기명상이 끝났을 때는
항상 이웃들에게 축복하기

사랑은 이웃에게 이익을 주는 능력이며,

연민은 이웃이 겪는 고통을 없애주는 마음이네.

이와 같은 이타심은 다른 이들의 행복과 평안을

기원해 주는 축복을 통해 증장된다네.

다 같이 두 손 모으고 축복합니다.

"강물이 흘러 바다에 이르듯,

기운 달이 둥근 달을 이루듯,

'지각 있는 모든 존재'가

행복하고 평안하기를 기원합니다!"

후 기

이 책에서 자비경선 걷기명상은 '알아차림의 경선정원'까지만 기술했습니다. 말하자면 전편前篇입니다. 이 책에는 걷기명상 수행자들의 체험이 녹아들어 있습니다. 또한 교정봐주신 분들도 걷기명상 체험자들입니다. 그만큼 자비경선 걷기명상은 풍부하고 치열한 수행 경험을 담고 있습니다.

자비경선은 경환공화鏡幻空華의 깨달음의 단계가 있습니다. 이 책에서 소개한 경선鏡禪은 사마타와 위빠사나를 쌍수双修하여 깨달음에 이르도록 인도하는 자비경선慈悲鏡禪 걷기명상입니다.

수행자 청근스님, 선연화님, 혜전님, 수선화님, 선자연님, 능정님, 능선화님, 연담님, 출판에 도움을 주신 명정혜님, 손순해님, 일조님, 대각등님, 수월향님, 서명교님, 행심혜님, 무구님, 승혜월님, 본연님, 서현경님, 정연화님, 명안님, 혜연수님, 도선님, 여래화님, 관음정님, 보리심님 그밖에 많은 분들에게 감사드립니다.

자비경선 걷기명상을 통해 명상 수행하시는 분들이 다양한 명상 정보와 구체적인 명상 체험의 이익을 얻을 수 있다면 출간의 큰 기쁨이겠습니다.

자비선慈悲禪 ④
명상 걷기를 논하다 1

1판 1쇄 인쇄 | 2022년 7월 25일
1판 1쇄 발행 | 2022년 8월 10일

지은이 | 지운

펴낸이 | 서화교
펴낸곳 | 연꽃호수

그림 | 이건희

편집 | 사유수출판사
　　　이미현, 박숙경, 권영화

경북 성주군 수륜면 계정길 208. 보리마을 자비선 명상원
대표전화 | (054) 931-8874
이메일 | jabisunsa@naver.com
홈페이지 | jabisun.org.

등록 | 2008년 3월 24일 베 2008-1호